天津市红色资源概览

中共天津市委宣传部
中共天津市委党校 编
（中共天津市委党史研究室）

天津出版传媒集团
天津人民出版社

图书在版编目（CIP）数据

天津市红色资源概览 / 中共天津市委宣传部, 中共
天津市委党校（中共天津市委党史研究室）编. -- 天津 :
天津人民出版社, 2021.6
　ISBN 978-7-201-17435-8

　Ⅰ.①天… Ⅱ.①中… ②中… Ⅲ.①革命纪念地—
介绍—天津 Ⅳ.①K878.23

　中国版本图书馆 CIP 数据核字(2021)第 125753 号

天津市红色资源概览
TIANJINSHI HONGSE ZIYUAN GAILAN

出　　版	天津人民出版社
出 版 人	刘　庆
地　　址	天津市和平区西康路35号康岳大厦
邮政编码	300051
邮购电话	（022）23332469
电子信箱	reader@tjrmcbs.com

策划编辑	王　康
责任编辑	林　雨
装帧设计	汤　磊

印　　刷	天津海顺印业包装有限公司
开　　本	889毫米×1194毫米　1/16
印　　张	38.75
插　　页	6
字　　数	600千字
版次印次	2021年6月第1版　2021年6月第1次印刷
定　　价	598.00元

前　言

党的十八大以来，以习近平同志为核心的党中央高度重视红色资源保护传承利用工作。2021年6月25日，习近平总书记在十九届中央政治局第三十一次集体学习时发表重要讲话，强调红色资源是我们党艰辛而辉煌奋斗历程的见证，是最宝贵的精神财富。红色血脉是中国共产党政治本色的集中体现，是新时代中国共产党人的精神力量源泉。要加强科学保护、开展系统研究、打造精品展陈、强化教育功能，用心用情用力保护好、管理好、运用好红色资源。习近平总书记的重要讲话为新时代加强红色资源保护传承运用，指明了工作方向，提供了根本遵循。7月14日，市委常委会认真学习贯彻习近平总书记在中央政治局第三十一次集体学习时的重要讲话精神，提出要进一步系统梳理、系统保护、系统利用我市红色资源，深入挖掘整理，精心设计展陈，把党史故事讲精彩，真正让天津红色资源"活"起来、"动"起来，体现时代价值。

天津是一座英雄的城市、光荣的城市，是中国最早传播马克思主义、最早建立党的地方组织的地区之一。党在领导天津人民进行新民主主义革命过程中，留下了许多珍贵的革命旧址。比如，中共中央北方局旧址、中共中央秘密印刷厂旧址、中共河北省委旧址、中共天津地方执行委员会旧址、觉悟社旧址、天津市军事管制委员会旧址等，汇聚形成天津丰富的红色资源。新中国成立后，特别是改革开放以来，市委、市政府高度重视红色资源的保护开发利用工作，下力量保护、修复了一批重要革命旧址，新建了一批重要纪念场馆设施，为保护好利用好红色资源做了大量工作，取得了明显的成效。

2018年，为深入贯彻落实《中共中央办公厅国务院办公厅印发〈关于实施革命文物保护利用工程（2018—2022年）的意见〉的通知》要求，市委宣传部牵头启动红色资源排查工作。此次共排查阵地类红色资源360处。在此基础上，市委宣传部、市委党校（市委党史研究室）组织各区委宣传部、区委党校（区委党史研究室）编写《天津市红色资源概览》一书，集中收录整理天津党史重大事件旧址、重要会议旧址、重要机构旧址、重要人物旧居和重要纪念场馆364处，围绕革命旧址、革命文物讲好党史故事，深入挖掘革命旧址和纪念场馆蕴藏的思想内涵，大力发扬红色传统、传承红色基因，赓续共产党人的精神血脉，激励和引导全市人民以昂扬姿态奋力开启全面建设社会主义现代化大都市新征程。

目　录

目　录

目 录

目　录

目 录

目　录

目　录

滨 海 新 区

中共塘沽第一个支部旧址

中共塘沽第一个支部旧址位于天津市滨海新区三槐路10号,原为塘沽扶轮小学。

1931年日本帝国主义发动九一八事变后,蒋介石采取不抵抗政策,东北三省迅速沦陷,大批难民逃亡关内。吉林省和龙县教育界的董昆一、周铭新、杨明周、周致远等一批革命知识分子,因参加反帝大同盟,宣传抗日,遭日军通缉,被迫入关来到北平。在此期间,他们先后加入中国共产党。1934年8月,董昆一、周铭新、杨明周、周致远等随职业调动来到塘沽扶轮小学任教,与中共天津市委负责宣传工作的文斐然接上组织关系。同年9月,经市委批准,董昆一等共产党员在塘沽扶轮小学建立中共塘沽支部。这是塘沽第一个党支部。支部书记为董昆一,组织委员为周铭新,宣传委员为杨明周。

中共塘沽第一个支部成立旧址外景

董昆一

中共塘沽支部建立后,一面开展抗日宣传,揭露《塘沽协定》的卖国真相;一面着手发展党员,壮大党的组织。为发展党的力量,党支部以筹建塘沽扶轮小学新河分校的名义,将外地一批共产党员调入塘沽,并建立新河分校党小组。董昆一等人通过组织文体活动、阅读进步书籍和开展谈心谈话等方式,主动接近在永利碱厂、塘沽开滦码头和铁路塘沽车站等处做工的塘沽扶轮小学校友,帮助他们提高政治觉悟。为培养这批青年工人,党支部还帮助他们组织建立校友会,出版油印刊物《自励》,交流校友间的情况和传播进步思想。

1935年7月,国民党政府与日本侵略者签订《何梅协定》,将华北地区的政治、军事、经济主权完全出卖给日本。8月1日,中共中央发表《为抗日救国告全体同胞书》(即"八一宣言"),建议组织全中国统一的国防政府和抗日联军,号召全民总动员,集中一切力量为抗日救国的神圣事业而奋斗。为动员人民群众抗日救国,塘沽党支部领导党员和进步青年,秘密刻印传单标语,在塘沽各处散发张贴,宣传"八一宣言",揭露国民党政府的卖国罪行,要求南京政府"停止内战,一致抗日",在塘沽群众间产生很大影响。为配合一二·九运动,塘沽党支部组织二三十名进步青年在塘沽英语补习班(现天碱俱乐部附近)集会,宣传一二·九运动,动员青年抗日救国。与此同时,组织成立塘沽青年学术研究会,出版油印小报,宣传抗日救国思想。在塘沽党支部努力下,塘沽地区涌现出一大批爱国青年。虽然他们当时没有加入中国共产党,但经过塘沽党支部的培养,大都奔赴抗日根据地参加革命。此外,党支部还积极培养本地进步青年入党,先后发展20名共产党员。

中共塘沽第一个支部成立旧址现状

1936年2月,根据天津市委指示精神,中共塘沽支部改建为中共塘沽特别支部,主要任务是积极发展地下党组织。7月,塘沽特别支部改建为中共塘沽区委。1937年7月7日,日军发动全面侵华战争。7月30日天津沦陷后,根据上级党组织的指示精神,塘沽党组织和党员全体撤离,党组织活动一度中断。

1942年是抗日战争最艰苦的阶段。中共中央北方局城工部派遣张达(化名张乐)到塘沽,重新开展党的工作。1945年8月,日本投降。9月,美国太平洋舰队的1.8万名海军陆战队队员在塘沽登陆,占领塘沽地区的港口、码头等要害部位。同月,中共天津工作委员会在塘沽郊区邓善沽北桃园重建塘沽区委和区政府,为将来接收塘沽作准备,唐伯任区委书记兼区长。同年冬季,国民党反动派在塘沽地区的活动愈加猖獗。根据形势变化,中共天津工作委员会决定撤销塘沽区委和区政府,建立中共塘大工委会,坚持开展地下斗争。

1949年1月17日塘沽解放后,中共塘大委员会和天津市政府塘大办事处建立。1952年更名为中共塘沽区委。1991年7月1日,塘沽区委选择该旧址内北侧一间平房,建成塘沽党史陈列馆。1995年7月10日,该旧址被塘沽区政府公布为重点文物保护单位。

大港潮宗桥战斗旧址

　　大港潮宗桥战斗旧址位于天津市滨海新区中塘镇独流减河以西的马厂减河一带。潮宗桥是1875年开挖马厂减河时修建的一座石桥，潮宗桥村村名来源于潮宗桥。因地处渤海西岸，渤海湾海潮逆流到此桥为终点，故名"潮终桥"，后演变为潮宗桥。

　　1937年卢沟桥事变后，日本侵略军发动了全面侵华战争。7月30日，大批日军从大沽口登陆向天津发起进攻。驻守天津的国民党第29军在广大工人、学生、商人、市民的大力支持下，奋力反击，但终因寡不敌众，不得不撤出市区，退至津南地区，在马厂减河一带继续组织抵抗。驻守在津南小站地区的第29军黄维纲旅，在潮宗桥与日军展开激战，很多战士自动组织起敢死队，跳出战壕冲入敌群与日军肉搏，给日军以一定程度的打击。第29军坚守津南地区将近一个月后，终因得不到增援而被迫再度南撤，津南地区沦陷。此后日军便在桥头上设立据点，修筑炮楼。

潮宗桥战斗旧址现状

1944年7月津南支队进入大港地区后,曾多次对潮宗桥日伪据点发动攻击,经过军民浴血奋战,潮宗桥终于重新回到人民手中。

解放战争时期,敌我双方也经常在这里遭遇。其中较有影响的战斗发生在1946年11月。驻防在甜水井和潮宗桥村的渤海区津南支队副队长储国恩得到报告,从马厂减河以北战斗中撤下来的渤海区18团的部分战士被国民党部队追至马厂减河南岸,已逼近潮宗桥。储国恩立即决定在潮宗桥进行埋伏,当敌人追至距桥100米的伏击圈时,战士们立即向敌人发起猛攻,敌人招架不住,只好举手投降。在这次伏击战中,津南支队共击毙敌副团长以下100余人,俘虏敌营长以下300多人,缴获重机枪3挺、迫击炮5门、大炮2门,还有许多手枪、步枪和弹药。潮宗桥战斗的胜利,对加快津南地区的全面解放起到重要的促进作用。

潮宗桥由于年代久远,不堪重负,1983年大港区人民政府决定将其拆除,在其附近修建新的大桥。现在的潮宗桥旧址只剩下几个废弃的石桥墩,依然静静地矗立在马厂减河岸边,仿佛向过往的人们讲述着这里曾经发生的故事。

大港小王庄桥战斗旧址

　　大港小王庄桥战斗旧址位于天津市大港西北部津盐公路与马厂减河的交叉处。小王庄桥原名小王庄渡口桥。1875年，清末提督周盛传带领小站军民在小王庄开挖了马厂减河，1880年在小王庄附近修建了一个渡口。1935年，国民党军宋哲元部在修筑津盐公路时，在这个渡口上架起一座桥。卢沟桥事变后，日军入侵天津，为阻止其南下，国民党守军将桥烧毁。1947年，津南县政府组织民工又在原址修建了小王庄桥。

　　小王庄桥所处位置一直是敌我之间争夺激烈的军事要地。抗日战争时期，日本侵略者曾在桥头的马厂减河堤上修建炮楼，驻有日伪军一个中队，直接威胁着津南支队、武工队和大港地区人民群众生命财产安全。1944年7月，根据事先接到的内线情报，九分区武工队队长杨山泰率领邵九如、张达、杨兴华等5名武工队队员，在小王庄附近的津盐公路上成功伏击了日伪军的一辆汽车，将车上的一名日本军官、两名伪军队长和翻译官、司机等全部俘虏，并缴获5支手枪。"截车擒敌"之战在大港地区引起很大反响。同年9月，九分区武工队曾两次攻打小王庄，将敌炮楼捣毁。这是九分区武工队在大港地区的第一次胜仗，扫除了我军开辟津南地区的障碍。

小王庄桥战斗旧址现状

　　解放战争时期，津南支队曾多次与国民党军展开争夺小王庄桥的战斗，其中较大的争夺战有两次。第一次战斗发生在 1947 年 3 月。驻马厂减河北岸的国民党军出动一个营的兵力，向小王庄桥突然发起攻击，驻守小王庄的津南支队参谋长刘炳坤和二连连长杨二虎（原名杨春林），当即率领战士奔赴小王庄桥头迎战。由于双方兵力相差悬殊，杨二虎只好下令撤退。住在北抛庄的支队长储国恩听到枪响急忙带领部队赶来支援。储国恩果断命令杨二虎带领二连从正面佯攻，并命令一连连长冯景泉、三连连长徐德金各自带领自己的连队从小王庄桥左右两侧包抄。经过激烈战斗，击溃国民党军的进攻。这次战斗共缴获大炮 2 门、重机枪 2 挺、轻机枪 10 余挺、步枪 200 多支。第二次战斗发生在 1947 年 7 月下旬。敌人不甘心在小王庄桥的失败，又调集国民党 16 军的一个加强团、4 个营共 1000 余人，向小王庄桥袭来。军分区决定派曾良辉率 19 团增援津南支队。这次战斗共击毙敌团副以下 200 余人，俘虏敌团长以下 600 余人；缴获重机枪 4 挺、迫击炮 8 门、平射炮 2 门、轻机枪数十挺和大批枪支弹药。此次战斗受到渤海军区的通报表扬。

中共津南县委员会、
津南县抗日民主政府旧址

中共津南县委员会、津南县抗日民主政府旧址位于天津市滨海新区西南部、津淄公路东侧的南抛庄村。

解放前,南抛庄村是滨海新区距离津浦铁路最近的一个村庄,村民多系佃户与贫雇农,常年过着极为贫困的生活。在抗日战争时期,由于受到冀中抗日根据地的影响,群众思想比较进步,是中国共产党领导抗日武装活动较早的村庄之一。一些重要群众性活动,如斗争地主大会和公审公判反动分子大会在这里举行。

1944年10月,中共冀中区党委根据上级指示和抗日斗争形势的发展,决定将津浦铁路以东划为津南地区,建立中共津南地区工作委员会,统一领导津南地区的武装斗争与建党建政等方面的工作。

1945年5月1日,中共冀中区九地委决定撤销津南地区工作委员会,成立中共津南县委员会和津南县抗日民主政府。李轩任津南县委书记,李志任县长。县委、县政府的机关驻地选在南抛庄共产党员李相春家,外间屋挖有地道,地道口就隐藏在灶台的锅底下。

中共津南县委、县政府旧址屋内的锅台

中共津南县委、县政府旧址内的地道

津南县委、县政府成立后，确定了县委各部正、副部长与县政府各科正、副科长及各区区委书记、区长人选。从此，津南地区正式纳入解放区的建制，成为冀中区九专区的 11 个县之一。李轩、洛涛、刘镜心、杜步舟、刘干、李悦农先后担任县委书记，李志、张镜先后担任县长。津南县委、县政府成立后，带领全县人民与日伪军进行了不屈不挠的斗争。

1948 年 12 月 19 日，中共冀中区八地委针对四野入关，对天津城已形成包围之势，向津南

中共津南县委、县政府旧址现状

县委、县政府发出指示：立即进驻咸水沽，组织群众做好支前工作，并从即日起津南县改建为天津县。同时决定将原属黄骅县、静海县的区、村划归原所在县。至此，历时近 3 年 8 个月的津南县胜利完成其历史使命。

袭击美军弹药库旧址

袭击美军弹药库旧址位于天津市塘沽西南约 10 千米的四道桥附近。

抗日战争胜利后,蒋介石在美帝国主义的支持下,发动了反共反人民的内战。1945 年 9 月 30 日,以侵犯中国领土主权和干涉中国内政为目的的美国海军陆战队 1.8 万人在塘沽 8 号码头(现天津港务局第三港埠公司)登陆。美国海军陆战队登陆后,在塘沽西南约 10 千米的四道桥附近建立了一个军火库(弹药库),存放大批美式武器弹药。由美海军陆战队加强第一师司令官何华德负责,第一师所属第五团一营希尔德上尉连驻守。

弹药库占地面积约为 3 平方千米,外围设有约两米深的防护沟及铁刺网,旧津塘公路被圈在里面,断绝了与外界的交通。场内筑有环形道路和库基,以利于行车和筑库。场内共建有 7 组库群,7 个库为一组,共有 49 个弹药库。弹药库正门设兵营,是全库的指挥中心,驻有一个连的兵力。场内每一组库设有一个 10 多米高的岗台,台上有两名荷枪实弹的美国兵看守,两个小时换一次岗,昼夜不停。库内主要存放八二炮弹、手榴弹、自动步枪子弹和枪支。军火库距离塘沽只有 10 余千米,一旦发生情况,援兵很快就能赶到。

这个军火库是美国为支持蒋介石打内战而设在华北地区的军火补给站,对于蒋介石发动内战有重要的军事作用,对华北解放区威胁很大,中共宁河县支队决定拔掉它。在支队长武宏的率领下,侦察员多次到新河庄、四道桥一带察看地形敌情,对掌握的情况进行逐一核对,决定先用小股兵力打一下,作一次试探性火力侦察,闪电式突进去,搞一部分弹药就走,速战速决。1946 年 10 月和 1947 年 4 月,宁河县支队先后

袭击美军弹药库战斗旧址现状

两次出动1000多人进行夜袭战,打死打伤美军60余人,缴获子弹10万余发,炸药20多箱,机关枪2挺,卡宾枪、步枪40余支,焚毁了大部分弹药库。

袭击美军弹药库的胜利在国内外引起很大的震动。美国多家报刊在首页登载了这一"塘沽事件"的新闻。天津的《民国日报》《益世报》《大公报》和上海的《民国日报》也纷纷在头版显要位置报道了这一事件。

塘沽万人坑纪念碑

塘沽万人坑纪念碑位于天津市滨海新区新港一号路与新港二号路交口处。

1943年冬,日本侵略者为缓解本国兵员和劳动力严重不足的局面,在华北地区抓骗劳工,建立了塘沽劳工收容所,初建时在塘沽德大码头,后迁至新港卡子门的4号码头仓库(现第一航务工程局一公司船舶工程处院内)。从此,塘沽劳工收容所改名"新港劳工收容所",老百姓称它为"劳工营"。

"劳工营"位于新港卡子门以东,北临铁路线,南靠海河边。长300米,宽200米,院内有6排木板房,每排长约30米,作为羁押劳工的牢房。"劳工营"外围架有高压电网,电网内侧有一道2米深4米宽的壕沟。"劳工营"里设有4道卡子,每道卡子都有荷枪实弹的日本兵把守,凶恶的狼狗来回奔跑,戒备森严,阴森恐怖。

新港"劳工营"是华北较大的劳工转运站之一。日本侵略者把从华北各地抓骗的劳工集中在此看管,经过照相、验血、检疫和编队后,分批运往日本和我国东北等地。"劳工营"是劳工的地狱,劳工从进入"劳工营"起,就被强行换上囚衣般的劳工服,再把头发剃掉,只在脑后留下一撮毛发,作为劳工的标记。被抓骗来的人在"劳工营"遭受非人的折磨,残酷的刑罚、饥饿、干渴,以及霍乱等疾病的蔓延,时刻

塘沽万人坑纪念碑

"劳工营"旧址

威胁着劳工的生命。惨无人道的日本侵略者在离"劳工营"不远的地方挖了几个大坑,将死去的或奄奄一息的劳工扔进坑中。日积月累,惨死的劳工越来越多,使这几个大坑变成了"万人坑"。

哪里有压迫,哪里就有反抗。被抓进来的劳工不甘心任人宰割、坐以待毙,为了求得生存,屡次勇敢地与敌人展开斗争。有的逃出了牢狱,有的惨死在敌人的屠刀之下。尽管敌人壁垒森严,但劳工逃跑、暴动之举始终不断。1944年6月,劳工中的中共地下党员刘建民和范自强组织发动劳工群众在一天午夜举行了大规模的暴动。劳工们用木板把灯打灭,把门岗打晕,并用木板将电网打开一个大豁口,把木板铺在电网上,一起越狱往外冲。这次暴动中共有114人逃出敌人魔掌。

1992年,塘沽区政府在"劳工营"和万人坑旧址处修建纪念碑,表达对死者的悼念,警示后人不要忘记这段屈辱的历史。1994年,天津市委、市政府将塘沽新港万人坑纪念碑公布为市级爱国主义教育基地。

塘沽烈士陵园

塘沽烈士陵园位于天津市滨海新区新北路增 1 号,1954 年 1 月正式对外开放。

平津战役期间,人民解放军发动了解放塘沽之战。战斗开始于 1948 年 12 月 14 日,结束于 1949 年 1 月 17 日,历时 35 天。整个作战过程分两个阶段进行。第一阶段是塘沽外围歼灭战,从 1948 年 12 月 14 日起至 12 月底止。东北野战军 9 纵(46 军)137 师各团与 10 纵(47 军)140 师各团分别先后攻占了塘沽城区北面的青坨子、宁车沽、金钟河大桥,同时相继攻占了北塘车站、北塘镇、新河车站、新河镇。7 纵(44 军)131 师各团攻占了海滩站。各部队密切配合,及时扫清了塘沽城区西面的黑猪河桥、大红房子、四号桥、胡家园、五十间房、中心桥、陈圈村等海河以北的塘沽外围之敌。46 军 136 师、137 师直插津塘之间,占领军粮城之后,是夜强行突破海河防线攻克新城、南开村,控制了海河以南地区。至此,44 军、46 军、47 军共同完成了从陆地的北、西、南三面歼灭塘沽外围守敌的任务。

塘沽烈士陵园内的纪念雕塑

第二阶段是入塘沽追击战。1949年1月15日天津市区胜利解放。从1月16日起至17日,中国人民解放军49军147师各团在海河以北向塘沽之敌发起进攻;46军136师、159师在海河以南向大沽之敌发起进攻。两军齐头并进全面展开追击战。塘沽、大沽国民党军守敌5万余人在混乱中狼狈乘船逃跑。在陆地上掩护的保安第5团3000余人来不及登船,被全部歼灭。1949年1月17日上午5时30分,塘沽宣告解放。

解放塘沽战斗结束后,塘沽区政府为在此次战役中牺牲的革命烈士建立了群墓。1952年,在烈士群墓的基础上建立了塘沽烈士陵园。

塘沽烈士陵园共安葬烈士558名,建有100座独立墓,包括26位塘沽籍烈士墓。在这些烈士中,既有为中华民族独立解放英勇献身的革命先辈,也有为捍卫国家主权和领土完整壮烈牺牲的战斗英雄,还有新时期为保护人民生命财产献出宝贵生命的时代楷模。

陵园初建时面积仅有2400平方米,主要由烈士纪念碑、烈士墓地、烈士纪念堂和办公用房及绿化区组成。陵园于1979年、1994年、2000年、2004年分别进行了重修和扩建。2008年,塘沽区委、区政府投资6000余万元对陵园进行改扩建,改扩建后的陵园占地面积90492.13平方米。主体烈士纪念碑高19.49米,寓意塘沽于1949年解放,碑身镌刻"浩气长存,英雄不朽"八个贴金大字。墓区内有两面红旗雕塑,分别镌刻着解放塘沽的烈士名录和《五星广场记》。纪念广场面积为5000平方米。塘沽解放纪念馆建筑面积为2800平方米,通过大型浮雕、英雄塑像及声光电、多媒体等众多表现手段,再现在塘沽解放战役中的战斗场景,二楼展厅设有塘沽党史展览。

1991年6月,塘沽烈士陵园被公布为区级重点烈士纪念建筑物保护单位;1995年被公布为塘沽区爱国主义教育基地。2002年,天津市委、市政府公布其为市级爱国主义教育基地和国防教育基地。

塘沽解放纪念馆

刻有解放塘沽时牺牲的烈士名录的红旗雕塑

汉沽烈士陵园

汉沽烈士陵园位于天津市滨海新区新开北路 8 号。陵园始建于 1956 年 11 月,正门朝东,为仿古建筑。陵园的南、西、北面建有居民住宅,东临新开北路,占地总面积为 3 万平方米。

1948 年 12 月 14 日,东北野战军 49 军 137 师 409 团、410 团在地方部队配合下迅速占领汉沽镇。国民党长芦盐警等地方武装已狼狈溃逃,只剩下北宁铁路线上部分国民党军正规部队盘踞在汉沽铁桥两侧负隅顽抗,妄图将解放军主力阻挡于蓟运河东岸。为击退死守之敌,410 团一营向敌人发起冲锋,同敌人展开激烈的铁路桥争夺战。同时,409 团三营从寨上渡口乘船渡河到西岸,切断敌人退路,协同 410 团对敌形成夹击,从而全歼守桥的敌人,迎来汉沽的解放。为纪念在解放汉沽战斗中牺牲的解放军战士,修建了汉沽烈士陵园。

烈士陵园内建有烈士墓 120 座,分三排整齐排列,安葬着在天津战役和解放汉沽战斗中牺牲的解放军指战员。园中央耸立着高 15 米的革命烈士纪念碑,建于 1968 年。纪念碑整体由汉白玉大理石砌成,正面刻有"革命烈士永垂不朽"八个镏金大字,背面是"平津战役烈士纪念碑"的字样。碑前是 3000平方米的祭扫广场,可同时容纳 5000 多人。北面是革命烈士纪念馆,建于 1980 年,共有 120 余件展品

革命烈士纪念馆

汉沽烈士陵园

陈列于展厅内,包括烈士名录、遗物及有关战斗的图表和照片。另有 11 名烈士骨灰陈列于骨灰室内。此外,园内还陈列着清代抗击外敌入侵时使用的火炮、射程可达 10 千米的现代火炮和军用直升机等革命文物和武器装备。1998 年,为纪念在杨家泊战斗中牺牲的汉沽盐民支队英烈,在烈士墓的中央位置修建了英烈亭。

革命烈士纪念碑

汉沽烈士陵园是进行爱国主义教育和革命传统教育的重要阵地。每逢清明节、五四青年节及其他重大节日,都有众多干部群众、青年学生和部队官兵来这里举行祭扫、瞻仰等活动,缅怀革命烈士的丰功伟绩。1990 年 5 月,汉沽烈士陵园被汉沽区人民政府公布为重点保护单位;1994 年 9 月,被天津市委、市政府公布为爱国主义教育基地;1996年被民政部公布为革命烈士纪念建筑物重点保护单位;2003 年被公布为天津市国防教育基地;2021 年被公布为天津市革命文物。

大港英烈园

　　大港英烈园位于天津市大港古林街官港 14 号地的官港森林公园内,是为纪念抗日战争、解放战争、抗美援朝战争,以及和平建设时期牺牲的烈士们,加强对广大人民群众特别是青少年进行爱国主义、国防教育和党的优良传统教育而建。建设工程分两期进行,一期工程于 2004 年 6 月开工,同年 9 月竣工。二期工程于 2005 年 4 月续建,5 月竣工。主要建筑物有纪念碑、烈士墓群、烈士墓志铭碑。

　　大港英烈园由瞻仰区和烈士墓区组成。纪念碑采用白色大理石建成, 高 14.812 米, 寓意为大港 1948 年 12 月解放的历史时刻。"人民烈士永垂不朽"八个大字由曾经在大港战斗过的老战士、市政协原主席刘晋峰题写。烈士墓区呈弧形, 瞻仰区中心为圆形, 取"日月同辉"之意, 象征着先烈精神与日月同辉、与天地共存。英烈园占地 8100 平方米, 长宽各 90 米, 寓意为烈士忠骨铮铮、忠魂永恒。烈士墓志铭碑整体为红色, 其正面镌刻着 119 名烈士的姓名, 中既有硝烟中金戈铁马、豪气冲天的革命英烈, 也

矗立在大港英烈园中的纪念碑

大港区烈士英名录

大港英烈园碑文

有和平建设时期乐于奉献、舍己救人的崇高英魂。其中抗日战争时期的英烈 26 位,解放战争时期的英烈 56 位,抗美援朝时期的英烈 28 位,和平建设时期的英烈 9 位。他们中年龄最大的 60 岁,年龄最小的 18 岁,平均年龄 29 岁。烈士墓志铭碑的背面镌刻着由南开大学原副校长陈洪、天津书法家协会原副主席曹柏崑撰写的碑文。

大港英烈园是区级爱国主义教育、国防教育和党的优良传统教育基地。每年都有各界人士怀着崇敬的心情前来缅怀祭扫革命先烈,在此进行入党、入伍、入团、入队宣誓等各种活动。

赵连庄惨案旧址

赵连庄惨案旧址位于天津市滨海新区中塘镇赵连庄村。这里是抗战时期中共津南工委第三工作组(后改为津南县三区)经常活动的地方。日本投降后,国民党军和当地土匪曾于1945年10月23日在这里制造了震惊冀中的"赵连庄惨案",三区共有数十名干部、战士惨遭杀害。

1945年10月23日,津南县三区区长傅书楷等10余名干部,还有参加区训练班的各村粮秣干部及准备去津浦路西学习的村干部、积极分子等百余人正在赵连庄集结。由于叛徒告密,国民党马圈区分部负责人郭友恭、马圈乡乡长郭友华和马圈村保长郭三炮率领国民党杂牌军百余人,于23日深夜向赵连庄扑来。

由于连日的紧张训练与学习,晚上大家都很累了。区长傅书楷夜里12点才从小金庄回来,刚准备休息,突然听到外面的枪声。情况十分紧急,傅区长只好带领身边的一名干部和一名警卫员,冲出

赵连庄惨案发生地现状

房来,边打边撤,经过一番激烈枪战,终于从村西北角突出敌人的层层包围。但是困在村里的百余名干部、战士,除了区干部和区小队有几支枪外,其他人员都是赤手空拳。有些干部、战士在突围中牺牲,其余均被敌人逮捕。郭友恭、郭友华等国民党反动分子,为了分化离间革命队伍,就将干部分为"路西派来的"和"本乡本土的"两种,对派来的干部逮住一个杀一个;对本地的干部,只要肯"悔过自首",便可找保释放。但除了一些意志薄弱者向敌人投降外,大部分干部、战士都是宁死不屈。三区区委委员任雪、温志杰等数十名干部、战士在被押往小站途中或惨遭敌人杀害或被活埋。惨案发生后的一个月,冀中军区八分区派一个营的兵力打回赵连庄,活捉了制造这起惨案的罪魁祸首,为牺牲的烈士们报了仇。

如今的赵连庄历经多次变迁,当年烈士们牺牲处已很难准确辨识,但是他们在敌人面前宁死不屈的英雄气概,将永远激励着后人去战胜前进中的一切困难。

和 平 区

《天津学生联合会报》报社旧址

《天津学生联合会报》报社旧址位于天津市和平区南市荣业大街。

1919年五四运动爆发后，天津学生联合会为使反帝爱国运动深入持久地向前发展，决定创办《天津学生联合会报》。周恩来欣然接受天津学联负责人谌志笃和马骏的邀请，主持《天津学生联合会报》创刊筹备工作。当时，周恩来刚从日本留学回国，为使这份报纸早日和读者见面，周恩来带头举办话剧义演，积极募集办报经费，通过多方努力，顺利解决了纸张、印刷、出版等问题，并在南市协成印刷局旁租了一所小楼（原南市荣业大街34号，已不存在）进行编报工作。

《天津学生联合会报》创刊于1919年7月21日。创刊号发表了周恩来撰写的社论《革新·革心》，明确提出改造社会、改造思想的号召。该报旗帜鲜明地倡导新思潮，宣传反帝反封建的思想，揭露日本帝国主义侵略中国和北洋军阀政府的卖国罪行，强烈抨击封建礼教，提倡科学、民主和改革，号召青年及各界人士持续不断地向旧势力进行不懈的战斗。

周恩来为主办《天津学生联合会报》倾注了大量心血，经常夜以继日地工作。从汇集新闻到组织文章，从排版到校对，都由他直接负责。许多重要的报道和言论他还亲自执笔撰写。

《天津学生联合会报》面世后，深受天津学生和各界人士的欢迎，发行量最多时达2万余份。由于该报影响越来越大，反动当局十分恐慌，9月22日以所谓"于公共安宁秩序，显有妨害"的罪名将其查禁。经周恩来等人据理力争，《天津学生联合会报》于10月7日复刊。

《天津学生联合会报》共出版100多期，由于宣传报道具有很强的时代性、战斗性和可读性，在社会上享有极高的声望。

五四运动期间，周恩来在津主办的部分报刊

《天津学生联合会报》报社旧址
（南市荣业大街 34 号，已不存在）

《天津学生联合会报》报社旧址现状

《天津学生联合会报》不仅在天津畅销，而且行销北京、上海、南京、保定等地，被广大读者视为反帝反封建爱国斗争的号角、旗帜，被誉为"全国学生联合会报之冠"，成为天津乃至全国传播马克思主义的主要刊物之一。

新生社活动地点旧址

新生社活动地点旧址位于天津市和平区建设路芸芳里 2 号和泰安道 3 号。

新生社是在五四运动影响下涌现出的著名进步社团。1919 年 9 月,继觉悟社成立后不久,在李大钊的帮助下,于方舟等人在英租界芸芳里 2 号创建新生社。其主要成员有于方舟、韩麟符、陈镜湖、安幸生、王天麟、李培良、王隶华、王桐华等十余人,他们中的大部分人是直隶省立一中和直隶第一女子师范学校的学生。

新生社的第一个活动地点在和平区建设路芸芳里 2 号一幢占地仅 54 平方米,外表非常普通的二层青砖小楼。第二个活动地点在今泰安道 3 号(已拆除)。

新生社自成立时起,就受到李大钊的特别关怀和具体指导。社员们经常在一起学习李大钊推荐的介绍马克思主义的有关文章,如《庶民的胜利》《布尔什维主义的胜利》《我的马克思主义观》等。这些文章就像指路明灯,为社员们指明了方向,坚定了他们的共产主义信仰。

1920 年 1 月,天津发起声势浩大的抵制日货运动。新生社与觉悟社、天津各界联合会等团体并肩作战,逐渐成为领导天津学生运动的核心组织,带领学生们开展了形式多样的反帝爱国斗争。

区级文物保护标识

新生社活动地点旧址(建设路芸芳里 2 号)

新生社活动地点旧址现状（泰安道 3 号）

为了更加广泛深入地宣传马克思主义，1920 年 4 月 1 日，新生社创办了自己的刊物《新生》杂志。社员们将学习的心得体会、研究讨论的成果撰写成文章，发表在刊物上，使更多的人了解和接受新思想。《新生》杂志还首次提出关于在天津建立共产党组织的问题，在当时被誉为"全带有社会主义色彩"的革命刊物。

1920 年 10 月，根据李大钊的意见，新生社改组为天津马克思主义研究会，并创办会刊，专门介绍十月革命后苏俄的情况，宣传革命主张。不久，根据革命形势的发展，于方舟将天津马克思主义研究会改组为天津社会主义青年团小组。新生社中的一些成员加入了这个团小组，后来他们大多成为天津地方党组织的第一批共产党员，其中于方舟、安幸生、李培良等人成为天津地方党组织的创建人和领导者。新生社的创立及其革命实践活动，为天津地方党组织的建立奠定了坚实的基础，在天津革命史上谱写了一曲壮丽的凯歌。

1994 年 1 月，和平区政府公布新生社旧址为区级文物保护单位；2021 年被公布为天津市革命文物。

《新民意报》报社旧址

《新民意报》报社旧址位于天津市和平区南市东兴大街 9 号。

《新民意报》是爱国教育家马千里在周恩来等人的协助下，于 1920 年 9 月 15 日创办的专门宣传新文化、新思潮，表达民众意愿的进步报纸。

1920 年 1 月，担任天津各界联合会副会长、抵制日货委员会主席的马千里，率领各界联合会代表，为抗议反动当局勾结日本浪人殴打爱国学生的罪行，到省公署请愿，遭到反动当局逮捕。1 月 29 日，周恩来等人领导数千名学生、民众再次请愿，也遭到了当局逮捕。在狱中，马千里和周恩来一起计划，出狱后要办一份能够反映民意、反对帝国主义侵略、反对统治阶级压迫、唤起民众觉悟的报纸。1920 年 7 月 17 日，马千里等人获释后，立即为创办《新民意报》做准备，周恩来也参加了筹备工作。报社地址选定坐落在南市东兴大街 9 号的一幢二层楼房。楼下是机房，楼上是排字车间和办公室，周恩来亲自为报社书写的三尺长一尺宽的"新民意报"牌匾，悬挂在楼门口处。在很短时间内，《新民意报》就正式出刊了。

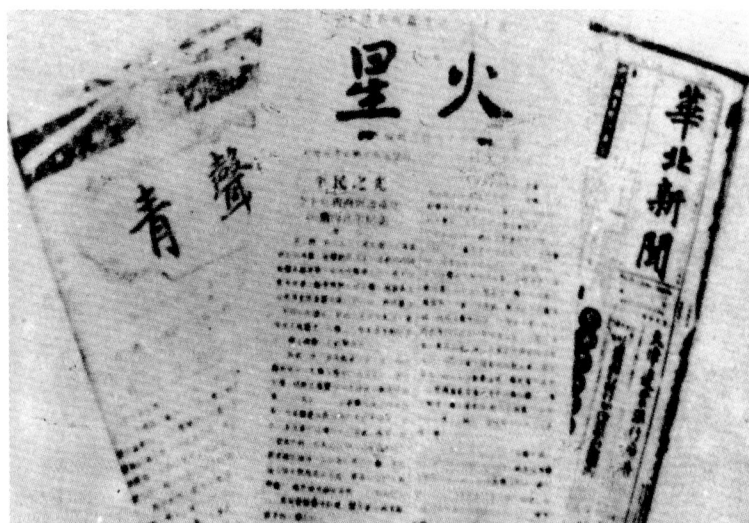

《新民意报》副刊《星火》

《新民意报》副刊《觉邮》

马千里

《新民意报》一经出刊，便似雷霆闪电一般，震撼了每一个关心国家命运的爱国者的心灵。报纸以犀利的文字猛烈抨击北洋政府内政外交的黑暗，深刻揭露了倚仗帝国主义的北洋军阀祸国殃民的罪行。此外，《新民意报》还在显著位置连续刊载了周恩来撰写的《警厅拘留记》和《检厅日录》。《警厅拘留记》揭露了1920年1月29日至4月7日，请愿代表在直隶省公署门前被警察厅拘捕迫害的事实，记述了请愿代表同警察厅厅长杨以德斗争过程。《检厅日录》记录了1920年4月7日至7月7日，被拘捕代表的狱中生活和在法庭上斗争的情况。

为使宣传形式更加多样化，新民意报社还编辑了许多副刊，随同《新民意报》一起发行。这些副刊大都是当时爱国组织和进步团体的出版物。如觉悟社邓颖超等主编的《觉邮》、马千里等主编的《星火》、马氏学会创办的《明日》和于方舟等创办的《向明》等。

《新民意报》以旗帜鲜明地反帝、反封建、反军阀专制，宣传新文化、传播新思想的丰富内容，成为进步人士和先进青年们争相阅读的报纸，成为唤起民众的有力武器。由于惧怕革命舆论，反动当局大肆查禁进步报刊。1925年1月27日《新民意报》被迫停刊。虽然《新民意报》仅发刊四年多的时间，但对马克思主义在天津的早期传播、促进人民大众特别是青年人的觉醒，起到了非常重要的作用。

《新民意报》报社旧址现状

《新民意报》报社旧址(已不存在)

中共天津地方执行委员会
成立大会旧址

　　中共天津地方执行委员会成立大会旧址位于天津市和平区长春道普爱里 34 号(后门牌号改为 21 号),这是一座普通的二层小楼。

　　中国共产党成立后,天津地区党员队伍和团组织的不断发展壮大,为建立党的领导机构打下了基础。1924 年 1 月,李大钊指示出席国民党一大会议的于方舟、江浩、李锡九等人,回津后加紧筹建中共天津地方组织,以加强党对革命运动的领导。接到指示后,江浩立即通知女儿代其在天津租赁一处适合做党的地下工作的房子。经过挑选,最后选定法租界普爱里 34 号。这是一栋小楼,前后有门,东面是繁华的商业区,西面是杂草丛生的老西开地区,交通便利,极易疏散隐蔽。1924 年春,江浩携妻子刘喻莲和小女儿江汰清,由上海启程来津,住进普爱里 34 号。

　　经过紧张筹备,天津已具备了成立党的地方执行委员会的条件。经上级批准,1924 年 9 月的一天,天津的共产党员陆续来到江浩家中,举行中共天津地方执行委员会成立大会。刘喻莲和江汰清以

中共天津地委成立大会旧址(已不存在)

中共天津地委成立大会旧址现状

于方舟　　　　　　　　　江　浩　　　　　　　　　李锡九

干家务活为掩护,在门口负责放哨。大会讨论了党在天津的具体工作方针和行动纲领,选举于方舟为中共天津地方执行委员会委员长,江浩为组织部主任,李锡九为宣传部主任。

中共天津地委的成立是中共天津历史上的重大事件,也是天津近代革命史上的重大事件,天津人民的革命斗争,从此有了更加坚强有力的领导核心。

中共天津地委成立以后,为推动天津的革命斗争,先后作出关于开展工人运动、农民运动、学生运动和妇女运动等决议,天津的革命斗争从此进入了一个新的历史时期。在此期间,天津的革命队伍也日益壮大。到1926年3月,中共天津地委领导下的党员已发展到600余人。

1961年,中共天津市委在普爱里21号设立中共天津建党纪念馆。1982年,天津市政府将此楼公布为市级文物保护单位。1997年,滨江道商业区改造期间,将中共天津建党纪念馆迁移至和平区山西路98号,扩建为中共天津历史纪念馆。

中共天津地委成立大会会议室

大革命时期
中共天津地方执行委员会旧址

  大革命时期,在白色恐怖的笼罩下,中共天津地委进行了艰苦卓绝的斗争。为防止反动当局破坏,从1924年至1927年的三年中,天津地委办公地点先后搬迁过七次。

  1924年,中共天津地委成立时,机关设在法租界普爱里34号(后门牌号改为长春道普爱里21号)。不久,为避免反动当局破坏,天津地委机关从普爱里迁到兆丰路福利里21号继续开展工作。同年底,天津地委机关又从福利里搬迁到义庆里40号(现南京路义庆里21号),地委领导人于方舟、安幸生、卢绍亭等曾住在这里。

  1925年五卅运动爆发,全国范围内的反帝爱国斗争掀起高潮。为适应斗争形势发展的需要,中共

1924年10月至11月
中共天津地方执行委员会旧址
(福利里21号)

1924年12月至1925年5月
中共天津地方执行委员会旧址
(义庆里40号,已不存在)

1925年6月至1926年11月
中共天津地方执行委员会旧址
(义庆里17号,已不存在)

1926 年 11 月底至 12 月
中共天津地方执行委员会旧址
（松茂里 5 号，已不存在）

1926 年 12 月底至 1927 年 4 月
中共天津地方执行委员会旧址
（集贤里 17 号，已不存在）

1927 年 4 月底至 6 月
中共天津地方执行委员会旧址
（松寿里 79 号，现为崇仁里社区）

北京区委派李季达来津担任地委书记，以加强对天津反帝爱国斗争的领导。李季达到津后，立即在义庆里 17 号（现义庆里 20 号）设立地委机关并住在这里，原地委机关所在地义庆里 40 号一度停止使用。天津地委在这期间领导了声援上海工人的反帝爱国斗争和天津海员声援省港罢工的斗争，掀起天津工人罢工运动的高潮。

1926 年 3 月，天津地委重新启用义庆里 40 号作为党的统战机关。11 月，义庆里 40 号遭反动当局破坏。出于安全的考虑，义庆里 17 号的地委机关立即停止使用，地委机关迁移到法租界海大道松茂里

1927 年 6 月底至 8 月
中共天津地方执行委员会旧址
（求志里 17 号）

（现大沽北路松茂里 5 号）。年底，地委机关又迁移到南京路集贤里 17 号。1927 年元旦，李季达与地委妇女运动负责人王贞儒在这里结为夫妻，以家庭形式作为掩护开展工作。

1927 年 4 月，全国局势急剧变化，蒋介石叛变国民革命，向共产党员和国民党左派举起了屠刀，奉系军阀张作霖在北方与蒋介石遥相呼应。4 月初，李大钊在北京被捕。18 日，江震寰等 15 位革命志士在天津被杀害。面对白色恐怖，李季达一面嘱咐各级组织谨慎行事，一面将党的重要文件和天津 500 名党员名单巧妙地存放在法租界浙江兴业银行总行第一号保险柜里，同时将地委机关转移至山西路松寿里 79 号，后又转移至长沙路求志里 17 号。

1927 年 8 月 9 日，小刘庄区委管辖的海京地毯三厂党组织遭到破坏，天津地委组织部部长粟泽等被捕。由于叛徒告密，李季达、王

贞儒夫妇先后在南开体育社典华学校内被捕。在狱中,李季达等面对敌人的威逼利诱坚贞不屈直至英勇就义。

1927年8月,中共顺直省委成立,负责领导包括天津在内的北方各省市党的工作,中共天津地委改建为天津市委。长沙路求志里17号成为天津地委最后一个机关地址。

孙中山北上在津期间居住地旧址

孙中山北上在津期间居住地旧址位于天津市和平区鞍山道 59 号的张园。张园于 1915 年破土动工,1916 年交付使用,系清末驻武昌第八镇统制张彪的私人花园。初名露香园,后称张园。1924 年,伟大的民主革命先驱孙中山偕夫人宋庆龄北上途经天津时曾下榻此处。

1924 年 10 月, 直系将领冯玉祥在第二次直奉战争中发动北京政变, 把自己的军队改组为国民军,并邀请孙中山北上共商国是。孙中山欣然接受邀请,并于 11 月 10 日在广州发表北上宣言,主张废除不平等条约,召开国民会议,以谋求国家的和平统一。为了欢迎孙中山北上,扩大反帝反封建的宣传,以共产党人为主体的国民党直隶省党部,从 11 月中旬起即开展了广泛的宣传活动。12 月 4 日,孙中山偕夫人宋庆龄一行到达天津法租界美昌码头(现营口道东口),受到天津数万名群众的热烈欢迎。孙中山一行登岸后,在群众的欢呼声中乘车前往张园。当天中午,中共天津地委负责人于方舟、江浩和爱国人士马千里等来到张园,联系邀请孙中山演讲和会见群众事宜。晚上,天津各界人士在法租界国民饭店举行欢迎孙中山茶会。孙中山由于身体不适,未能到会,特派汪精卫、孙科代表与会。12 月 8 日,于方舟、江浩等天津各界代表晋见孙中山。孙中山抱病会见各位代表,并发表了谈话。他在谈话中历数帝国主义利用军阀摧残中国革命的罪行,明确提出,革命要获得成功,必须铲除帝国主义和军阀势力。他对天津各界代表给予亲切鼓励,对天津的革命运动寄予殷切希望。他说,天津国民革命的兴

1924 年,孙中山先生北上过津时在张园和各界欢迎人士合影

市级文物保护标识

起,打破了北方封建军阀、帝国主义最牢固的堡垒,使他看到了三民主义的曙光,这是同诸君精诚努力分不开的,希望诸君今后更加勠力同心,以促成国民会议的召开。孙中山的勉励和支持,极大地鼓舞了天津人民。为了进一步发动群众,中共天津地委组织党团员深入工厂、学校和街道进行演讲,广泛宣传孙中山提出的革命主张,号召广大民众团结起来,解除不平等条约,拥护国民会议召开。这些活动既有力地支持了孙中山北上,也进一步唤起了天津民众。12月31日上午10时,孙中山抱病离开张园赴北京。天津各界代表江浩、于方舟、马千里、安幸生、邓颖超等前往车站送行。

1925年2月,清逊帝溥仪从北京逃至天津,也曾居住在张园(后迁往静园)。一位是推翻封建帝制的民主革命先驱,一位是退位的末代皇帝,两个历史人物先后在张园暂居,这一戏剧性的巧合演绎着张园的传奇。1935年,驻津日军以18万元购得张园。不久,日军拆除原建筑,现存建筑为日本侵华驻屯军所建,但天津民众仍习惯称之为张园。

天津解放后,市军管会、中共天津市委、天津日报社、天津青少年儿童图书馆、天津京剧院等单位先后在此办公。1982年,被公布为市级文物保护单位。2019年,被公布为天津市爱国主义教育基地。

大革命时期天津印刷工会旧址

大革命时期天津印刷工会旧址位于天津市和平区黑龙江路 39 号。

1924 年 9 月,中共天津地委成立后,根据革命工作的需要,将工作重点放在组织和发动工人运动方面。地委先后派人深入各大工厂,领导组织天津各行业工人建立工会。1925 年春,在中共天津地委职工运动委员会负责人安幸生的领导下,天津印刷工会建立,办公地点设在法租界石教士路(现和平区黑龙江路 39 号)一座二层小楼的楼上。

印刷工会成立后即建立了工会党支部,地委派共产党员陶卓然、邓若良、钱才新负责工会和党支部的工作。随着党对职工运动领导的加强,印刷工会组织不断壮大,逐渐形成了一支强大的工人运动力量。五卅运动爆发后,天津印刷工会在地委的领导下,积极投入反帝爱国运动洪流,与英、日帝国主义展开针锋相对的斗争。当时,英、日租界当局利用《泰晤士报》等舆论工具,滥发反动文章,极力污蔑五卅运动。印刷工会针对这一情况,及时采取措施,领导英、日当局报社的印刷工人相继罢工,致使报社工作完全瘫痪,从根本上卡断了帝国主义的喉舌。最后,英、日厂主不得不出来请求工人复工。印刷工会当即提出八项复工条件,其中包括不得造谣辱骂中国人,由中国人管理工厂,不得虐待工人,增加工人工资等。英、日租界当局为了欺骗工人复工,表面上答应了自 7 月 30 日起落实上述条件,实际并未履行诺言。为此,印刷工会召开紧急会议,决定举行全市印刷行业大罢工。8 月 2 日,天津 3000 余名印刷工人发表援助工友宣言,宣布再次罢工。接着,在天津总工会的领导下,印刷工人的罢工与海员、码头、纱厂工人的罢工连成一体,形成巨大的罢工风潮,有力打击了英、日帝国主义的嚣张气焰。

为深入开展宣传活动,印刷工会还创办了印刷局,承印各种反帝爱国的宣传品,鼓舞全国人民联合起来,共同反抗侵略。面对轰轰烈烈的反帝爱国运动和强大的舆论声势,英、日领事十分

安幸生

恐慌，借口工人运动影响交通和租界安全，向奉系反动当局提出抗议。奉系军阀李景林竟动用军警武装制止工人运动，并悬赏通缉印刷工会负责人。在反动军阀的镇压下，印刷工会被迫转入地下，继续开展斗争。

9月，同情革命的国民军决定攻打天津。天津地委决定在市内组织训练工人武装队伍，配合国民军攻打驻津奉军。印刷工会积极选派工人参加工人武装。12月，国民军击败奉系军阀李景林，进驻天津，天津的革命形势再度形成高潮，印刷工会的革命活动也随之公开。这期

大革命时期天津印刷工会旧址（已不存在）

间，印刷工会主要负责人还参与创办《工人生活》小报活动，这是天津地委直接领导的第一个工人运动内部刊物，内容主要反映工人们生活和斗争情况。小报还采取多种形式向工人进行反帝爱国教育，对提高工人觉悟，鼓舞工人斗志起了很大作用。

印刷工会在中共天津地委领导下，有力地推动了五卅运动期间工人罢工斗争的开展，给英、日帝国主义和奉系反动军阀当局以沉重打击，充分显示了天津工人阶级在反帝爱国斗争中的主力军地位。

中华海员工业联合会
天津支部成立大会旧址

中华海员工业联合会天津支部成立大会旧址位于天津市和平区滨江道原基泰大楼。

1925年五卅运动爆发后,在上海"三罢"和省港工人罢工斗争的打击下,英商怡和、太古两洋行急令在香港的"夔州""惠州"等五艘轮船和停泊在上海的"顺天""景星"两艘轮船,驶往奉系军阀占据的天津,以防海员"骚动"。为粉碎外国资本家破坏罢工的企图,中共中央电示中共北京区委,协助中共天津地委在上述各轮船抵津后,组织海员继续罢工斗争。

随即,中共北京区委派遣赵世炎前往天津,会同李季达、安幸生等人组成"海员罢工委员会"。当"夔州""惠州"等轮抵达天津后,李季达、安幸生等立即与"夔州"轮海员陆苗根等取得联系,发动各轮海员425人全部离船,并于7月18日在法租界马家口附近长春大旅社(基泰大楼)召开了中华海员工

中华海员工业联合会
天津支部成立大会旧址(原基泰大楼)

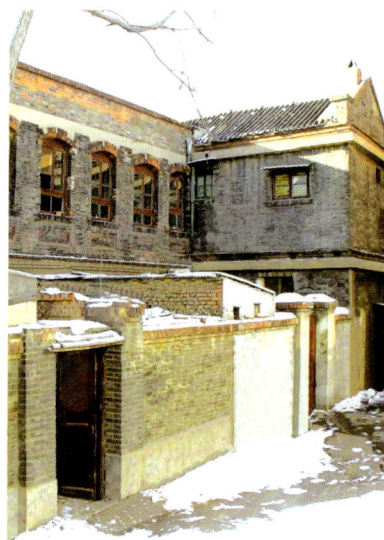

中华海员工业联合会天津支部旧址
(平和里)

业联合会天津支部成立大会。到会的有"奉天""夔州""惠州""昌生""裕生"各轮水手百余人，推选安幸生为支部书记。大会通过《海员工会章程》，发表《海员工会宣言》，通过《海员工会通电》和《天津海员工会泣告书》。会议还决定于7月21日举行全体海员罢工，决心"与强暴的英国反抗，不达最终目的誓不上工"。海员工会天津支部设在法租界石教士路（今黑龙江路）平和里。7月21日，"昌生"轮抵津，天津地委立即与该轮机工、共产党员李维汉联系，就地组成"昌生轮罢工委员会"，带领海员上岸，宣布罢工。海员工会天津支

天津总工会旧址（现铃铛阁中学）

部发表《为昌生海员罢工敬告全国文》，严正宣告："帝国主义确实将要把中国化成他们的屠杀场。同人等与其坐地受死，孰若舍身反抗。为中国民族争生存而战，为中国民族争自由而战。"7月23日，"惠州""夔州""裕生""奉天"以及陆续抵津的"顺天""景星"各轮海员相继罢工。

8月4日，中共天津地委成立天津总工会，安幸生为执行委员会主任，由此形成天津工人阶级反帝斗争的坚强核心。随后，海员工会天津支部迁往天津总工会所在地（今铃铛阁中学），积极参加天津总工会发起的全市罢工活动。为配合海员罢工斗争，中共天津地委动员车站货场至大王庄一带的码头工人进行罢工。8月10日，负责装卸日商大连、大阪，英商太古、怡和等轮船的2000余名工人宣布罢工。天津海员和码头工人的罢工，致使英、日在津各轮无法开动，码头上货物堆积如山，整个港口陷于瘫痪。太古、怡和两公司急忙在塘沽等地招募海员，但新招募海员了解详情后，当即返回。英商无计可施，遂一面唆使直隶督办李景林下令禁止海员借住广东会馆，强行封闭天津各界联合会；一面则勾结警察厅和法租界工部局，于7月30日查封海员工会天津支部。但是罢工海员并未屈服，他们联合天津各界向督办公署请愿，并呼吁全国各团体给予支援。在社会舆论的强大压力下，直隶督办公署和法租界工部局，被迫于8月2日启封天津各界联合会和海员工会天津支部。海员工会天津支部参加天津总工会发起的全市罢工工人援沪大示威等重要活动，极大地鼓舞了各界人民的反帝爱国热情。

中华全国铁路总工会
第三次代表大会旧址

中华全国铁路总工会第三次代表大会旧址
（天津市南市第一舞台，已不存在）

邓 培

中华全国铁路总工会第三次代表大会旧址位于天津市和平区东兴大街 152 号和赤峰道 58 号。

1926 年前后，随着冯玉祥领导的国民军进驻天津，天津的革命斗争再度蓬勃发展起来。中共中央决定抓住这一有利时机，在天津召开中华全国铁路总工会第三次代表大会暨天津各界二七纪念大会。这次大会是中华全国铁路总工会（简称"铁总"）自成立以来空前的盛会，也是中国共产党领导下的革命团体在天津召开的首次全国性会议。

1926 年 2 月 7 日傍晚，中华全国铁路总工会第三次代表大会暨天津各界二七纪念大会开幕典礼在天津市南市第一舞台（现和平区东兴大街 152 号，已拆除）举行。中华全国铁路总工会负责人邓培宣布大会宗旨，与会人员全体起立向二七烈士致哀。中共天津地委书记李季达出席开幕典礼并讲话，他说："先烈们赤手空拳和握有枪炮的反动军阀搏斗，他们宁死不屈，虽然受着深重的压迫，生活十分贫困，但绝不为金钱、地位所利诱，他们不愧为中华民族好儿女。"到会各地代表也纷纷登台演讲，会场上群情激昂，掌声雷动。天津总工会还在大会上散发纪念二七大罢工传单，号召天津工人阶级要"坚固自己的团结，继承二七烈士们的奋斗精神，努力前进，争

中华全国铁路总工会第三次代表大会
旧址现状(原国民饭店)

中华全国铁路总工会第三次代表大会旧址现状(原国民饭店)

取最后胜利"。会后全体代表和工人举行了游行示威,游行队伍沿途高唱《国际歌》,高呼革命口号,浩浩荡荡地行进在天津的大街小巷,在天津民众中引起轰动。

2月9日,在法租界国民饭店(现和平区赤峰道58号)二楼举行正式会议。到会者有全国18条铁路的工人代表58人,代表着有组织的职工14万人。铁总总干事王荷波作铁总一年来的工作报告,各地代表也报告了一年来组织发展及政治活动的成绩。大会讨论了铁总今后的工作方向,并就组织、宣传、写作、救济、自卫团等项内容展开讨论,通过了《中华全国铁路总工会报告决议案》《各路工作报告决议案》《组织问题决议案》等28项决议草案。会上还提议要为二七殉难烈士建立一座纪念碑,并建议将此纪念碑树立在当年烈士们浴血奋战的京汉铁路总工会所在地长辛店火神庙前。

2月15日上午,大会选举产生本届铁总执行委员13人和候补执行委员7人,选举邓培为委员长,罗章龙为总干事。2月16日,历时10天的铁总第三次代表大会圆满闭幕。

会后,为使全国铁路工人及革命民众能够了解这次会议的决议内容及铁总一年来的工作和今后使命,由罗章龙执笔,将大会的主要文件、决议和发布的宣言等汇集成册,定名为《铁总年鉴》。1926年底,这本书克服重重困难秘密出版发行。《铁总年鉴》详细记录一年来全国铁路工人在铁总领导下所进行的各项工作和反帝反封建斗争历程,刊出铁总三大会场照片和在铁路工运中牺牲的烈士照片共8幅。这是一部有关中国铁路职工运动史料的珍贵文献,目前仅存的孤本珍藏在北京国家博物馆。与《铁总年鉴》同时编印的,还有《革命战士集》一书。该书分为一二两册,主要介绍了在铁路工运斗争中壮烈牺牲的革命烈士事迹、照片和殉难经过等情况。

这些革命书籍的出版,在社会各界引起强烈反响,工人们争相传阅,从中寻找救国救民的真理,从而大大鼓舞了斗志,进一步推动了铁路工运的发展。

2021年,国民饭店旧址被公布为天津市革命文物。

天津城市工人俱乐部旧址

天津城市工人俱乐部旧址位于天津市和平区长春道 293 号（原普爱里 72 号）。

1926 年 3 月，国民军撤出天津后，奉系军阀褚玉璞卷土重来，对天津革命运动疯狂报复，到处搜捕共产党人。为了保存革命有生力量，中共天津地委决定将前一个时期公开露面的同志撤离天津。同时为加强天津工作，中共北方区委调粟泽、靳子涛（金城）、傅茂公（彭真）等一批骨干来天津工作，并相应地调整了中共天津地委领导机构，继续开展工人运动。此后，天津工人运动重新兴起，党团组织和工会组织迅速恢复发展。

1927 年 1 月 21 日上午，中共天津地委决定在天津工人俱乐部召开纪念列宁逝世 3 周年大会。就在大部分与会天津党团地委负责人陆续进入会场时，法国工部局便衣特务根据密报在会场周围设下暗哨。傅茂公进入会场后，即命住在机关的张贵祥以买早点的名义出去察看。张贵祥刚走到胡同口即遭逮捕。此时，普爱里周围已布满便衣特务，将出来寻找张贵祥的人逐一抓捕。当参加会议的同志发现情况有变，准备转移时，大批特务冲入室内，对全楼进行搜查。由于未查出证据，便以聚众滋事为名逮捕了全部与会人员。其中有傅茂公、粟泽、邢克让、李志新、阚家骅、薛世伍、李铁军、阎瑞生、秦茂轩、吴雨铭、陶卓然、李凤岐、王润芝等 30 余名共产党员。除因故未到会的地委书记李季达等少数同志外，中共天津地委大部分负责同志被捕。

被捕人员被押到法国工部局西开分局。由于傅茂公等用的都是假名字，法国工部局并不了解被捕人员的真实身份，经过简单审问后，即分别收监关押。在狱中，粟泽提出，如被军阀当局引渡，就把责任推到他一个人身上，以尽可能多地保存革命力量，表现出一名共产党员的献身精神。

与会同志被捕的消息传出后，地委书记李季达等当即组织营救。为防止法国工部局把这些同志引渡给军阀当局，首先通过

天津城市工人俱乐部旧址（已不存在）

天津城市工人俱乐部旧址现状

新闻界的关系把事件真相公布于社会,又通过统战关系,聘请美国律师爱温斯为此案辩护,再通过一些上层知名人士向法国工部局疏通,迫使法国领事做出让步,全体被捕人员获释。

纪念孙中山逝世一周年大会旧址

　　纪念孙中山逝世一周年大会旧址位于天津市和平区荣吉大街与广善大街交口西南侧。该旧址原为南市大舞台(已不存在)。

　　南市大舞台戏院建于1915年,为砖木结构的二层楼房。1925年底,冯玉祥的国民军进驻天津,由于国民军同情革命,天津的革命活动便趋于公开化。在第一次国共合作的背景下,1926年3月12日,中共天津地委与国民党市党部、天津总工会在南市大舞台联合举行了纪念孙中山逝世一周年大会。

　　会场门前搭起一个白纸花扎成的大型牌坊。会场内不时奏起哀乐,形成肃穆的祭奠气氛。参加大会的有天津各界联合会代表、社会知名人士、各行各业负责人、各工会代表、学生代表等共千余人。李大钊从北京赶来参会,并以"各国帝国主义对中国的侵略"为题发表演说,宣讲国民革命发展形势,唤起人民反抗侵略,挽救中国危亡。会上,谭平山、于树德、于方舟等也都发表了演讲。纪念活动为期五天,先后参加活动的有五六百万人。活动期间还出售《向导》《中国青年》《政治生活》等党的刊物。

天津南市大舞台旧址(已不存在)

中共顺直省委机关旧址

中共顺直省委机关旧址位于天津市和平区山西路耀华里2号(现耀华中学校内)。

2003年经过改造扩建的天津历史名校——耀华中学,以其凝重的建筑风格受到人们关注。在耀华中学校园一角有一所新建的耀华游泳馆,这里就是1927年中共顺直省委机关(原山西路耀华里2号)旧址。

1927年4月,蒋介石在上海发动四一二反革命政变。奉系军阀张作霖也在北方大肆逮捕共产党人,4月28日,中共北方区委书记李大钊等20位共产党人在北京被杀害,北方区委遭到严重破坏,北方党组织失去领导中枢。中共中央为解决北方党组织的领导问题,在党的五大以后,决定在天津建立中共顺直省委,顺直省委的工作范围包括北京、天津、河北、山西、陕西、绥远、察哈尔、东北三省、河南北部,以及山东西部。中央任命彭述之为顺直省委书记。

5月下旬,陈为人来到天津,在英租界小河道集贤里6号召开秘密会议,传达中央决定。经过讨论,决定先成立顺直临时省委,由刘伯庄代理书记。顺直临时省委成立后,开始整顿组织,恢复与各地党组织的联系,指导和推动各地工人运动。

8月1日,彭述之来到天津后,在山西路耀华里2号设立顺直省委机关,中共顺直省委正式成立。彭述之任书记,刘伯庄任组织部部长,李季达任宣传部部长,陈为人任职工部部长。从此,北方地区人民在中共顺直省委领导下,继续与帝国主义和封建军阀势力展开不屈不挠的斗争。

在中共顺直省委建立的3年多时间里,北方党组织一直处在复杂局面和艰苦环境中,省委机关遭到多次破坏,省委领导机构也经历7次大的改组和调整。作为中共顺直省委机关的耀华里2号,记录了当年奉系军阀和国民党反动派相勾结,残酷镇压和屠杀中国共产党人及人民革命力量的罪行;记录了党

陈为人

49

中共顺直省委机关旧址
（山西路耀华里 2 号，已不存在）

中共顺直省委机关旧址现状

组织屡次遭到严重摧残，大批党的优秀儿女英勇献身的感人场景；也记录了战斗在北方的广大共产党员面对凶恶敌人不畏牺牲，前仆后继，为中国人民解放事业英勇奋斗的革命精神。

中共顺直省委改组会议旧址

中共顺直省委改组会议旧址位于天津市和平区哈密道四箴南里21号。

1927年大革命失败后,中共中央召开八七会议,纠正了陈独秀右倾错误,确定了土地革命和武装反抗国民党反动派的总方针。在八七会议后召开的临时中央政治局会议上,决定成立中共中央北方局,负责在北方各省贯彻八七会议精神,纠正陈独秀的右倾错误,调整北方地区党的各级领导机构。

由于顺直省委书记彭述之坚持陈独秀右倾错误,1927年9月,中共中央派北方局书记王荷波和蔡和森来到天津召开中共顺直省委扩大会议(后称改组会议),以肃清右倾思想的影响。经与顺直省委委员于方舟接洽,确定会议地点为天津日租界松岛街神户里(哈密道四箴南里21号,已不存在)。为保证会议顺利召开,先安排省委秘书吕职人携家眷提前住进四箴南里21号。9月22日,以为吕职人二女儿满月贺喜为名,集聚在这里秘密开会。

出席这次会议的除顺直省委委员外,还有天津、北京、唐山、保定、冀东等地代表,共约三四十人。王荷波主持会议,蔡和森传达八七会议精神,并作题为"党的机会主义史"的长篇报告。会议根据中央指示精神,撤销彭述之顺直省委书记职务,并选举产生包括6名工农分子和7名知识分子组成的新省委领导机构,由上级派到天津的朱锦堂(工人党员)任书记。会议确定北方工作的方针是:实行土地革命,打倒新旧军阀、地主豪绅及资产阶级,发动与组织农民战争,建立工农红色政权。北方各级党的组织通过贯彻落实这一方针,有力地推动了各项工作的开展。

蔡和森

中共顺直省委改组会议旧址（哈密道四箴南里 21 号，已不存在）

中共顺直省委改组会议旧址现状

中共顺直省委扩大会议旧址

中共顺直省委扩大会议旧址位于天津市和平区独山路大吉里 31 号。

1928 年冬，大革命失败的阴影仍笼罩着天津城。北方党内由于受到"左"、右倾错误的干扰，党组织遭到敌人的严重破坏。当时，中共顺直省委忽视对广大党员的思想教育，因而党员中出现极端民主化、经济主义、无政府主义和闹个人意气等种种错误思潮。在这危急关头，党中央派中央政治局常委、中央组织部部长周恩来由上海到天津，传达贯彻中共六大决议，整顿顺直党组织。

1928 年 12 月 11 日，周恩来化装成商人乘轮船来到天津。地下党员徐彬如到码头迎接，周恩来下船后即与徐彬如一起来到位于基泰大楼内的长春旅社（现滨江道 117 号），稍事休息后，转往日租界北洋旅馆入住。当晚，周恩来就听取了对顺直省委情况的汇报。此后，周恩来每天都把时间排得满满的，调查了解情况，征求各方面意见。在短短的几天里，听取了张家口电灯公司和铁路系统同志的意见；参加了天津纱厂、天津胶皮车党支部座谈会；出席了有基层支部书记和省委工作人员参加的联席会，并四次接见顺直省委和天津市各方面负责人，听取他们的意见。

中共顺直省委扩大会议旧址（已不存在）

中共顺直省委扩大会议旧址（已不存在）

经过大量调查研究，周恩来初步摸清了顺直党组织存在的问题，对顺直广大党员思想状况进行了分析，明确指出："说顺直党的基础一部分落伍可以，说全都落伍并非事实，正确的办法是要在现在达

中共顺直省委扩大会议旧址现状

存在的旧基础上，深入群众，积极工作，吸收新同志，来继续不断地改造顺直党，逐渐地开展新的斗争。"对顺直党存在的错误思想，周恩来做了大量耐心细致的思想工作。尤其是对顺直省委的主要领导干部，多次找他们谈心，解决他们的思想认识问题。在周恩来的帮助下，顺直省委领导干部很快统一了思想。为教育顺直全体党员，周恩来又在顺直省委刊物《出路》上发表《在改造顺直党的过程中几个问题的回答》一文，表达了他对解决顺直省委问题的基本想法。此间，来自北平、张家口、唐山、石家庄等地代表陆续到津，入住长春旅社。

经过周密的准备，中共顺直省委扩大会议于12月底在法租界老西开大吉里31号的两间平房里召开，43名代表参加会议。会议由陈潭秋、刘少奇轮流主持。周恩来用三个半天的时间在会上讲话和解答问题，他在题为"当前形势和北方党的任务"的政治报告中，阐明当时国内革命形势正处于两个革命高潮之间的低潮，指出"左"倾盲动主义是当前党内的主要危险倾向。白区党的主要任务是积蓄力量，以待时机，争取群众，开展斗争，迎接革命新高潮。周恩来平易近人的工作作风和具有很强说服力的讲话很快赢得大家的信任。在解答问题时，他总是很认真地听同志们讲完，然后针对问题的实质进行剖析。对于原则问题，他从不让步。与会代表普遍受到一次深刻的思想教育。会议期间，为安全起见，周恩来的住处又转到法租界佛照楼旅馆（现哈尔滨道48号）。

这次顺直省委扩大会议，在党史上被称为"北方党复兴的新纪元"，比较彻底地解决了大革命失败后顺直党内的矛盾问题，树立了用教育方法纠正党内不良倾向、解决党内纠纷的典型。十二月扩大会议制定的路线、方针、政策有力地推动了北方党的工作，使顺直省委及时克服了大革命失败后所出现的彷徨、徘徊及摇摆不定的混乱状态，使党组织得到迅速发展。到1929年五六月间，顺直省委共有党支部104个，党员1900余人。仅天津较大的群众斗争就发生13次之多。在党的领导下，顺直地区工人斗争重新兴起，农民革命浪潮风起云涌。

2021年，基泰大楼旧址被公布为天津市革命文物。

中共顺直省委改组后首次常委会议旧址

中共顺直省委改组后首次常委会议旧址位于天津市和平区哈尔滨道48号佛照楼。

佛照楼建于1880年,在20世纪初是法租界内一家小有名气的旅店,众多知名人士来过这里,并在此留下了历史的足迹。

1894年6月,正值盛年的孙中山满怀救国救民理想,抱着"冀万乘之尊或一垂听,政府之或可奋起"的希望,从广州经上海乘轮船第一次来天津,托人上书李鸿章时,就下榻于此。

1919年3月,时任北京大学图书馆助理员的毛泽东,为送赴法国勤工俭学的留学生,来天津时也住在佛照楼旅馆。离津前夕,他还乘兴结伴前往塘沽观海潮,并即兴留下"苍山辞祖国,弱水望邻封"的著名诗句。

中共顺直省委改组后首次常委会议旧址(佛照楼旅馆,已不存在)

中共顺直省委改组后首次常委会议旧址简介

1925年五卅惨案发生后,为声援上海工人的罢工斗争,负责党内工人运动的贺昌来到天津,以佛照楼旅馆作为联络点,领导天津海员工人罢工,组织建立海员工会,有力地推动了天津工人运动的发展。

1928年冬,党的六大召开后,为贯彻党的六大精神和党中央关于解决顺直问题的决议,时任中共中央政治局常委、中央组织部部长的周恩来来到天津。抵津后,周恩来经过大量调查研究,初步摸清了顺直党组织存在的问题,并针对这些问题对广大党员进行了耐心细致的思想工作。12月底,经过周密的准备,中共顺直省委扩大会议正式召开,周恩来在会上作政治报告,大会一致通过关于政治任务和党务、农运、工运和青年工作等项决议案,并选举产生新的顺直省委。会议期间,为了安全起见,省委将周恩来的住处转移到法租界佛照楼旅馆。周恩来在这里主持召开了改组后的中共顺直省委首次常委会议,对顺直省委的工作重新做了分工。会后,在顺直省委的直接领导下,天津的革命斗争进入了一个新的阶段。

2004年8月,佛照楼旅馆被和平区人民政府公布为区级文物保护单位。

中共中央在津秘密印刷厂旧址

中共中央在津秘密印刷厂旧址位于天津市和平区唐山道 47 号。这是一座普通的青砖二层小楼。中共中央在津秘密印刷厂是新民主主义革命时期党中央唯一驻津单位。

1928 年 12 月,中共顺直省委召开扩大会议期间,省委提出,天津出版刊物没有印刷设备,请中央帮助解决。当时,中央设在上海的秘密印刷厂遭到敌人破坏。经中央研究决定,从上海调中共中央出版发行部负责人毛泽民与其夫人钱希均一起来津,建立秘密印刷厂。

中共中央在津秘密印刷厂现状

市级文物保护标识

1929 年初,毛泽民带领原上海印刷厂的部分同志,携带印刷机器来到天津。不久,在顺直省委的帮助下,租下了英租界广东道福安里 4 号(现和平区唐山道 47 号)的一幢一院两厢的二层楼房,建立了印刷厂。小楼地处市中心,交通方便,前后有两个门,前门靠马路,后门靠胡同,胡同内有 5 个出入口,可以直通马路,一旦遇到紧急情况可以迅速撤离,是从事地下工作的理想处所。印刷厂建立后,毛泽民又在小白楼先农里 5 条 13 号(原 24 号)设立中央出版发行部秘密机关,毛泽民和钱希均以家庭形式为掩护开展工作。

印刷厂共有十几名工人,虽然人数不多,但分工细致明确。毛泽民化名周韵华,公开身份是印刷厂的东家兼经理,钱希均担任地下交通员的工作,其他同志按工种不同,分别负责排版、印刷、装订、校稿等工作。此外，还有一名厨师，专门负责做饭和打扫卫生。厂内的党员还成立了党支部，支部书记是马克勤。

印刷厂成立后，为便于掩护工作，厂内外都作了精心安排。大门右边挂着华新印刷公司的铜牌，上面写着承印各种表格、请柬、喜帖的广告。楼下设有印刷车间和办公室，楼上是食堂、宿舍和排字房。平时印刷厂也接受一些外来印刷业务，主要是为了掩护和筹集革命经费。外来业务增多时，就故意索取高价或拖延交活时间，以保证印刷厂大部分时间印刷党内文件。当发现形迹可疑的人进来时，负责警戒工作的何咀英就立即按动办公桌下面的暗铃，发出警告，各车间听到铃声迅速收起党内文件，转移到早已准备好的地洞里，改印请柬、喜帖之类的东西。当时，印刷厂承担的印刷任务除了党中央的重要决议、指示外，还承印党的刊物，其中包括《向导》《中国青年》《北方红旗》等期刊。为迷惑敌人，这些书刊的封面也作了巧妙的伪装，将封面印上《三国演义》《写信必要》等普通书名，而里面却是党内文件和马列著作。印刷结束后，所有印版立即烧毁，印好的文件由专人负责送到转运站，再由转运站发送到各地，有时也用分散邮寄方法送到全国各地。

由于掩护工作比较周密，在全体人员的共同努力下，党中央的这一重要印刷厂一直没有遭到敌人破坏。1931年毛泽民调离天津，印刷厂也迁移到小白楼海大道（现和平区大沽路126号）。此后，印刷厂的任务逐渐减少，最终停办。

1982年，天津市人民政府将唐山道47号中共中央在津秘密印刷厂公布为市级文物保护单位；2021年被公布为天津市革命文物。

毛泽民在津居住地
（和平区先农里5条13号，已不存在）

毛泽民

毛泽民在天津秘密印刷和
发行的《北方红旗》，
该刊系中共中央北方局的机关刊物

柳直荀在津活动旧址

柳直荀在津活动旧址位于天津市和平区长春道 9 号。

1928 年 9 月，在吉林路与长春道交口（长春道 9 号）有一家名为华北商店的小古董店开张了。在噼噼啪啪的鞭炮声中，一个老板和两个小伙计站在店门口笑迎各方来客。这个名叫刘克明的古董店老板就是中共天津地下组织领导人柳直荀。柳直荀生于 1898 年，湖南长沙人。1924 年加入中国共产党，参加过南昌起义。1928 年 9 月，柳直荀准备赴苏联学习，途经天津，奉命临时留在天津，负责与共产国际和中共中央的联络工作。两个伙计也是地下党员。为了便于开展工作，他们开办起这个古董店，担负着传递党的机密文件和筹集经费的任务。当时顺直省委扩大会议的活动经费就是从这家小古董店里提取的。

柳直荀来津后，立即投入顺直省委扩大会议的筹备工作，并以特殊身份出席了顺直省委扩大会议。在此期间，他多次见到周恩来，接受周恩来下达的工作指示和任务。1929 年初，中共中央秘密印刷

柳直荀

柳直荀在津活动旧址现状

厂从上海迁到天津后,柳直荀又负责党刊的校对工作。由于当时党的活动经费十分有限,柳直荀就给多家报馆翻译外文资料,同时收集中国文学、艺术、历史方面的资料,译成英文出版,从中获得一些稿酬,作为开展革命活动的经费。

1929年5月初,由于柳直荀寄给妻子李淑一的书信不慎落入长沙国民党特务手中,敌人从照片上认出柳直荀,准备来津抓捕。上级党组织得到消息后,决定调柳直荀回上海工作。9月15日,柳直荀离津赴沪,继续从事党的工作。

《好报》报社旧址

《好报》报社旧址位于天津市和平区南市大兴街 2 号。

1929 年 9 月，中共顺直省委负责宣传工作的刘天章领导和直接主持创办了《好报》，报社旧址在现南市大兴街 2 号。刘天章的公开身份是《天津商报》主编，住在大兴街 2 号负责全面工作。《好报》由李愚庵任社长，宋少初和从事工运的蒋晓海为编辑。李愚庵和宋少初是打入敌人内部的中共党员，他们都是兼职从事办报工作。李愚庵的公开身份是国民党天津市公安局督察员。

《好报》以宣传党的第六次全国代表大会制定的《十大政纲》为主要内容。与天津其他报纸不同的是，《好报》每天都刊发一篇长短不一的社论，提出独特视点，引导读者了解世界，把握天津动态，极受各阶层人士欢迎。《好报》还把《十大政纲》精神融合在每日发生的国际、国内、北方新闻里，通过摆事实、讲道理，通俗地加以报道，颇受群众欢迎。

《好报》的版面为四开铅印，三日刊，每次编好后，将稿件送往南市一家只有几个工人的小印字馆排印。开始李愚庵以《好报》社长的身份找这家印字馆交付印刷任务，仅是业务关系，不久，印刷工人就

李愚庵

《好报》报社旧址（己不存仕）

成为《好报》的热心读者,每次都优先完成排印任务。

《好报》公开发行,每次均由安排好的报童连同天津发行的《大公报》《益世报》等其他报纸同时零售,开始印数只有 300 份,很快销售一空,可谓供不应求。后应裕元纱厂和恒源纱厂等厂工人的要求,增加了发行量。报纸内容通俗易懂,观点鲜明,在群众中赢得声誉,获得"《好报》就是好"的赞誉。

北方书店旧址

北方书店旧址位于天津市和平区长春道与兴安路交口附近，是中共顺直省委的情报机关和天津地下党重要活动地点之一。

北方书店是在顺直省委直属特别支部领导下开办的。1929年9月，顺直省委负责宣传工作的胡锡奎向直属特别支部布置任务，要求依靠支部几个成员自身的经济能力，再动员一些进步群众，在天津成立一个小型书店，做一些进步书刊的流通工作，同时兼做党的情报机关和联络点。根据省委指示，直属支部成员广泛利用各种社会关系，经过三个月的奔波，创办了北方书店。

北方书店于1930年1月1日正式开业。为提高书店的社会声望，地下党员张友渔请时任天津市政府秘书长的书法家冯司直题写了匾额。书店是一楼一底的建筑，为了掩护地下党的活动，楼下卖书文具和纸张等，楼上用于党内同志秘密联络及党的外围通信联络。由顺直省委军委负责人张兆丰介绍，党组织派地下党员曹景周任书店经理，负责全面工作。

书店设在交通便利的繁华区，同志们来书店秘密会面既安全又方便。大家来到书店，边看书边等人。为防止发生意外情况，一般不在书店开会，等人聚齐后，再转到其他处所开会。书店开业前，顺直省委军委负责人张兆丰、薄一波等曾在此开过一次重要会议。1930年2月，贺昌受党中央委派来天津接替张金刃担任顺直省委书记，他乔装打扮成商人，以北方书店为联络点，几经周折找到联系人。

北方书店开业后，为响应"左联"的号召，发起组织了夜莺文艺社。该社成立大会由共产党员韩麟符主持，有作家、文艺爱好者、进步读者等数十人参加，还出版了两期刊物《夜莺》。《夜莺》是党在天津出版的第二本革命文艺刊物。

北方书店发售的进步书刊，主要是从上海发来，包括马列主义理论、革命文学作品、思想评论，以及介绍俄国十月革命和苏

北方书店旧址

63

贺 昌

联情况的书籍。书刊采取开放式陈列,不买书的读者也可以看书。凡读者需要而暂时缺货的书,采取先登记的办法,书籍到后再联系交款取书。北方书店的读者和购书人络绎不绝,许多读者在此受到进步思想的熏陶和影响。

1930年2月以后,顺直党组织接连遭到破坏,许多共产党员被捕,顺直直属特别支部的一些同志被迫撤离天津。7月,曹景周也调离天津,由会计刘佣僧代理书店经理。由于书店来往人员很多,成分比较复杂,特别是一些失意的旧军人也常来此聚会图谋东山再起,引起国民党反动当局、法国工部局的注意。反动当局误认为他们是共产党,跟踪数日后,8月15日在北方书店逮捕20余人,其中包括书店经理刘佣僧,书店也因此被查封。

北方书店虽然存在的时间不长,但作为党的情报机关和进步书刊流通的场所,在白色恐怖下为掩护党的秘密活动和传播马克思主义真理,做出了重要贡献。

吉鸿昌旧居

吉鸿昌旧居位于天津市和平区花园路 5 号。

在天津市繁华区，有一条首尾相连的环形马路，因围绕着一个占地 1000 多平方米的圆形花园——中心公园，而得名花园路。

在花园路 5 号，中心公园南侧，有一座带庭院的三层英式小洋楼（因该楼外墙由红砖砌成又称"红楼"），这就是吉鸿昌将军在天津的旧居。红楼建于 1917 年，是比利时商人、仪品公司工程师沙德利设计的。红楼占地 1.45 亩，原有楼房 11 间，平房 2 间，楼过堂 2 间，总建筑面积 1408 平方米。1930 年吉鸿昌将军购得此楼，翌年举家迁入。楼房底层用作接待，卧室、客厅设在二楼，三楼为秘密印刷处。从那时到 1934 年，吉鸿昌将军在这里进行了大量抗日救亡活动，直至被捕牺牲。

吉鸿昌（1895—1934），字世五，河南扶沟人。1913 年投笔从戎，历任西北军冯玉祥部连长、营长、团长、旅长和师长。1929 年任国民军第十军军长、宁夏省政府主席。1930 年 10 月，任国民政府第二十二路军总指挥。1931 年因拒绝执行进攻中国工农红军的命令，被国民党当局解职，并强令携家眷出国"考察"。1932 年，日本侵略者进攻上海的一·二八事变爆发后，吉鸿昌毅然终止在欧洲的"考察"回国。2 月底，吉鸿昌由沪抵津，入住法租界霞飞路 40 号（今花园路 5 号）。同年 11 月，经中共北方政治保卫局负责人吴成方介绍，加入中国共产党。

1933 年 5 月，冯玉祥、吉鸿昌、方振武等以国民军旧部为基础，在张家口成立

吉鸿昌

吉鸿昌旧居

吉鸿昌旧居地下室

市级文物保护标识

察哈尔民众抗日同盟军,并通电全国,主张动员一切武装力量共同抗击日本侵略者的进攻。7月7日,在收复热察军事重镇多伦的战斗中,吉鸿昌身先士卒,率敢死队勇猛向前,经过三个多小时的拼死搏斗,终于收复沦陷72天的军事重镇多伦。这是九一八事变后中国军队抗击日本侵略者取得的一个重大胜利。但是以蒋介石为首的国民政府顽固推行"攘外必先安内"政策,不仅不给抗日同盟军以有力支持,反而逼迫冯玉祥停止对日作战,并与日伪军队相勾结,于9月底扑灭了这股刚刚燃起的抗日烈火。

察哈尔民众抗日同盟军被日伪和国民党军队联合绞杀后,吉鸿昌辗转回津。他在花园路5号的住宅成为中国共产党在津开展抗日活动的秘密据点。根据地下工作的需要,吉鸿昌对住宅内部结构进行了改造。二楼客厅原有的3个门改为7个门,楼内门门相通、间间相连,并在每层都设小间密室,以应付紧急情况。三楼是印刷党内文件和出版抗日刊物《民族战旗》的秘密印刷室。1934年,中国人民反法西斯大同盟在这里成立,吉鸿昌被推选为该同盟的主任委员。此后,吉鸿昌按照党组织的指示,开始广泛联络各地反蒋抗日力量,为组织抗日民族统一战线进行了卓有成效的工作。

吉鸿昌在津开展的抗日爱国活动惹恼了以蒋介石为首的国民党反动政府。1934年11月9日,吉鸿昌在法租界国民饭店从事革命活动时,遭国民党特务枪击受伤,被法国工部局巡警逮捕,关押在法租界的法国工部局(现和平区解放北路34号)。后被引渡到国民党天津市公安局,关押在第五十一军蔡家花园陆军监狱(今河北区月纬路6号)。11月22日,吉鸿昌被敌人重兵押解到北平。24日在北平英勇就义。

吉鸿昌将军就义后,夫人胡红霞为筹办丧事将红楼以低价押给他人,全家租住在牛津别墅。1944年4月,红楼被售予他人。

1982年7月,天津市人民政府公布红楼为天津市文物保护单位。1984年9月,和平区青少年敬捐刻有"吉鸿昌烈士故居"的汉白玉横匾,镶嵌在红楼北侧的外墙上。

1995年11月,在吉鸿昌将军诞辰百年之际,和平区委、区政府在红楼前的中心公园建起一尊吉鸿昌将军的青铜雕像,吉将军手持大刀,立马远眺,姿态威武,气宇轩昂,成为公园中一道独特的风景。2021年,吉鸿昌旧居被公布为天津市革命文物。

吉鸿昌关押处
——法国工部局旧址

吉鸿昌关押处——法国工部局旧址位于天津市和平区解放北路 34 号。

法国工部局旧址

早在 1860 年,英、法帝国主义者乘清廷昏庸无能之际,以军舰和大炮攻占了天津。天津沦陷后,英、法侵略者争先恐后开始强圈土地、修筑码头、设立租界。与此同时,法国侵略者为了保证其在租界之内尽快实行殖民统治,又急不可待地相继建立起各种统治机构。法国工部局就是其中用来镇压天津人民的机构,发挥着法国租界警察局的作用。

法国工部局下设保安处(后称侦探处)、警察队(巡捕房)、稽查室、手枪队、消防队等分支机构,拥有警察近 600 人。此外,他们还在遍布租界的大小里巷和市而街道设有岗哨 100 多处。在工部局的庇护下,租界里的洋人买办胡作非为,走私贩毒活动日益猖獗。而对普通的老百姓,却无视其尊严和人身

法国工部局旧址现状

自由,想扣就扣、想抓就抓,稍有不从,便会遭到辱骂或殴打,甚至还会被强行带至工部局拘押。

在工部局这座大楼里,除四层(顶子间)设有拘禁和审讯室之外,地下室还专门设立了带有梅花形瞭望孔及牢门厚度多达半尺的封闭式牢房。在一扇牢门上,至今还保留着革命志士刻写的"世人勿笑铁窗苦,一生未尝不丈夫"的豪言壮语。20世纪30年代,著名抗日民族英雄吉鸿昌将军被捕后就曾被关押在这里。1934年11月9日,在天津国民饭店内,发生了震惊全国的国民党特务刺杀抗日民族英雄吉鸿昌将军的事件。当时,早已和国民党反动派勾结的法国工部局,立即以大批警力将饭店团团包围,但他们不去缉拿凶手,却将左臂受轻伤的吉鸿昌将军以涉嫌杀人的罪名拘捕并押上警车,关押在工部局地下牢房。不久,又将吉鸿昌将军引渡给国民党反动当局。11月24日,吉鸿昌将军英勇就义。

1997年6月,天津市人民政府将法国工部局旧址公布为市级文物保护单位。

赵天麟旧居

赵天麟旧居位于天津市和平区成都道 73 号（即昭明里）。昭明里为近代里弄式建筑，1934 年建房成巷，取永远光明之意，为砖木结构三层楼房，带地下室。

赵天麟（1886—1938），天津市人，早年在天津普通学堂毕业后，考入北洋大学法律系。1906 年，赵天麟作为首批官费赴美留学生就读于哈佛大学，并获得法学博士学位，回国后任教于北洋大学。1934 年任天津公学（1935 年改称耀华学校）校长。

1937 年七七事变后，日军轰炸南开大学、南开中学及河北师范学院附中等学校。赵天麟顶住种种压力，克服重重困难，尽快安置失业教师工作，帮助失学学生尽早复学。此举得到学生家长及社会各界进步人士的大力支持。

天津沦陷后，日伪当局为推行奴化教育，要求各学校一律使用其指定教材，并升日伪政府旗帜。在赵天麟的支持下，每逢节日及学校周会活动时，耀华学校仍悬挂中国国旗、唱中国国歌，在校内组织宣传爱国思想及抗日主张。赵天麟还多次将被日军列入逮捕名单的爱国学生保护起来，通过英租界工部局护送出津甚至输送到抗战大后方。这些爱国举动使日方极为不满，称耀华学校为"抗日大本营"，并诬称耀华学校地下室藏有枪支，几次要求进校搜查。赵天麟利用耀华学校地处英租界内这一有利条件，以进校搜查必须通过英国工部局，取得英总领事的同意为名，多次阻止日军搜查。因此，激怒了日本宪兵队，成为日本暗杀团的目标。

1938 年 6 月 27 日上午 7 时 20 分，同往常一样，赵天麟告别家人，从英租界伦敦道昭阳里 2 号（今成都道 73 号）家中出来步行上班，途中被两名学生打扮的日本特务开枪打死，年仅 52 岁。

赵天麟校长被日本特务暗杀的消息传出后，立即轰动了全市，震动了全国。耀华中学全体师生及社会各界爱国人士同声哀悼，自发地组织起来到日伪政府请愿，抗议日军暴行。武汉国民党中央政府特别给学校发来了对赵天麟校长的褒奖令。

赵天麟

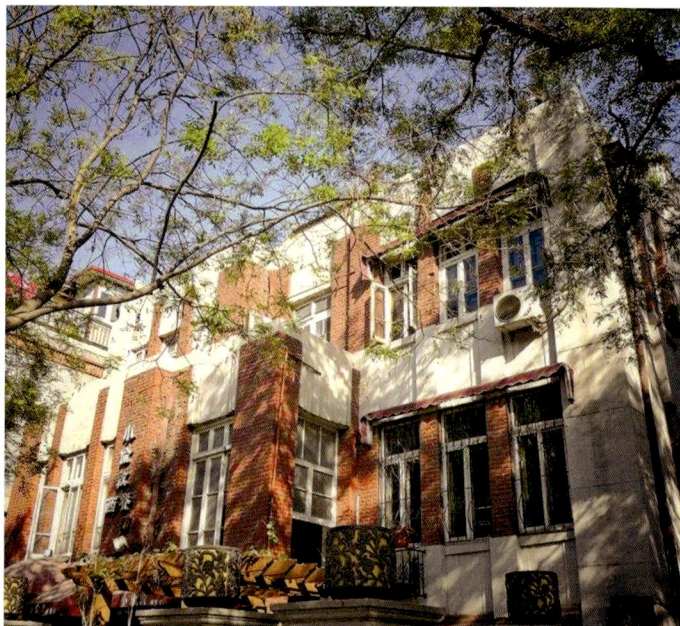
赵天麟旧居

8月28日，中共地下党领导的学联组织在英租界游行并散发传单，揭露日本侵略者一年来在天津的暴行，号召人民起来杀尽侵略者和汉奸，光复国土，完成国民抗战伟大天职。

1992年2月24日，经国务院民政部批准，追认赵天麟校长为革命烈士。1995年，在耀华中学图书馆前，铸造了赵天麟烈士的铜像，以供全校师生及一切爱好和平的人士瞻仰；2021年赵天麟旧居被公布为天津市革命文物。

中共河北省委机关旧址

中共河北省委机关旧址位于天津市和平区营口道三德里21号。这是一所极为普通的二层小楼。中共河北省委书记高文华曾居住在这里。

1935年2月，根据党的指示，高文华带着妻子贾琏及子女来到三德里21号，建立中共河北省委机关，并担任书记。高文华夫妇在这里居住，以家庭形式作为掩护开展党的地下工作。高文华的公开身份是商人，贾琏的公开身份是教师。为了显示"商人家庭"的富有，他们把蘑菇浸上油挂在屋外，还在墙上挂了一块腊肉，装点门面。孩子们也积极为夫妻俩开展革命活动作掩护。一旦发现有陌生人靠近，孩子们就在门口玩"跳房子"，以此提醒屋里的同志注意安全。在家庭的掩护下，河北省委机关正常运转，党的工作得以顺利开展。

根据党中央决定，河北省委兼管北方局工作，负责河北、河南、陕西、陕北、绥西、东北、北平及天津等地区党的工作。当时党中央和红军正在长征途中，中共河北省委与党中央中断了联系。本来就拮据

中共河北省委机关旧址（营口道三德里21号）

中共河北省委机关旧址现状

高文华(后排右一)、贾琏(中排右一)夫妇与邻居于
1956年在营口道三德里21号中共河北省委机关旧址前合影

的活动经费在这种情况下越发困难了,不仅机关的房租和一些党员到全国各地联系工作的费用无法支付,甚至连同志们最基本的生活费也没有保障。面对种种困难,河北省委采取了应急措施:派鲁笨(当时任省委委员)去追寻仍在进行长征的中央红军,尽快与党中央取得联系;省委秘书长王林和北平市委书记李葆华在平津等地募捐;派出一些干部下乡斗争地主、搞粮食,以此渡过难关。虽然采取了很多办法,可党的活动经费还是得不到有效解决。随着形势的不断变化,经济越来越困难,几乎到了无法维持的境地。负责省委机关经费的贾琏倍加忧愁。为了筹措党的经费,在万般无奈的情况下,贾琏与高文华商量要卖掉出生仅六个月的儿子,以换取经费帮助机关渡过难关。他们用卖掉孩子换回的50块银圆,使党的工作维持了三个月,缓解了困难。

1936年中共天津市委机关旧址

　　1936年3月,刚刚被任命为中共天津市委书记的林枫抵津,以报社记者身份住进英租界松寿里1号,在此设立了中共天津市委秘密机关。房间布置得很简单,一张小书桌,一张小方桌,两把椅子和一张双人床。林枫是黑龙江省望奎县人,1927年加入中国共产党,来津前曾任中共北平市委书记。

　　当时,没有家眷的单身汉在天津租房很难,林枫虽打了两个铺保租下这间房子,可是房东见没有家眷仍不放心。为避免意外,党组织决定,调原北平市第一女子高中二年级学生郭明秋来津与林枫假扮夫妻,掩护机关工作。郭明秋1935年加入青年团,同年转为中国共产党党员,任北平市学生抗日救国联合会主席。她来津后主要是做机关的后勤工作,装扮成不识字的家庭妇女,按林枫的要求应付英租界巡警盘查,以保护市委机关的安全。不久,为便于工作,林枫将市委机关迁移到曲阜道长兴里47号楼上。林枫每次拿回来的秘密文件,都是写满密密麻麻蝇头小字的精薄纸张。为把这些秘密文件保存好,郭明秋就用包香烟的锡纸把它卷起来,藏在厕所的板墙或屋棚的缝里。由于林枫和郭明秋配合默契,工作开展得很顺利。

　　当时郭明秋还不满20岁,从轰轰烈烈的学生运动转而过起家庭妇女的生活,还要和亲属、朋友、同学都断绝来往,她感到苦闷,多次向林枫提出调换工作。林枫总是严肃而和蔼地同郭明秋谈心,说服她安心工作,耐心地解决她的思想问题。郭明秋对林枫认真的工作态度和远见卓识非常佩服。

　　5月,刘少奇来津任中共中央北方局书记后,林枫调任刘少奇秘书。在长兴里47号居住一段时间后,他们认为这里人员来往频繁,不适宜做秘密工作,经刘少奇同意,又搬到福荫里1号。这处房子周围较为僻静,有三条小道可通大街,便于进退,适于隐蔽。刘少奇每隔一个星期就要来这里和林枫接头,林枫也经常到刘少奇那里去汇报工作。每次研究工作时,郭明秋就装作去买烟或做其他事情,在外边放哨。林枫和郭明

林　枫

1936 年中共天津市委机关旧址
（建设路福荫里 1 号，已不存在）

福荫里现状

1936 年中共天津市委机关旧址
（长兴里 47 号，已不存在）

秋在共同工作中建立了真诚而深厚的感情，经组织批准在福荫里 1 号结为夫妻。

在刘少奇的直接领导下，白区工作有了很大起色，纠正了"左"倾错误路线对北方党组织的影响，党的抗日民族统一战线政策得到贯彻落实。5 月 28 日，林枫和天津市委其他同志在刘少奇的具体指导下，组织发动学生和各界爱国人士大规模游行示威，提出反对日本增兵，停止内战，一致抗日的政治口号，得到广大群众拥护。1937 年，随着中共中央北方局由天津迁至北平，林枫与郭明秋也离开天津到北平工作。

长兴里现状

中共华北联络局旧址

中共华北联络局旧址位于天津市和平区成都道 100 号（即永定里）。永定里建于 20 世纪 30 年代，为近代里弄式建筑，砖木结构二层楼房。

1936 年春，中共华北联络局借用桂系反蒋人物刘劭襄的电台与延安党中央保持联系。电台设在英租界永定里，负责人是王世英。此秘密电台存在一年多时间，主要负责河北省委与党中央的联系，并将所获取的有关日伪及国民党的情况发往延安。

2021 年，中共华北联络局旧址被公布为天津市革命文物。

中共华北联络局旧址

知识书店旧址

知识书店旧址位于天津市和平区和平路298号。这里是当时中共天津市委机关的一部分。

知识书店是由地下党员吴砚农及其好友叶笃庄于1936年9月创办的。吴砚农时任中共天津市委宣传干事、共青团天津市委宣传部部长，曾协助天津文化总同盟（简称"文总"）党团书记张秀岩领导"文总"工作。1933年10月，天津文化总同盟遭到破坏。为躲避敌人追捕，吴砚农以到新闻学校求学的名义前往日本东京，在东京结识了曾在天津参加过学生运动的革命青年叶笃庄。他们商定，如果时机成熟，就回天津创办一个书店，以便在党的领导下开展文化、教育、宣传工作。

1936年夏，吴砚农、叶笃庄相继回国，在天津地下党组织支持和帮助下，开始了书店的筹办工作。他们通过关系找到属于国民饭店的一处临街铺面，开设了知识书店。而后又在法租界教堂后的一个胡同内租下一处平房，以作宿舍和存书之用。

书店开张后，经理由叶笃庄担任，主要销售上海出版的邹韬奋、胡愈之、陶行知、李公朴等编撰的书刊。因当时天津只有很少的几家书店销售这些进步书刊，所以一开张就门庭若市，购书者络绎不绝。

吴砚农

知识书店旧址现状

1936年冬,地下党组织加强了对书店的领导,由中共天津市委书记林枫负责书店的全面工作,并派中共天津市委副书记易吉光(余卫公)任书店副经理,叶笃庄主持一段时间店务后,回东京复学。

在此期间,知识书店还出版发行了一些书刊,如中共中央北方局的机关刊物《长城》。此外,知识书店还组织编辑出版了大型刊物《国际知识》,销售非常火爆,第一期销售1000余册,到第三期增至3000册。

知识书店从开业起就办得有声有色,后来还逐渐成为上海书店、新知书店、读书生活出版社和天马书店在华北的总经销点。书店生意兴隆,深受读者欢迎,但同时也引起敌人注意。1937年七七事变以后,日本特务机关照会法租界工部局,要求查封书店。为避免不必要的损失,经中共河北省委负责人李大章同意,知识书店于1937年7月28日关闭。

杨十三旧居

杨十三旧居位于天津市和平区成都道鹏程里4号。

成都道鹏程里是典型的老式居民住宅区,大多是里弄式的旧楼房。杨十三故居就是这些式样相同的公寓中的一座,整体分为上下两层,并带有地下室。

杨十三(1889—1939),名彦伦,又名裕民,字灿如,直隶(河北)迁安人,抗日民族英雄,留美博士,大学教授,中国著名造纸专家。因在堂兄弟中排行十三,故名杨十三。1904年来津入天津直隶高等工业专门学堂附属工厂学徒。1906年入天津工艺学堂,后转入南开中学读书。1919年参加五四运动。1920年,杨十三赴美国学习,获博士学位。1923年回国,任直隶工业试验所化工课课长。1929年任河北省立工业学院教授。此后,曾回家乡解囊办学,创办了"立三私立平民女子学校"。1935年一二·九运动中,杨十三组织学生游行示威,以教授身份走在队伍最前列,声援北平学生。

杨十三

杨十三旧居

1937年天津沦陷后,杨十三与洪麟阁、连以农和工业学院校友参加天津各界民众抗日救国会、华北人民自卫委员会,开展抗日活动,并以自家的住宅为地下活动联络据点。1938年,他积极参与组织了20多万人参加的震惊中外的冀东抗日大暴动,率队配合挺进冀东的八路军第四纵队先后攻克丰润、玉田数座重镇,活捉日军顾问,经历大小战斗50多次,名扬冀东。后被朱德总司令电召八路军总部,拟担负军工工作。1939年7月21日,因长期劳顿、积劳成疾,在同日本侵略者九路围攻太行山作战转移时牺牲于担架上,享年50岁。1939年9月18日在举行的"晋东南各界人士纪念九一八、追悼杨裕民先生大会"上,毛泽东亲书横额"浩气长存",朱德主祭,彭德怀致悼词,各界人士5000人参加了追悼大会。同时,毛泽东、朱德均为他题送了挽联。这是全民族抗战以来八路军总部召开的最高规格的追悼大会。

毛泽东题送的挽联:"国家在风雨飘摇之中,对我辈特增担荷;燕赵多慷慨悲歌之士,于先生犹见典型。"朱德题送的挽词:"渤海毓雄,民族之杰;霭霭风仪,异质挺特;冀东义起,倭奴气慑;瞻彼真容,彪炳日月。"中共中央其他领导同志林伯渠、吴玉章和董必武等也都送了挽联。彭德怀在所致的悼词中,称杨十三先生"是我党、十八集团军的忠诚而亲切的朋友",在抗战中"担负过长期艰苦的工作","尽过最大的努力"。董必武、叶剑英等在共同署名的祭文中,称赞杨十三:"入狐鼠之窟穴,导义民而张卷,扫魂虏如落叶,扬国威于幽燕。"

1950年10月,在新落成的河北邯郸晋冀鲁豫烈士陵园举行了安葬左权将军暨杨裕民等烈士公祭大会,杨十三烈士被安葬在左权将军墓旁。

1937年中共天津市委机关旧址

1937年中共天津市委机关旧址位于天津市和平区西安道福顺里12号（今诚基中心）。

1937年7月30日，日本侵略军侵占天津。面对新的形势和任务，时任中共河北省委宣传部部长兼天津市委书记的姚依林（许志庸），毅然担负起领导天津人民进行抗日救国斗争的重担。在英租界敦桥道（现西安道）福顺里12号（已不存在），他与母亲的住所设立市委机关，以掩护党的工作。

当时天津市委的中心任务是组织平津两地的党员和抗日青年离开城市奔赴前线，参加抗日游击战争。姚依林精心组织，妥善安排，将一批批同志转移到各根据地。同时，在市内积极组建了新的抗日组织，领导留下来的党员、中华民族解放先锋队（简称"民先队"）队员和抗日青年开展抗日活动。1937年8月上旬，姚依林领导重建了民先队天津地方队部。以秘密活动方式在学校、工厂、机关和失学青年中发展党、团员，以扩大抗日力量，并多次出色完成为抗日根据地募集衣物、药品、捐款，收集日军情报

1937年中共天津市委旧址

（西安道福顺里12号，已不存在）

1937年中共天津市委机关旧址现状

等任务。

在艰苦的斗争环境中,利用报刊宣传抗日思想是传播快、收效大的重要工作方式。在姚依林的直接指导下,李启华、李青、姜思毅等负责秘密创办《抗日小报》,宣传党的抗战主张,刊登鼓舞人心的抗日消息,如国民革命军第29军在青县、沧县与日军浴血奋战,八路军115师平型关大捷等。不久,姚依林又召集李青、刘文灿等在英租界出版党的刊物《风雨同舟》,刊登党中央、河北省委各项指示。这些报刊宣传党的抗日方针政策,对天津各界群众抗日统一战线的发展,起到显著的推动作用。根据冀中区和天津抗日斗争的需要,1938年夏,由姚依林具体领导,在英租界62号路伊甸园(现沙市道45号),建起一座由河北省委和天津市委领导的秘密电台,并精心编制出电台呼号和使用的密码。这座电台在联络上级党委,指导冀中和天津地区抗日斗争方面发挥了重要作用。

1938年9月,姚依林奉命调离天津。

中华民族解放先锋队队委会
筹备会议旧址

1937 年 7 月,抗日战争全面爆发后,中华民族解放先锋队(即"民先队")的大部分队员根据党的指示离津奔赴抗日前线。留在天津的一些民先队队员与组织失去联系。中共天津市委决定,对天津"民先"组织进行恢复和整顿工作。

8 月上旬,新的天津民先队队委会筹备会召开,会议地点在英租界益世滨道寿康里 18 号(现柳州路利康里)。会议决定重建"民先"地方队部,由地下党员张淑贞任大队长,黄元镇任副队长,并决定"民先"活动立即转入秘密状态,联系失散的"民先"队队员,编印队刊《灯塔》。

此后,民先队在英租界达文波路达文里 1 号二楼(现建设路 59 号)租到一处住房,作为队部的秘密机关。同时,还购置了一台油印机和一些印刷材料,准备筹印队刊。不久民先队队部又转移到英租界小白楼保善里(现开封道 14 号)。民先队党的支部会议经常在这里召开,民先队队刊《灯塔》在这里刻写印刷。《灯塔》出版初期,经常由天津市委书记姚依林(许志庸)来决定社论及重要文章的编写内容。《灯塔》为 32 开油印本,封面印有放射出光束的灯塔,象征着为中国青年照亮前进道路,封面下端写有

中华民族解放先锋队队委会筹备会议旧址
(柳州路利康里)

中华民族解放先锋队天津队部旧址
(建设路 59 号,已不存在)

中华民族解放先锋队天津地方队部旧址
（和平区小白楼保善里）

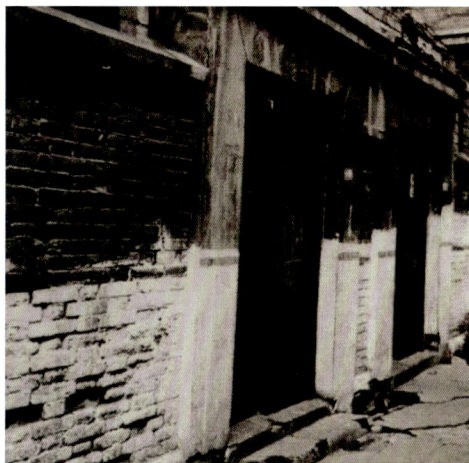

中华民族解放先锋队天津地方队部旧址
（原忠厚北里2号里弄）

"中华民族解放先锋队天津地方队部编印"字样，每期有文章10余篇。除社论外，还有分析形势的文章，以及有关抗日游击战争报道和战斗经验交流，并刊发对民先队队员进行思想教育的文章。队刊的出版发行，对宣传党的政策和抗日思想，鼓舞斗志，统一认识，加强对队员的教育发挥了很大作用。

1937年底，民先队队部又转移到徐州道忠厚北里2号。在这独栋独院的小楼里继续开展秘密活动。1938年三四月间，为支援华北人民抗日自卫委员会出版《时代周刊》，"民先"组织将此楼转让。此后，民先队未再设专门机关，负责人碰头开会就分散在英租界小花园或队员家中。

1938年9月，张淑贞、黄元镇先后调离天津，郝贻谋继任大队长。在此期间，按照党的指示，民先队

中华民族解放先锋队天津地方队部活动旧址现状
（顺和里59号）

成功复制了冀东 13 个县的军事地图,每县一大张,内容极为详细。这是地下党组织从敌方《武德报》报社搞到的,必须连夜复制并及时送回,以避免被敌人发现。民先队队部组织全体队委及有关同志连夜赶制,几个队委在大队长郝贻谋家(英租界顺和里 59 号)中做好复制工作。大家废寝忘食地连续工作几个昼夜,终于在规定的时间内完成了这项紧急任务。不久,这批重要的军事地图通过秘密交通线,由水路安全送往冀东抗日游击区。

在两年多的时间里,民先队组织还为抗日根据地、游击区和内地输送了大批干部。抗战初期,大批青年学生奔赴抗日前线,天津是南下的交通要道。民先队队部在中共天津市委领导下积极开展组织输送工作。他们一方面把从北平及其他地方来津的民先队队员和进步青年安顿在英租界开滦煤矿货栈、洋行仓库内;另一方面向社会和爱国人士募捐,为进步青年买车船票和生活用品,再及时输送他们南下,转赴内地或延安。此外,还掩护和接应了许多从北平经天津转赴各根据地的同志。郝贻谋家实际上成为平津党组织的联络地点。民先队组织也在斗争中逐渐发展壮大,有 300 余名队员遍布市内学校、工厂和市民之中。

1939 年秋,中共天津城市工作委员会指示不再设立民先队队部。1940 年 7 月,民先队最后一任大队长郝贻谋调离天津,接受党组织安排的新任务,天津民先队活动告一段落。

华北人民抗日自卫委员会联络点旧址

华北人民抗日自卫委员会联络点旧址位于天津市和平区和平路100号。该旧址原是一幢灰色大楼（已不存在）。

1937年卢沟桥事变后不久，天津及整个华北相继沦陷。为团结社会各阶层、各党派在抗日民族统一战线的旗帜下共同开展对敌斗争，1937年的8月初，中共中央将华北各界救国会（华北人民抗日自卫委员会前身）迁至天津。当月中旬，救国会的领导成员李楚离、杨秀峰、张友渔、张致祥、刘清扬、王仲华、吴承化等在刘清扬家中召开秘密会议，决定将华北各界救国会改名为华北人民抗日自卫委员会（简称"自卫会"），并推选李楚离担任自卫会党团书记。

自卫会成立后，很快在英租界金石书画社设立秘密联络点。为把华北地区的抗日武装尽快发展壮大起来，他们以舆论宣传为先导，在租借的小白楼一临街的裁缝店二楼出版了由张致祥编辑、以宣传党的抗日方针和各地抗日斗争为主要内容的油印小报《新闻报》。不久，《新闻报》改为《时代周刊》。由姚依林、张致祥编审稿件，印刷装订后再通过地下党和天津的中华民族解放先锋队组织发行。《时代周刊》作为党的宣传工具和内部刊物，从创办到1938年9月停刊，以其鲜明的抗日救国导向，为动员大

华北人民抗日自卫委员会联络点旧址
（和平路100号原利亚书局，已不存在）

华北人民抗日自卫委员会联络点旧址现状

批爱国志士和有为青年投身抗日战争做出了重要贡献。

尽管在日伪汉奸、特务密探云集的白色恐怖下,革命者随时都有被捕被杀的危险。但是,自卫会成员不顾个人安危,机智勇敢地同敌人展开斗争。为支持冀东暴动按计划进行,他们秘密派人分赴冀东、冀中等地联络抗日力量,建立抗日武装。此外,他们还在市内想尽办法筹备通信器材、医疗用品等物资,及时输送到冀东,从而保证了冀东抗日武装暴动的如期举行。

华北人民抗日自卫委员会开展的各项活动,为发展和壮大中国共产党领导下的抗日力量,发挥了重要作用。

抗战初期
天津电话局职工"抗交"斗争旧址

抗战初期天津电话局职工"抗交"斗争旧址位于天津市和平区烟台道35号。抗日战争时期,天津电话局职工在中共地下组织的领导下,开展了拒绝将电话局交给日本侵略者的英勇斗争,史称"抗交"斗争。

1936年春,天津地下党特科人员朱其文到电话局工作,任电话局职工教育班主任。他充分利用职工教育岗位开展活动,在招考话务员时,吸收地下党员来电话局工作。不久,建立了电话局党支部,通过党组织的工作不仅逐渐团结了一批职工中的积极分子,而且团结了上层爱国人士,为"抗交"斗争奠定了基础。

1937年日军占领天津后,接管了英、意租界以外的各电话分局,成立华北电报电话公司。仅剩天津电话三局、四局(四局在海河以北的意租界),因坐落在英、意租界内,日本军方一时无法用武力接管,成为日伪统治天津电信事业的一大障碍。当时,英租界当局要维护其既得利益,既不敢公开抗拒日军,也不愿让日军控制租界电话,在这样的背景下,地下党组织领导天津电话局职工抗拒把电话局交给日本统治者的斗争很快发动起来。

为组织和发动"抗交"斗争,地下党组织做了大量工作。先是在卢沟桥事变后,以地下党员为核心,成立了电话工人救国会。地下党组织以救国会名义开展工作,在广大职工中就"抗交"问题进行联络。然后召开职工大会,宣传抗日救国的方针。全局职工一致表示,决不把电话局交给日本侵略者,并得到局长张子奇的坚决支持。

日本侵略军几经交涉未能如愿以偿,就开始使用各种阴谋手段,如破坏线路设施,迫害电话局职工,封锁租界,切断三局、四局间的联系等等,企图破坏"抗交"斗争。在地下党组织的支持下,张子奇采取了一系列措施防止敌人的破坏,并于1938年3月16日召开职工大会,揭露日本侵略者的阴谋,表示决不屈服于日本侵略者的野蛮恐吓。

日伪当局进一步加紧了对"抗交"斗争骨干的迫害。爱国人士朱彭寿总工程师是"抗交"斗争的中坚分子,掌握全局的技术资料。日方企图从他那里获得电话局机线图,便派人向其游说,许以高官厚

抗战初期天津电话局职工"抗交"斗争旧址

天津电话局职工"抗交"斗争旧址现状

禄,遭到朱彭寿的严词拒绝。1938年4月5日,日本特务潜入英租界,在墙子河桥头(现南京路和成都道交口)将朱彭寿绑架,并折磨致死。此后,又相继逮捕了"抗交"斗争的积极分子20余人。

由于日本侵略者一再施加压力,并扬言要出动军队强行接管,英租界当局怕事态扩大,在英总领事授意下,要求张子奇交出电话局管理权,由英、法、意三方租界派代表暂时代管。1938年7月,张子奇在得到英方保证决不将电话局交给日方后,同意离职。12月,日本侵略军封锁了英、法租界。1940年9月,英、法、意租界当局屈服于日军的压力,与日伪当局签订协议,将电话局管理权移交日方。

天津电话局职工的"抗交"斗争历时三年有余,表现了广大工人与爱国知识分子的民族气节和对敌斗争勇气,直接给日伪当局以沉重的打击。

中共河北省委电台旧址

中共河北省委电台旧址位于天津市和平区沙市道 45 号和昆明路福寿别墅 4 号。这里曾发生过与电影《永不消逝的电波》情节极其相似的故事,记录了一对革命伴侣的真实战斗历程。

1937 年全民族抗战爆发后,中共河北省委为与上级党组织保持联络,决定在市内建立一座秘密电台,由中共河北省委宣传部部长兼天津市委书记姚依林(许志庸)负责电台的筹建和领导工作。

在筹建过程中,姚依林选定清华大学电机系学生、共产党员王光杰与河北女师附中学生、共产党员王兰芬具体负责电台工作。电台设在英租界 62 号路伊甸园临街的一座三层楼房的三楼(现沙市道 45 号,已不存在)。这座楼房地处三角地带,发现情况便于转移。附近是英国兵营(现实验小学附近地区),这里既不断电,又可以借英国兵营电报信号为掩护进行发报。这些都是保证电台安全的有利条件。

为掩护工作,省委指派一位烈属潘大娘带着小儿子与王光杰、王兰芬组成一个"家庭"。白天,王光杰去天祥市场一家电料行当技师,不仅可以掩人耳目,而且可以获得所需的电信器材。王兰芬则负责在家中"料理",将一根竹竿放置在晒台上,作为平安信号。晚上,王光杰和王兰芬共同收发电报,收抄

中共河北省委电台旧址
(福寿别墅 4 号,今为昆明路与宜昌道交口京海公寓)

王光杰、王兰芬夫妇
十 1984 年在昆明路福寿别墅 4 号院合影

中共河北省委电台旧址
（沙市道 45 号，已不存在）

伯力电台的广播（从这个电台可以收听到党中央和根据地的一些消息）。刚开始王兰芬仅能呼叫电台，在王光杰的帮助下很快掌握了全套技术。嘀嘀嗒嗒……一连串的红色信号冲破黑暗的夜空，不断传送着坚持在沦陷区的党组织向上级的情况汇报，也传递着党中央的声音，给战斗在沦陷区的党组织和人民群众带来希望和曙光。

由于共同的革命理想和目标，朝夕战斗生活在一起的王光杰和王兰芬产生了深厚感情，他们真心相爱了。经上级党组织批准，他们由假夫妻结成真伴侣。

1938 年 9 月，中共河北省委撤离天津，这部电台由中共平津唐点线工作委员会继续使用。1939 年 5 月，为保证电台安全，将其迁往和平区昆明路福寿别墅 4 号。1939 年 8 月，日伪势力已渗入英租界，斗争形势日益严峻，冀热察区党委决定停止电台工作，调王光杰、王兰芬到平西抗日根据地接受新的任务。

"人民医院"旧址

"人民医院"旧址位于天津市和平区大沽北路75号。

1875年,伦敦会传教士马根济(John. Kenneth. Mackenjie)受教会派遣来华传教。他先来到了汉口,在一所教会医院内担任医生。1879年3月12日,马根济受命来津接办和主持基督教伦敦会医院的院务。

民国年间,居住在天津租界内的人数剧增,基督教伦敦会计划扩建位于海大道的医院。1923年,通过各方捐款和英方的庚子退款,医院的扩建终于开始动工。大楼由永固工程司的可克(Cook)及安德森(Anderson)设计。原有的中国式建筑被拆除,在原址上拔地而起的是一座四层高建筑,砖木结构,平屋顶,清水红砖外墙,蘑菇石基座,楼内有68个自然间,建筑面积4810平方米。立面强调"三段式"构图,不过壁柱、挑檐、女儿墙均做了简化处理,更加强调实用性。为了表彰马根济为天津西医事业做出的巨大贡献,医院更名为马大夫纪念医院。

抗日战争期间,这里曾秘密抢救过遭受枪伤的八路军抗日将领李钟奇。1938年夏,八路军四纵队在沙峪和日寇激战,参谋长李钟奇肺部负重伤。杨十三派儿子杨效贤秘密护送李钟奇到天津疗伤,住进鹏程里的家中。这时,日寇在天津防范甚严。为保证安全,杨十三请了好友、名医黎宗尧和池石卿在马大夫医院秘密救治。手术后出院,仍回杨家疗养,由杨十三的妻子司湘云煎药做饭,由女儿杨效莲陪同,经常到医院换药检查,历时四十多天。李钟奇痊愈后,安全离开天津,重返抗日前线。

抗战胜利后,天津卫生局接管该院,称临时第一医院,并于当年归还伦敦会。天津解放后,该医院由人民政府接管,1953年更名为天津市立人民医院。现址为天津市口腔医院。

"人民医院"旧址(已不存在)

天津青年抗日先锋队支部机关
及学生工作委员会旧址

　　天津青年抗日先锋队支部机关及学生工作委员会旧址位于天津市和平区清和街芦庄子胡同6号（已不存在）。

　　1938年夏，以天津直隶省一中（现市三中）学生为主的一批进步青年成立名为斯巴达俱乐部的读书会。他们采取秘密方式学习马列著作和各种进步书籍，教唱革命歌曲，进行各种体育锻炼，为参加八路军和游击队作准备，并通过各种渠道积极寻找党的关系。读书会的核心成员是中华民族解放先锋队的成员刘文、贾萱和王文源。当时刘文家住清和街芦庄子胡同6号，这里就成为他们经常聚会的场所。1940年秋，中共天津城市工作委员会负责人严子涛与刘文建立联系。经严子涛介绍和批准，刘文参加党的外围组织——青年抗日先锋队（中国共产党领导下由先进青年组成的不脱产抗日队伍，简称"青抗先"），并受严子涛单线领导。不久，贾萱、王文源、赵琪、秦良等也被吸收为"青抗先"成员。此后，斯巴达俱乐部解散，建立"青抗先"组织，活动地点在清和街芦庄子胡同6号。"青抗先"组织明确提出自己是党领导下的外围组织，以实现党的最低纲领为政治目标。同时规定了严格的组织纪律和秘密工作纪律，其成员采取单线联系，不发生横向关系。1941年3月，刘文、贾萱、王文源、赵琪先后加入中国共产党，并在"青抗先"组织内建立党支部，由刘文任书记，芦庄子胡同6号也成为党支部活动的阵地。这一时期，党支部联系了不少进步群众，为以后开展工作打下了较好的基础。在抗日战争的险恶环境中，"青抗先"党支部在开展各种形式斗争的同时，特别注意组织发展工作。经过斗争考验，先后发展了20余名党员，团结在党支部周围的积极分子达100余人。这支队伍在天津沦陷后的抗日斗争中发挥了重要作用。

天津青年抗日先锋队支部机关
及学生工作委员会旧址（已不存在）

　　抗战胜利后，中共天津工作委员会决定建立青年工作委员

天津青年抗日先锋队支部机关及学生工作委员会旧址现状

会(简称"青委")。1945年9月22日,"青委"正式成立,同年11月"青委"改称学生工作委员会(简称"学委"),张淮三任书记,楚云为副书记,委员有刘文、康力、左建。由于芦庄子胡同6号便于隐蔽,刘文又是这里的老住户,邻里关系很好,所以这里又成为"学委"机关。"学委"的许多会议在这里召开,张淮三曾一度住在这里。这一时期,"学委"领导天津各校学生进行了反"甄审"斗争、一·二五大游行、敬师助学等轰轰烈烈的学生运动。

1946年6月,全面内战爆发后,刘文撤往解放区,芦庄子胡同6号机关停止使用。

中共平津唐点线工作委员会旧址

中共平津唐点线工作委员会旧址位于天津市和平区和平路 322 号。该建筑现为狗不理大酒店，原名寿德大楼，1936 年建成，占地 1904 平方米，建筑面积 13493 平方米，为公寓式建筑，钢筋混凝土框架结构。这座建筑曾因其濒临车站码头，又闹中取静的独特地理优势，为党在抗日战争时期领导和开展地下工作，提供了重要的隐蔽场所。

1937 年，日伪当局建立了一系列反动统治机构，开始对天津人民实行疯狂而又残酷的镇压，因此，天津党的工作处于十分艰难的境地。为尽快扭转这一被动局面，1938 年 9 月，经中共中央批准，在天津成立以俞荪（葛琛）为书记，以领导北平、天津、唐山三个城市党的工作委员会和铁路沿线党组织工作为主要任务的中共平津唐点线工作委员会（简称"点线工委"）。

点线工委成立后，为便于立即开展工作，很快在法租界寿德饭店四楼 68 号房间设立机关。不久，

中共平津唐点线工作委员会旧址
（20 世纪 80 年代为东方饭店）

中共平津唐点线工作委员会旧址现状

又迁至五楼102号房间。为麻痹敌人，不仅在门口挂有"耕石刻字社"的醒目牌匾，而且还委派共产党员刘耕石以老板身份作掩护，开始了"点线工委"机关的秘密工作。翌年四五月间，赵普宣（赵非）接任点线工委书记后停止使用耕石刻字社机关。8月间，将机关迁至现贵阳路信昌里10号，共产党员王瑞芬（又名崔建华）和她的全家住在机关，以家庭形式掩护工作。

　　"点线工委"从成立到工作结束的三年时间里，认真贯彻党的白区工作方针，出色地开展了抗日救亡斗争。一是恢复和重建了管辖地区的党组织，积极稳妥地发展党员，壮大党员队伍。抗日战争开始后，大批党员撤出城市，奔赴抗战前线。"点线工委"在学生、职员、教师和工人中逐步发展了一批党员，并相应建立了一些支部，为抗日战争后期和解放战争时期党的发展奠定了基础。二是为抗日根据地输送了大批干部和党员。特别是1939年初到1940年夏这一年多的时间里，"点线工委"通过三个城委和铁路党组织，不断向根据地输送党员和抗日群众，支援和充实了根据地武装部队和地方政府的干部力量。三是通过多种渠道，为根据地采购和运送物资，如军械、电信器材、医药、布匹、食盐、纸张、文具等，有力地支援了根据地的军需民用。四是搜集了一些重要军事情报，如驻扎铁路沿线日、伪军军事力量的部署，封锁线、关卡的设置，军队调动，枪炮弹药、汽车、粮食等辎重的存储，装卸地点和运输去向等，为我军出其不意地打击敌人截获物资提供了可靠的情报。五是通过各种途径运用灵活多样的方式方法，向城市各界人民宣传党的抗战政策和统一战线方针，团结爱国力量和广大群众，推动了华北城市敌占区抗日斗争的深入发展。

　　1941年8月，赵普宣被日本宪兵队逮捕，从此"点线工委"机关停止使用。1942年2月，晋察冀分局决定撤销"点线工委"；2021年中共平津唐点线工作委员会旧址被公布为天津市革命文物。

中共平津唐点线工作委员会旧址现状（信昌里10号）

中共天津城市工作委员会旧址

中共天津城市工作委员会(简称"天津城委")旧址位于天津市和平区西安道福顺里 50 号。这是一座普通的二层居民小楼。

天津城委于 1938 年 9 月建立,由顾磊(严子涛)任书记,办公地点在西安道福顺里 50 号。为便于掩护和开展工作,顾磊按照上级党组织要求组建了一个假家庭,成员包括两位老人、儿媳和小孙女。顾磊还随老人姓李,化名李子元。

当时,天津城委联系的支部有王兰庄支部、小站支部、公大纱厂和北洋纱厂联合支部。在天津城委的领导下,这些支部又开始了新的活动。1941 年春,在顾磊的领导下,青年抗日先锋队也建立了党支部。同时,天津城委还联系了民先队队部的一些队员,恢复和发展了一批民先队队员。

中共天津城市工作委员会旧址
(西安道福顺里 50 号,已不存在)

中共天津城市工作委员会旧址现状

天津城委在发展和巩固组织的基础上，努力团结和带领广大党员和爱国人士同日本侵略者进行了不屈不挠的英勇斗争。一是输送培训共产党员、"民先"队员和大批青年知识分子到冀东、冀南、冀中、平西等抗日根据地，有的还去了大后方或延安。二是为抗日根据地收集、提供天津乃至华北的社会政治和军事情报、地图，并通过各种途径及时送往各根据地，为党的决策和八路军作战行动提供依据。三是通过周围的群众关系，开展募捐活动，并将募集的捐款、衣物、文化用品，特别是抗日游击战争急需的药品和医疗器械运往抗日根据地。四是利用多种形式，广泛开展抗日宣传。此外，天津城委直接领导下的 10 余名担任学校教员、医院大夫的党员，也在各自岗位上认真完成党组织交给的任务，如天津马大夫医院的党员接收在昌平战斗中负伤的八路军第四纵队参谋长李钟奇，经过精心治疗后，又将他安全转送到解放区。

1942 年 2 月，根据形势变化，晋察冀分局城委通知顾磊返回根据地，天津城委工作至此终止。

中共晋察冀中央局城工部联络站旧址

中共晋察冀中央局城工部联络站旧址位于天津市和平区昆明路新宜里 11 号(已不存在)。

1945 年 8 月 10 日,在中国人民抗日战争即将取得最后胜利的形势下,中共中央发出《关于苏联参战后准备进占城市及交通要道的指示》,要求各中央局、中央分局及各区党委,应立即动员一切力量,迅速占领所有被我包围和力所能及的大小城市和交通要道。根据中央的指示精神,晋察冀分局(后改为晋察冀中央局)城工部部长刘仁指派共产党员秦良在天津设立地下党领导机关的市内联络站,为日本投降后接管天津作好准备。

联络站设在昆明路新宜里 11 号,是一座独门小院,有北房三间半,一明两暗,另有半间套房,每间屋内相通,临胡同有后窗,周围环境很僻静,非常适合开展秘密活动。根据党组织的决定,已发展为地下关系的朱凌一家五口住进新宜里 11 号,以掩护机关工作。

1945 年 9 月,上级通知秦良在新宜里 11 号建立秘密电台。不久,从解放区河北胜芳派来两名译电员和两名报务员,携带电台进驻新宜里。在朱凌一家的帮助下,电台很快安装完毕并开始工作。他们把从电台收听到的延安新华社消息,编印成"新华社电讯稿",通过市内交通员分发到各个系统,以指导和推动天津的地下工作。此后,随着形势的发展变化,冀中区党委确定天津工委的任务,由准备接管天津改变为"隐蔽、埋伏、组织群众长期坚持地下斗争"。1945 年 11 月初,根据上级决定,撤销了新宜里联络站的秘密电台。

1945 年底,联络站机关成为地下党组织领导人在市内指挥工作的驻地。为保持冀中区党委与天津市内地下党主要负责人于致远、张淮三、王郁文、娄凝先的联系,交通员张甲每月至少两次来往于解放区与新

中共晋察冀中央局城工部联络站旧址现状
(昆明路新宜里 11 号)

宜里联络站之间，传达上级指示，传递党的文件。联络站的负责人秦良等也按照有关负责同志的指示多次去解放区汇报和请示工作。当时，很多领导同志住在联络站机关，一些重大决定也是在这里研究作出的。新宜里联络站为天津的解放事业做出了重要贡献。

新中国成立后，娄凝先（右一）和新宜里居民合影

天津解放后第二天，市委领导同志黄火青、吴砚农、杨英、于致远等便来到新宜里11号慰问，感谢坚持在联络站的同志为天津解放所做出的特殊贡献。1954年出版的《天津画报》第8期，以"记一个革命家庭的欢聚"为题，报道了联络站和朱凌一家的革命事迹，并刊登了多幅照片。

十八集团军驻津办事处旧址

十八集团军驻津办事处旧址位于天津市和平区彰德道18号。

1945年8月,日本宣布投降后,蒋介石打着"统一军令""统一政令"的旗号,在美帝国主义的支持下,疯狂抢夺人民的胜利果实。9月30日,美国海军陆战队第三军团司令骆基率第一师1.8万人在塘沽登陆。10月1日,美国海军陆战队4000余人侵入天津市内。10月2日,国民党天津市政府成立。面对蒋介石公然抢夺人民胜利果实的强盗行径,中共天津工作委员会依照晋察冀中央局的指示,决定立即在津成立八路军(八路军组建不久改称十八集团军,习惯上仍称八路军)驻津办事处,公开表明八路军有权进驻天津,并准备接受日军投降。10月10日,十八集团军冀中军区驻津办事处在英租界仪品公司大楼(现和平区彰德道18号)正式成立。

办事处成立后,冀中区党委派吴英民、谷小波分别担任正、副主任,市内的共产党员侯太和担任副官长。他们在市内积极开展工作,张贴布告,散发传单,宣传中国共产党的主张,并在市内为八路军筹

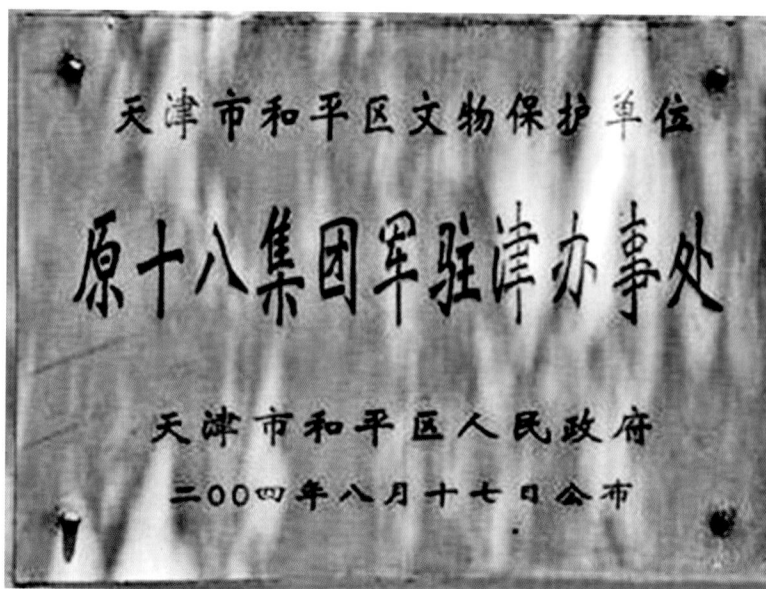

区级文物保护标识

十八集团军驻津办事处旧址现状

措武器弹药、通信器材,在当时的天津产生了重要的政治影响。

10 月 18 日,国民党天津市警察局伙同美军 30 余人包围并搜查了冀中军区驻津办事处,非法拘捕办事处 5 名工作人员,没收自卫手枪 4 支。后经我方多次交涉,警察局被迫释放工作人员,但将枪支扣留。为此,朱德总司令向驻华美军司令魏德迈提出严正抗议,要求美军立即恢复冀中军区办事处原状,退还扣留武器,保证今后不再发生同类事件。但由于当时的形势已明显向不利的方向急剧变化,冀中军区决定重新调整在津的斗争方案,11 月下旬,撤销了十八集团军驻津办事处。

2004 年 8 月 17 日,天津市和平区人民政府将十八集团军驻津办事处旧址公布为区级文物保护单位;2021 年被公布为天津市革命文物。

天津市学生联合会旧址

天津市学生联合会旧址位于天津市和平区滨江道与陕西路交口西北侧。该旧址是一座具有法国建筑风格的二层校舍,旧时为旅津广东学校(又称广东中学)。解放战争初期,这所学校曾是天津市学生联合会领导全市学生反"甄审"斗争的指挥机构所在地。

1945年9月,抗日战争刚刚结束不久,国民党反动派便想借机打击共产党和进步力量,于是,由国民党教育部颁布了《恢复区中等以上学校学生甄审办法》的决议案。把长期处于日伪统治下的沦陷区青年学生和教员诬蔑为"伪学生""伪教员",要通过统考三民主义、英文等6门功课进行甄别。这一行径引起全国各地师生的强烈不满和抗议。1945年11月,中共天津工作委员会决定在市内建立学生工作委员会(简称"学委"),针对国民党当局的"甄审"进行反"甄审"斗争。

11月中旬,几所公立学校率先联合召开反"甄审"大会,引起国民党当局恐慌。他们立刻派出大批警察、特务和三青团员严加防范阻挠。紧要关头,为确保学生反"甄审"斗争的顺利进行,爱国教育家、广东中学校长罗光道表示可以在广东中学开会,并由广东中学发起反"甄审"运动。12月18日,广东中学学生自治会邀请全市公立和私立学校的代表来校开会,共议反"甄审"事宜。22日下午,全市22所学校的代表,在广东中学举行第三次商讨大会,决定成立天津市学生反"甄审"委员会,坚决进行反

罗光道在广东中学师生大会上讲话

天津市学生联合会旧址现状

"甄审"斗争。26日,各校代表在广东中学举行第四次会议,与会代表一致表示,不取得反"甄审"斗争的胜利绝不罢休。同时,会议还根据地下党员代表建议,成立了天津市学生联合会(简称"学联"),并决定出版《天津学联报》。这次会议统一了思想,形成了反对"甄审"的四点理由及向国民党当局提出取消对学生、教师的"甄审",允许学生有集会、结社、言论、出版自由等七项要求。

12月28日,各校代表66人齐赴市教育局请愿,"学联"代表要求教育局长"限三天内答复"。为加强对"学联"工作的领导,天津"学委"决定在"学联"成立党团组织,由"学委"委员康力任党团书记,成员有秦肯、曾纪先(省一中)、王恩瀚、罗长和(女二中)。三天后,在当局拒绝答复的情况下,经"学委"研究决定,12月31日由"学联"动员组织各校学生举行反"甄审"大请愿。31日下午,来自全市各校的6000多名学生,分别冲破反动军警重重阻挠,将市教育局(泰安道与解放路交口)围了个水泄不通。"学联"派出代表与教育局局长进行谈判,学生们则在门外不断高呼口号助威。在代表和同学们强大攻势压力下,教育局局长终于签字盖章,答应代表们的要求。至此,反"甄审"斗争取得胜利。

曾延毅旧居

曾延毅旧居位于天津市和平区常德道 1 号。该建筑建于 1930 年，是罗马柱式的欧洲中世纪风格的三层楼房，坐西朝东。解放前这里是天津地下党活动的重要阵地之一。

曾延毅（1892—1964），国民党将领，爱国人士，与傅作义为保定军官学校校友，多年在傅部下任职。1928 年任天津市公安局局长，任职期间曾经保护过地下党员李愚安（李予昂）。1938 年回津疗伤，一直在英租界科伦坡道寓居，从此脱离军职。

抗战胜利后，曾延毅虽未参与当时的政治活动，但对民主进步运动抱同情的态度。曾延毅之女曾常宁、子曾亚宁均在耀华学校读书，并积极参加进步学生运动，先后成为共产党员和"民青"成员。对此，曾延毅一直持默许态度。为培养革命骨干，1946 年 2 月耀华学校地下党决定建立半公开的革命团体"未名学习会"，在分析了曾延毅的政治态度后，决定将活动地点定在常德道 1 号曾延毅的家中。地下党在这里组织了很多活动，这些活动大多得到曾延毅无声的支持。

曾延毅不但同情进步活动，在津期间还做了许多有益于革命的工作。1946 年 6 月，很多进步学生遭到国民党反动当局的逮捕，而耀华中学的地下党员由于受到曾延毅的保护，顺利地转移到解放区；次年 5 月，曾延毅为《耀华中学反饥饿、反内战行动委员会同学联络网》题写封面标识；1948 年 8 月，

曾延毅旧居

区级文物保护标识

国民党反动派大肆捕杀共产党人和进步学生时，曾延毅支持儿子去解放区并利用自己的社会影响保释了一些被捕学生。

平津战役期间，地下党员曾常宁接受中央华北局城工部刘仁部长的指示，耐心做父亲的思想工作，再由曾延毅做傅作义的工作，劝说傅作义接受和平改编。在常德道1号，曾延毅和华北局城工部负责敌工工作的王甦多次见面长谈，为争取傅作义起义，和平解放北平做出了积极贡献。

此外，受天津地下党学委的指示，曾常宁还常常利用父亲曾延毅在军界的社会关系，为解放天津搜集敌情材料。新中国成立后，曾延毅曾任市政协委员、文史馆馆员，于1964年去世。

2004年8月，和平区人民政府将曾延毅故居公布为区级文物保护单位。

七七出版社旧址

七七出版社旧址位于天津市和平区多伦道 84 号。

七七出版社是在天津市学生联合会成立后诞生的。1946 年 2 月,10 名平均年龄不过 20 岁的青年,在多伦道 84 号(原 92 号)创办了一家小书店。为纪念全民族抗战,他们给书店取名七七出版社。七七出版社在党的领导下,通过出售进步刊物传播马列主义,团结了一大批青年,为天津青年运动和新文化运动做出了一定贡献。

七七出版社社址在郑秉如家一间空房里,大家推选郑秉如为经理,并在进货、发行、营业等工作上进行了分工。办书店需要经费,10 名青年把自己积攒的零花钱,一共凑了 10 万元法币。他们的生活很艰苦,不拿分文报酬,有时在书店吃点从家中带来的干粮,喝点热水就算一顿饭。

七七出版社最初的业务是销售"刊联"(天津青年刊物联合会)出版的各种刊物。1946 年 3 月,《解放报》在北平出版,七七出版社立即通过关系与北平联系建立销售点,以后每隔 3 天就到北平取报,正式成为《解放报》在天津的总代销处,报纸销量迅速增加。《解放报》对七七出版社批发报纸始终按零售价 3 折给予扶持,发售份数很快激增至 2 万多份。每期新报纸到后,立即脱销。一份报纸有许多亲友同学互相传阅,成为最受读者欢迎的报纸。代销《解放报》使七七出版社名震津门,资金也有了较快增长。书店变样了,各种书刊罗列书架,琳琅满目。刘增祚、杭天申通过地下党和"民青",发动青年群众来七七出版社买书看书。一时间门前车水马龙,一片兴旺景象。

由于同《解放报》关系越来越密切,他们还为《解放报》代销解放区的书刊和一些宣传品,并把毛泽东的《中国革命和中国共产党》《新民主主义论》等著作,摆在七七出版社的书架上。经销进步书刊

七七出版社旧址(多伦道 84 号,已不存在)

的局面打开后，他们又开创了两项业务：一是设立"大众阅览部"，二是开辟"图书借阅部"。这两项业务推出后，七七出版社的知名度越来越高。

1946年初，蒋介石准备发动内战的意图愈益明显，国内形势日趋紧张。地下党组织关心七七出版社的工作和安全，经常通过刘增祚提出一些指导性意见，如不要只卖进步书刊，否则不利于团结中间青年群众，也容易引起特务注意等。这些指导性意见对保证七七出版社在国统区的生存发挥了积极作用。

1946年4月，《解放报》第16期转载了延安《解放日报》题为"驳蒋介石"的社论。国民党天津当局得知后如临大敌，出动大批军警宪特到处盘查报摊，没收《解放报》。七七出版社及时得到情报，盘查人员到店里时，《解放报》都已被藏进厕所，敌人一无所获。七七出版社在险恶环境与斗争实践中逐渐成长起来。

1946年6月，蒋介石对中原解放区大举进攻，发动全面内战。国民党天津当局在6月19日下令查封进步报刊，7月10日天津社会局贴出告示，勒令七七出版社停止营业，随后警察第一分局查封了七七出版社。在地下党组织的关怀帮助下，七七出版社成员及时疏散，后来这个出版社的大多数成员加入中国共产党，在党的领导下投身解放全中国的斗争。

七七出版社旧址现状

中共渤海区党委地下联络站旧址

中共渤海区党委地下联络站旧址位于天津市和平区营口道 161 号和福安大街 166 号。

1947 年 2 月,中共山东分局渤海区党委以开办万盛油酒店为由,在和平区营口道 161 号设立党的地下秘密联络站,派崔毅来津做秘密联络站的负责人。崔毅以万盛油酒店老板的公开身份作掩护开展工作。

其间,崔毅先后在东亚毛纺厂建立两个地下党支部,直接领导开展工运活动。同时又在国民党政府职员、警察、商界和失学失业青年中发展了一批地下关系。

1947 年夏,渤海区党委陆续派遣刘枫、刘德全、牛醒民、王永先等到天津加强党的力量。为了扩展工作范围,崔毅同他们又在南市开了一家油酒商店(福安大街 166 号),取名"协立号",这个新的联络站,由刘德全任经理,牛醒民管账,其他人当伙计,以此为掩护开展地下工作。

在天津解放前夕的 1948 年,国民党已处于垂死挣扎境地,更加疯狂地镇压革命,地下党组织开展革命活动异常危险和困难。为解放区运送药品,必须想方设法闯过敌人若干道关卡。有一次,崔毅接到城工部秘密送来的中央文件,按照上级要求书写数份,准备分别送到同志们手中。黄昏时,他把文件与银行支票一起用手帕包好,挂在自行车把上,骑车沿营口道向东行进,准备通过张庄大桥。由于桥是弧形的,当他骑车到桥中间时才发现反动军警正在桥上检查过往行人。他知道如果转身回去,就会被怀疑,只能从容地推车走过去。面对警察全身搜查,他镇静自如,机智对答,瞒过了盘查。从此,崔毅改变了传递文件的方法,每次背熟文件精神,然后口头传达。

1948 年春末的一天,协立号油酒店突然

中共渤海区党委地下联络站旧址

(福安大街 166 号,已不存在)

中共渤海区党委地下联络站旧址
（营口道 161 号，已不存在）

来了一个貌似商人的人，他是山东解放区被斗外逃的地主分子。他到油酒店买东西时，认出了共产党员王永先。他走后，崔毅立即决定人员撤离，然后把协立号转租他人，撤销了这个联络站。一个月后，在河西区下瓦房附近，新的商店义兴号伴着噼噼啪啪的鞭炮声又开张了。党的地下工作者们又在新的地点投入革命工作。

天津助学运动委员会旧址

天津助学运动委员会旧址位于天津市和平区广西路10号。这里曾是天津基督教青年会所在地。

1947年5月20日,天津市学生举行反饥饿、反内战游行,遭到国民党反动当局疯狂镇压。为使运动继续开展下去,天津地下党组织决定利用基督教青年会的合法地位,在暑假期间开展助学运动。助学运动实际上是以经济活动为掩护,进而团结和凝聚广大学生,开展一场更为广泛深入的反对国民党统治的群众政治运动。

8月15日,天津13所大中学校学生代表在天津基督教青年会(广西路10号,已不存在)开会,成立天津助学运动委员会。会议确定助学运动的活动内容和行动计划:通过学生上街宣传、募捐、义演、义卖等方式,在3个星期内募集3亿元(法币)助学金,用以救济那些因家境贫寒而濒临失学的学生。广西路基督教青年会成为全市助学运动的指挥机构。

天津助学运动开始后,首先通过宣传大造舆论,争取社会同情和支持,又在39所大专院校和中学之间开展串联活动。通过广泛发动,有2000多名学生参加了助学运动。在天津市助学运动委员会的领

天津助学运动委员会旧址
(广西路10号,已不存在)

天津助学运动委员会旧址现状

导下,经过全市大中学生一个多月的努力,助学运动于 10 月初胜利结束,共募捐法币 3.6 亿多元,使 1760 名家境困难的学生得到救济补助。

助学运动是天津地下党组织领导的一次十分成功的群众运动,是对蒋介石政府内战独裁政策造成教育危机的控诉,既是具有广泛群众性的合法经济斗争,又是一场揭露国民党统治集团坚持反共、摧残教育反动政策的政治斗争,是反饥饿、反内战运动的深化和继续。

中共天津工作委员会
（迎接天津解放行动委员会）旧址

中共天津工作委员会（迎接天津解放行动委员会）旧址，位于天津市和平区解放北路 123 号原华道胜银行大楼。

1948 年 11 月，为配合解放军解放天津，中共中央华北局城市工作部决定天津地下党"南北系"合并，成立中共天津工作委员会，对外称迎接天津解放行动委员会。黎智任书记，王文化、李之楠、魏克、沈尔琳等任委员。下设 3 个工作委员会：企业工作委员会，王文化任书记，领导工厂企业内地下党；职业青年工作委员会，李之楠任书记，负责市政、银行、文教等系统的工作；学校工作委员会，魏克任书记，负责领导大中学校学生系统的地下党组织。沈尔琳兼管机关工作和电台。为便于指挥，中共天津工作委员会在当时的交通银行下行（即交通银行天津分行，现天津市和平区解放北路 123 号原华道胜银行大楼）楼上设立机关，开展工作。

在中共天津工作委员会的领导下，地下党组织安排部分党员和进步群众到解放区进行学习和培训，搜集国民党守军城防工事及有关军事情报，开展政策宣传分化瓦解敌军，发动群众反对南迁和开展护厂护校斗争，在工人和市民中组织纠察队伍，维护社会治安，确保水电畅通，为配合人民解放军攻城作战和顺利进行城市接管做出重要贡献。

2021 年，原华俄道胜银行大楼被公布为天津市革命文物。

中共天津工作委员会（迎接天津解放行动委员会）旧址

攻克国民党守军天津市内
最后一个据点旧址

攻克国民党守军天津市内最后一个据点旧址位于天津市和平区南京路106号的耀华中学。

耀华中学是1927年开办的一所具有相当规模的私立学校,位于营口道南侧、墙子河(现南京路)北侧、耀华里和山西路西侧,面积约53亩,四周有两米高的校墙。1948年12月中旬,国民党94军43师师部、一个炮兵营和129团团部,总共3000余人,强驻耀华中学。在学校操场中间设置榴弹炮发射阵地,院内和四周院墙筑起20多个地堡,在校大门口堆积了很高很厚的土层,泼上水冻成冰层,在里面挖筑暗堡。国民党守军依托学校的楼房和发射阵地构成了据点式防御。国民党军队在耀华中学所设的据点连同国民党天津警备司令部、海光寺,成为国民党守军在天津市区布防的核心区。因此,盘踞耀华中学的国民党守军,工事坚固,兵力火力相对都是很强的。

在天津战役进程中,人民解放军39军117师350团是攻打耀华中学国民党守军据点的先头部队和主攻部队。38军112师335团和114师340团是稍后进至耀华中学西北侧的。46军136师406团和137师410团,以及159师476团,还有49军45师434团,相继到达耀华中学的西南和北侧。这样,38、39、46军3路解放军形成了对国民党43师的合围。

1949年1月15日清晨,人民解放军39军117师350团5连,穿插进攻到山西路耀华里一带,发现固守耀华中学的国民党军队凭借楼房和明暗火力点,居高临下,以交叉火力进行顽抗。根据地形和敌情,连部决定从守敌薄弱的东北院墙中段实施突破。由副连长率3排担任爆破,指导员组织1排、2排的8挺机枪、6具掷弹筒,在耀华里北侧小楼一线占据阵地,压制守军火力,掩护爆破手冲击。经半小时部署和准备,向守军发起攻击。为了尽可能地保护这所学校,解放军没有动用大炮进行轰击,也没有组织连续的爆破。3排在火力掩护下实施突破,将东北院墙炸开1.5米宽的缺口,乘势冲入院内后,但遭守敌炮兵阵地火力阻击。8班、9班战士英勇地冲向院内守敌的炮兵发射阵地,经过20分钟的激战,占领了守敌阵地。守军向校院南面第3、第4校舍溃逃。7班班长带两名战士端着机枪边追边打,首先冲入楼内。8班、9班战士也相继冲入楼内,展开了短兵相接的激战。二梯队2排乘机进入第3校舍楼门并冲入楼内,守敌被迫退上二层楼,以火力封锁楼梯,6班副班长依托楼梯拐角向二层楼投掷手榴弹。此时,3排9班战士从第3校舍中门楼梯冲上二层楼猛射守军。守军在两面夹击下溃乱起来。经6班战士喊话,守敌只好缴枪投降。此处战斗,俘敌炮兵团副团长以下25人。与此同时,3排攻占了第4校舍,毙、俘守敌200余人。守军见势不好便龟缩在校园东北角的第1、第2校舍,与解放军展开激烈战斗。正在这时,解放军38军112师335团和114师340团,46军136师406团和137师410团包围了耀华中学;335团炮兵连以九二步兵炮发射五六发炮弹,打开学校大门,步兵乘势冲入校院,410团8连炸毁守敌5处地堡、两道铁丝网,也乘势冲进校园,一起向大礼堂进击,迫使守敌400余人缴枪投降。39军的1排和3排又从墙子河北学校便门冲进第5校舍,经过激战后,毙、俘守敌60余人,并炸毁西南角3个地堡和体育馆东、西两侧的地堡。至此,耀华中学国民党守军核心区据点的战斗结束。

从15日中午开始,3路解放军联合作战,经短兵相接,逐楼逐层地激战3个小时,全部占领了国民党守军核心区最后一个据点。在耀华中学地下室内,活捉了国民党94军军长饶启尧,43师少将师长王治熙、副师长东和、师参谋长徐奇春以下2690余人,毙伤敌军900余人,缴获榴弹炮14门、汽车10辆、军马50匹和大批军用物资。

耀华学校礼堂

耀华中学

1月15日下午4时,全市基本停止了枪声,天津市宣告解放。

1997年,耀华中学礼堂被公布为天津市文物保护单位;2021年被公布为天津市革命文物。

解放天津战役中活捉国民党
天津警备司令陈长捷处旧址

解放天津战役中活捉国民党天津警备司令陈长捷处旧址位于天津市和平区多伦道与新华路交口,八一礼堂西北侧。

抗战胜利后,原日租界日本公会堂(多伦道与新华路交口)成为国民党天津警备司令部,1949年初,国民党天津警备司令陈长捷即在此指挥国民党军队负隅顽抗。

当年,"打进天津卫,活捉陈长捷",成为参战部队指战员的振奋口号和共同目标。1949年1月12日18时,党中央致电刘亚楼及参战各纵队首长:"盼你们将陈长捷、林伟俦、刘云翰(瀚)相貌、口音、年龄等等,事先通报部队,以便打下天津后活捉三匪首,给北平敌以精神打击。"敌警备司令部东面为原日本神社(抗战胜利后改为"忠烈祠",新中国成立后改为"八一礼堂"),据守警备司令部的是特务营,其官兵每人配备长短枪各1支,并装备有六〇炮和轻、重机枪,火力较强,是一块难啃的"骨头"。

人民解放军攻克国民党军天津警备司令部

为迅速抓获陈长捷等高级将领,天津前线指挥部要求东北野战军第1纵队完成这一光荣而艰巨的任务。第1纵队决定将重任交第1师第1团承担。第1团是在井冈山时期诞生的英雄部队,曾参加四平攻坚战和围歼廖耀湘兵团等数百次大小战斗。为配合行动,1月14日15时,东野炮兵用日制150毫米大口径火炮,从天津外围东西两个方向,向敌警备司令部及核心防守区内重要军事目标实施精确射击,使司令部通信系统遭到严重破坏,给守军在心理上以强烈震慑。

攻击敌警备司令部战斗于15日凌晨5时许展开。担任主攻任务的第1团2营在3营的配合下,对敌司令部展开猛烈攻击。该营5连首先攻占多伦道中原里大楼,拔掉了守军

国民党天津警备司令部旧址（已不存在）

西翼屏障，并控制了迪化道（今鞍山道）与多伦道上的街心碉堡，与此同时，扫清了敌特务营各外围支撑点。随后，2营从不同方向向敌司令部发起强攻。在猛烈火力掩护下，4连从今新华北路向敌发起攻击，机枪3班9名战士每人手持1挺布伦轻机枪，以敌司令部院墙为掩护，一面向院内扫射，同时翻墙而入。随后，4连、5连、6连乘机冲进司令部大门，与躲藏在院内和楼内顽抗之敌展开逐层逐屋争夺，并占领司令部大楼。此时，6连1排副排长邢春福通过打入敌特务营并任警卫4连连长的地下党员王亚川了解到，陈长捷就躲藏在院内地下室。随即，邢春福带领王义凤、傅泽国冲进地下室。据其后来回忆称，当时地下室很暗，3人只能沿台阶摸索前进，在左转弯处发现一个用棉门帘挡着的房间。王义凤立即用刺刀挑开门帘，随着一声"缴枪不杀"，陈长捷、副司令邱宗鼎及国防部高级视察官程子践等十余名高级军官被俘。而此时陈长捷手下竟提出"起义"要求，邢春福断然拒绝："没有'起义'这一说，只有投降这一条！"

天津解放后，参加攻击敌警备司令部并活捉陈长捷的3名勇士受到通令嘉奖。其中，邢春福被授予"战斗英雄"称号，记大功1次；王义凤被授予"独胆英雄"称号；傅泽国被授予"战斗英雄"称号。

天津市军事管制委员会旧址

天津市军事管制委员会旧址位于天津市和平区承德道 10 号(后根据工作需要迁址天津市和平区鞍山道 59 号)。这是一座法国式框架结构建筑物,解放前名为天津市公议大楼。1949 年 1 月 15 日天津解放后,天津市军事管制委员会办公地点就设在这里。

辽沈战役胜利后,东北野战军奉命于 1948 年 11 月 16 日秘密入关,平津战役开始。为迎接天津解放和胜利完成接管工作,在党中央部署下,组建了天津市军事管制委员会(以下简称军管会)。党中央任命黄克诚为军管会主任,黄敬、谭政为副主任。

1949 年 1 月 14 日上午,天津战役打响,15 日下午 3 时战斗结束。战役进行过程中,军管会主要领导带领各方面负责同志随攻城部队陆续进市,办公地点就设在天津公议大楼。军管会下设办公厅、行政部、接管部、文教部、市政接管处及塘大军管分会、天津市纠察总队等部门。同时,以军字第一号布告向全市公布:从即日起,军管会开始对天津市并东至塘沽、大沽,南至静海,西至杨柳青,北至杨村区域,施行军事管制。在军事管制时期,由市军管会统一管理辖区内军事、政治、经济、文化等管制事宜。

遵照"各按系统,自上而下,原封不动,先接后管"的方针,市军管会在地下党组织的配合下,紧张有序地接管了国民党天津市政府、警察局、报社、电台、水厂、电厂、银行等重要部门,以最快速度恢复生产,安定人民生活。不久,市军管会根据工作需要迁移到鞍山道59 号(张园)办公。

天津解放后,军管会充分发挥人民民主专政威力,立即明令摧毁国民党一切反动机构,清除反动党团特务组织,收容和遣散大批战俘及散兵游

天津市军事管制委员会旧址

天津市军事管制委员会旧址现状
（和平区承德道 10 号）

勇,逮捕了一批罪大恶极、血债累累的汉奸、特务、反动官僚、土匪恶霸等,有力地稳定了社会秩序。

2006 年,国务院将天津公议大楼公布为全国重点文物保护单位。

天津市军事管制委员会和
中共天津市委旧址

　　天津市军事管制委员会和中共天津市委旧址位于天津市和平区鞍山道 59 号张园，占地面积 3500 平方米，建筑面积 3300 平方米。1949 年至 1953 年，天津市军事管制委员会和中共天津市委在此办公。

　　张园作为中共天津市委第一个公开的办公场所，承载着解放初期津沽大地的红色记忆，见证了天津人民这段艰辛奋斗而又激情燃烧的岁月。天津解放后，在中国共产党的领导下，建立了人民当家作主的国家政权，开展了一系列影响深远的社会运动，革除积弊，恢复经济，重塑秩序，彻底改变了旧社会积贫积弱、受人欺凌的悲惨命运。解放初期天津各项事业取得了辉煌成就，不仅为城市建设奠定了坚实基础，也为全国新解放城市顺利开展接管工作和恢复经济发展，提供了可借鉴的宝贵经验。

　　旧址内设有"奠基岁月——天津市军管会和中共天津市委在张园"主题展览。该展览包括解放天津、接管天津、建立巩固人民政权、建设天津、加强党的建设、完成社会主义改造六个部分，时间跨度为 1949 年天津解放至 1956 年社会主义改造基本完成，通过 200 余幅图片、100 余件文物展品以及视频资料等，全面展示解放初期市军管会和市委领导天津人民解放天津、建设天津所取得的辉煌成就和宝贵经验。

天津市军事管制委员会和中共天津市委旧址现状

天津市军事管制委员会和中共天津市委旧址

旧址内景

旧址内展陈

　　旧址原为清末湖北提督张彪的私人宅邸,始建于 1915 年,惯称"张园"。中国革命伟大先驱孙中山先生和末代皇帝溥仪都曾在张园居住。1935 年日本驻屯军强购张园后将其拆除,在原址重建二层楼房作为日军司令官官邸。旧址附属建筑中设有"张园往事"展览,展示孙中山三次来津、溥仪在张园、旧天津日租界等张园相关历史陈列。

　　天津市军事管制委员会和中共天津市委旧址被列为全国重点文物保护单位、天津市爱国主义教育基地;2021 年被公布为天津市革命文物。

中共中央北方局旧址纪念馆

中共中央北方局旧址纪念馆位于天津市和平区黑龙江路隆泰里 19 号，是中共中央北方局 1936 年 3 月至 1937 年 2 月在津的办公驻地，也是刘少奇任北方局书记期间居住过的地方。

1936 年春，为贯彻中共中央瓦窑堡会议精神，建立抗日民族统一战线，彻底转变白区的工作路线，刘少奇受党中央委托来津担任中共中央北方局书记，领导华北地区的抗日运动。

刘少奇抵津后，先是以茶叶巨商的身份住进日租界的北洋饭店。后来，在天津市委书记林枫的协助下选择法租界石教士路隆泰里 19 号作为北方局的办公地点。

隆泰里 19 号是一幢二层小楼，这一带的环境及建筑格局比较适宜从事地下活动。这里位于法租界，由于享有"治外法权"，无论是国民党当局，还是日本特务，都不敢贸然进入捕人。这里虽处市中心，但却闹中取静，便于隐蔽和观察外部环境。刘少奇居住的楼房有三个出口：前门、后门和通向屋顶之门，一旦出现紧急情况可迅速撤离。楼下的惠兴德成衣局是一个普通的公共场所，陌生人的往来不致引人注意。另外，成衣局的师徒为人本分，从不过问刘少奇的来历，只知道他是南开大学的周教授。正是凭借这些优越条件的掩护，刘少奇在这里居住长达一年之久，直至 1937 年春离开天津。

中共中央北方局旧址

中共中央北方局旧址纪念馆

中共中央北方局旧址一楼

当年刘少奇居住的房间

1936 年 4 月初,刘少奇主持重新组建了北方局。重组后的北方局,由刘少奇任书记,彭真任组织部部长,陈伯达任宣传部部长。原北方局成员仍负责河北省委的工作。

北方局成立后,刘少奇撰写了大量文章,全面总结了白区工作中的经验和教训,系统揭露批判"左"倾冒险主义在白区工作中的错误,提出白区工作中应坚持的正确方针、策略和原则,将党中央的正确路线贯彻到白区工作中。

刘少奇在津期间,经常与北方局负责同志一起研究开展对敌斗争等问题,对一些重大斗争给予具体指导。5 月 28 日,根据刘少奇的指示,天津市委发动数千名学生开展反日大示威,有力地打击了日本帝国主义的侵略气焰,产生了深刻的社会影响。刘少奇在津工作期间,还把一些受"左"倾错误路线打击、排斥的同志重新安排到领导岗位上来。同时,积极进行党组织的恢复和发展工作。由于刘少奇的努力,天津的党组织改变了工作路线和工作方法,积极开展恢复和整顿党组织的工作。到 1936 年底,全市党员由原来的几十人发展到四百多人,天津的抗日救亡运动也轰轰烈烈地开展起来。

党中央对刘少奇主持下的北方局工作给予高度评价,认为北方党的工作自刘少奇主持后,有了基本的转变,这些转变为以后取得胜利奠定了基础。

1982 年,中共中央北方局旧址被天津市政府公布为市级文物保护单位;2005 年 9 月,中共中央北方局旧址被辟为纪念馆,正式对外开放;2006 年,被天津市委、市政府公布为市级爱国主义教育基地;2011 年,被公布为全国红色旅游经典景区;2021 年,被公布为天津市革命文物。

中共天津历史纪念馆

中共天津历史纪念馆位于天津市和平区山西路98号。该纪念馆是在原中共天津建党纪念馆的基础上迁移扩建而成的，2001年7月1日正式开馆，2021年5月28日经改陈升级后重新开展。

纪念馆共3层，占地面积920平方米，建筑面积2052平方米。馆内设有中共天津市委组织部、中共天津市委宣传部、中共天津市委党校（市委党史研究室）、中共天津市和平区委联合主办的"奋斗的历程 辉煌的成就——庆祝中国共产党成立100周年暨中共天津地方组织发展历程展"。展览展线全长达300米，通过近700幅图片系统展示了100年来，海河儿女在党的领导下，浴血奋战、获得解放，艰苦创业、走上中国特色社会主义道路，进行改革开放，团结奋进在新时代的伟大历程和创造的骄人业绩。展览包括四个部分："天津党组织的创建及其领导的革命斗争"展示了天津党组织的创建发展及其领导的革命斗争；"社会主义建设在探索中发展"展示了天津人民在党的领导下进行社会主义革命和建设的艰苦创业历程；"开创改革开放和社会主义现代化建设新局面"展示了改革开放后天津坚持以经济建设为中心，开拓创新、扎实苦干、抢抓机遇、加快发展取得的的巨大成就；"全面建设社会主义现代化大都市"展示了党的十八大以来，在习近平新时代中国特色社会主义思想指引下，天津社会主

中共天津历史纪念馆外景

中共天津历史纪念馆内景

中共天津历史纪念馆内景

中共天津历史纪念馆内景

义现代化大都市建设迈出的坚实步伐。

2001 年,中共天津历史纪念馆被天津市委、市政府公布为天津市爱国主义教育基地。

和平区社区志愿服务展馆

和平区社区志愿服务展馆位于天津市和平区朝阳里社区党群服务中心内。

全国首个社区志愿者组织发起于朝阳里社区。1988年,新兴街朝阳里社区13名志愿者组成最早的服务小组帮助13户困难家庭。1989年3月18日,新兴街成立全国第一个社区志愿者组织——新兴街社区服务志愿者协会。此后,志愿服务活动薪火相传,助人为乐在社区蔚然成风,志愿者用他们的"凡人善举"践行着社会主义核心价值观。

2019年1月17日,中共中央总书记、国家主席、中央军委主席习近平来到天津市和平区新兴街朝阳里社区,走进社区志愿服务展馆。在这里,习近平同志愿者们亲切交流。社区志愿者们向习近平总书记讲述自己的"志愿故事"。习近平为社区志愿者们点赞,称赞他们是为社会做出贡献的前行者、引领者。

和平区社区志愿服务展馆占地面积约260平方米,整体展览以和平区志愿服务工作发展历程为主线,分为"兴起拓展篇""深化提高篇""开拓创新篇""成果展示篇"四大板块,展示了志愿服务在发起时期的相关文件、协会章程、志愿者档案,在发展过程中志愿者们曾经使用过的工具、记录册,志愿者获得的奖章证书,受惠群众写来的感谢信和相关图书、杂志等。中间的环岛区域展示最美服务团队和

和平区社区志愿服务展馆外景

展馆内景

新兴街朝阳里社区 13 位志愿服务发起人群像素描

最美志愿者的简介和概况;电视屏幕播放反映和平区志愿服务经验及发展情况的视频;配合真实丰富的图片,以及视频、幻灯片、触摸屏等多媒体设备,志愿服务展馆运用多种形式向参观者展示着志愿服务的风采。展馆设有学雷锋志愿服务站和接待点。志愿服务站主要为观众提供志愿服务,通过展示讲解、发放宣传资料等形式传播宣传志愿服务精神和理念。志愿服务接待点面向社区居民开展志愿服务,为社区志愿者提供支持和保障。

和平区以社区志愿服务展馆为依托,在街道、社区逐层推动开展学雷锋志愿服务活动,广泛宣传志愿服务精神。自建成开放以来,展览接待国内外参观团体 700 余批次、参观者 15000 余人次。通过向来访者介绍和平区志愿服务的发展历程,宣传群众身边好人好事,展现新时代志愿服务蓬勃生气,激发广大机关干部、居民群众参与志愿服务活动的热情,促使志愿者团队不断扩充壮大、服务项目更为丰富多样、服务品质更加专业精细、志愿服务精神影响更为广泛深入。

河 东 区

郑庄子庆元里平民学校旧址

郑庄子庆元里平民学校旧址位于天津市河东区富民路郑庄子庆元里。

1924 年 8 月,负责工运的李培良等人按照上级党组织关于把开展工人运动作为中心工作的指示精神,到纺织工人比较集中的海河东岸宝成纱厂和裕大纱厂所在地河东郑庄子一带开办平民学校,讲解革命道理,启发工人政治觉悟,组织工人群众,开展工人运动。

李培良经过一个多月的调查研究和筹备,在宝成和裕大纱厂附近的庆元里租下原是说书场的房子,创办了平民学校。这是一座坐北朝南的红砖平房,纵短横长,中间是两扇合页门,一边一个大窗户,旁边墙上挂着一块白底黑字的木牌子,上面写着"平民学校"四个字。这座房子的面积有五六十平方米,中间摆着十几条板凳,可容下三四十人上课或活动。另有一间小屋,仅能放下一张单人床铺和一张桌子,是李培良的卧室和研究工作的地方。

平民学校成立的消息很快传遍大街小巷。1924 年 10 月正式开学上课,教材是恽代英主编的《平民千字文》。李培良采用启发式教学,一面教工人识字,一面联系实际,深入浅出地讲解革命道理,启发

郑庄子庆元里平民学校旧址(已不存在)

李培良

与提高工人的阶级觉悟。同时还讲解中国近代史人物、事件,介绍俄国十月革命胜利的经验和苏俄工人改善劳动条件、提高生活水平的情况。

李培良以教书为掩护,以平民学校为基地,启发工人觉悟,培养革命骨干,建立党领导的工会组织。1925年在声援五卅运动的革命洪流中先后于5月、7月、8月发动了三次工人罢工斗争,均取得胜利。经过平民学校的教育培养和实际斗争的锻炼,一批工人骨干成长起来。

砸裕大斗争旧址

砸裕大斗争旧址位于天津市河东区郑庄子西台大街 38 号。

裕大即裕大纱厂,1920 年 5 月由福建人陈承修创建,1922 年投产,该厂的技术和经营管理均受债权人日商东洋拓殖株式会社(简称东拓公司)控制。1925 年 5 月,裕大纱厂被日本东拓公司吞并。1925 年 10 月由日本东拓公司——日本大福公司经营。

1925 年 6 月,在五卅运动影响和推动下,天津各个行业在中共天津地委的直接指导和帮助下,先后建立工会组织,并成立天津总工会。当时,在全市六大纱厂中,只有裕大纱厂工人因日本资本家阻挠而未建立工会。为尽快帮助他们建立工会,天津地委组织其他纱厂工人,于 1925 年 8 月初协助裕大纱厂建立工会,并派出代表向日本资本家提出保护工人合法权益的六项要求。日本资本家只答应部分条件,同时勾结军阀李景林企图派军警镇压。得知消息后,工人极为愤怒。工会当即决定全厂罢工,组织工人同前来镇压的军警展开搏斗。邻近纱厂的工人闻讯赶来支援,砸毁公事房、机器房和水泵房,并缴获了一些枪支。这就是天津工运史上著名的"砸裕大斗争"。虽然在反动军警的镇压下斗争失败,但给日本资本家和反动当局以有力的打击,表现出天津工人阶级团结战斗、威武不屈的革命精神。

1936 年 1 月,民族企业宝成纱厂被日本大福公司吞并,与裕大纱厂合并为一个厂,组成天津纺织

"砸裕大"版画

砸裕大斗争旧址现状

公司(即天津棉纺三厂前身)。1945 年日本投降后,改名为中国纺织建设股份有限公司天津第三棉纺织厂。1950 年 11 月 15 日更名为天津市第三棉纺厂。1998 年被天津市第六棉纺厂并购后成立天津天鼎纺织集团北洋纺织有限公司。2015 年在此建成天津棉三创意街区。

英美烟草公司天津厂旧址

英美烟草公司天津厂（天津卷烟厂前身），坐落在天津海河东岸，现为天津市河东区六经路 35 号，这里曾是天津工人运动的中心之一。

1900 年八国联军入侵天津后，沙俄帝国主义侵略者抢先占据了老龙头以东沿海河一大片土地（现大王庄地区）。当时，驻英法等国租界的各大洋行为了囤积土产物资和倾销洋货，纷纷在俄租界设立货栈。1919 年 9 月，英美烟草托拉斯在俄租界大王庄投资购地。1921 年建起占地 24006 平方米、建筑面积 30733 平方米的英美烟草公司。因位于海河码头和天津火车站附近，水陆交通方便，英美烟草公司迅速发展起来，在天津卷烟工业中独占鳌头，居垄断地位。

天津英美烟草公司是解放前天津市最大的工业企业之一，曾有 4000 多名产业工人。中国共产党成立初期就在此开展革命活动。1926 年初，傅茂公（彭真）、靳子涛（金城）在大王庄建立党支部。他们经常深入烟厂开展活动，还在烟厂附近办起工人夜校。不久，烟厂的党组织成为中共天津特委领导下的四个基层党组织之一。

1928 年，天津英美烟草公司工人在中国共产党和国民党左派的领导下，开展了反剥削反压迫的罢工斗争。这次罢工规模大，时间持续了一个月。对于这次罢工，党给予高度评价。中华全国总工会机关刊物《中国工人》连续发表了《天津英美烟厂工会斗争胜利》《评天津英美烟厂罢工》两篇文章，中共顺直省委机关刊物《红旗》也发表了文章《北方四千烟草工人的斗争》，对这次罢工斗争进行了详尽的评述，在社会上引起强烈反响，《大公报》《益世报》等媒体逐日报道消息。

1929 年，由于叛徒出卖，傅茂公、靳子涛、阎怀聘等天津党组织负责人先后被捕，党组织遭到破坏，革命陷入低潮，但是烟厂的党支部依然存在。据市委《1932 年 11 月天津工作报告》反映，当时天津有党员 35 人，其中河东地区 14 人，"英美烟草支部 3 人"。1936 年，中共天津市委书记李铁夫与妻子张秀岩一起深入烟厂，重新发展党组织，并在大王庄成立了以烟厂女工为主的女工业余学校。

抗日战争时期，烟厂党组织由顾磊和朱铮负责。烟厂工人在党的领导下，成立抗日救国分会，积极与日本侵略者作斗争。解放战争时期，烟厂与河东裕大、裕丰两纱厂党员共同组成一个支部，领导工人举行了多次罢工斗争。

英美烟草公司天津厂旧址（已不存在）

英美烟草公司天津厂旧址现状

党的十一届三中全会后，随着天津城市改造步伐加快，天津卷烟厂迁址到东丽区杨家台，原建筑已经拆除。

进步读书会旧址

进步读书会旧址位于天津市河东区大直沽南何家胡同 9 号。

南何家胡同地处河东区西南部,大直沽中街西段北侧,原为空地,1900 年前后建房成巷,为区别于北何家胡同,以胡同之首户何姓加方位,得"南何家胡同"之名。

1941 年春,燕京大学学生李若文(化名文静,燕京大学地下党组织建立的读书会成员)从北平回到大直沽南何家胡同 9 号家中。在这里,她以读书会的形式,组织大直沽徐、孙、李三大户的十几名知识青年阅读进步书刊,宣传中国共产党的主张,介绍抗日根据地的情况,激发青年抗日热情,并介绍他们到晋察冀边区从事革命工作。

原建筑在 1999 年平房改造中拆除,现为福泽温泉公寓。

进步读书会旧址(已不存在)

进步读书会旧址现状
(河东区福泽温泉公寓)

贾沽道小学秘密活动基地旧址

贾沽道小学秘密活动基地旧址位于天津市河东区贾沽道中街 29 号。贾沽道小学的前身是 1904 年由开明绅士孙冰如废庙兴学所建立的民立第二十四初等小学堂。1912 年更名天津县公立第十四小学。1928 年更名官立第二十九小学。1938 年至 1952 年先后称天津市立第七十八小学、贾沽道小学、五区第六小学、五区十五小学、四区十三小学。1956 年恢复为贾沽道小学。

1941 年秋，中共地下党员居均（赵琪）在这里发展党员，培养、积蓄革命力量，领导进步师生在附近农村宣传党的抗日主张。日本投降后，居均在这所小学建立地下党支部，以此为基础，在大直沽、贾沽道一带开展群众工作，进行敌情、社情调查，扩大党的影响。党支部在这里重点培养发展了一批学生党员，为接管城市，建立政权输送了干部。

2003 年 5 月，贾沽道小学并入汪庄子小学。2006 年 7 月，汪庄子小学并入松竹里小学。2008 年 7 月，贾沽道小学原校址拆除，现为金月湾花园小区。

贾沽道小学秘密活动基地旧址现状（河东区金月湾花园小区）

第三十九小学秘密活动基地旧址

第三十九小学秘密活动基地旧址位于天津市河东区大直沽六纬路 157 号。

1943 年秋,晋察冀中央分局城工部派中共党员徐松贞(余萍)进入这所小学开展工作。徐松贞,女,天津人。1941 年在大直沽第三十九小学任教时,参加进步读书会活动。1942 年经地下党组织介绍,曾两次带领读书会成员去抗日根据地,但都因没有找到接头人而中途返回。1943 年夏,第三次去根据地,在晋察冀中央分局学习、训练,经李若文、黄华介绍,加入中国共产党。同年秋奉派回津,仍在第三十九小学任教。在晋察冀中央分局城工部政治交通员居均的领导下,在小学教师中宣传党的抗日救亡主张,培养进步力量,扩大党的影响,并根据组织指示,通过关系介绍进步青年进入裕丰纱厂开展工作。1946 年 3 月调冀中区党委城工部工作。

日本投降后,中共天津职业青年工委在这里发展党员,宣传群众,开展敌情社情调查。天津解放前夕,以第三十九小学为基地,领导中共党员和积极分子开展迎接天津解放的斗争。天津解放不久,中共中央华北局在这里总结了在解放大城市中如何发挥地下党员作用的经验。新中国成立后,第三十九小学改名为五区五街第一小学。1978 年改名为六纬路小学。

第三十九小学秘密活动基地旧址现状(河东区六纬路小学)

晋察冀中央分局秘密联系点旧址

晋察冀中央分局秘密联系点旧址位于天津市河东区大直沽中街南何家胡同 4 号。这里是原大直沽第三十九小学教师李婉华的旧居。

1943 年秋，中共党员徐松贞与李婉华建立联系后，这里成为党的秘密联络点。晋察冀中央分局城工部政治交通员居均经常来这里与徐松贞联系工作。日本投降后，中共津委会第四分委书记宋罗岐、委员居均等经常在此处研究工作。居均在这里介绍李婉华加入中国共产党。李母张蓉江拥护中国共产党，经常为地下工作干部和过往人员安排食宿，进行掩护，保证了党的秘密工作的开展。

原建筑在 1999 年平房改造中拆除，现为福泽温泉公寓。

晋察冀中央分局秘密联系点旧址现状（河东区福泽温泉公寓）

河东民运工作旧址

河东民运工作旧址位于天津市河东区新开路学堂大街 49 号。

抗日战争时期，中共天津地下组织的活动地点设在河东区厚德里 5 号苑佩起家。日本投降后，由苑佩起出面换购学堂大街 49 号临街的两间房屋，李杰（时任中共津委会第四分委会委员）作为东家，开设"义兴隆恒记杂货铺"。杂货铺掌柜和两个伙计也是党的地下工作者。李杰以做买卖为掩护，领导分布在新开路一带的手工业工人和地下工作者开展对敌斗争。

改革开放后，随着天津城市改造步伐的加快，昔日的学堂大街被拆除。

河东民运工作旧址（新开路学堂大街 49 号，已不存在）

厚德里 5 号地下党活动旧址

厚德里 5 号地下党活动旧址位于天津市河东区新开路学堂大街厚德里 5 号(现河东区新开路与华龙道交口),是抗日战争后期和解放战争时期党的地下活动点。1920 年前后,鲁姓房主在此建房成巷,以其厚德堂的堂名命名为厚德里。

1943 年,中共静大县委派苑正春进入天津市区开展工作,在厚德里 5 号其侄子苑佩起家落脚。苑家成为中共天津地下组织的重要堡垒户,为党的秘密活动做了许多掩护工作。日本投降后,中共津委会第四分委会委员李杰奉命进城,也在苑家落脚。苑家继续为党的地下工作提供方便,进行掩护。党的文件和宣传品也藏在这里。

1954 年,厚德里并入天善社大街。1984 年,更名为绥德里。1988 年新开路改建拓宽时被拆除。1998 年 6 月,在天善社大街和李地大街基础上拓建,命名为华龙道。

厚德里 5 号地下党活动旧址现状(河东区新开路与华龙道交口)

沈庄子鸭子房胡同民运工作活动点旧址

沈庄子鸭子房胡同民运工作活动点旧址位于天津市河东区沈庄子鸭子房胡同，是新开路西地下党支部书记王贵池的旧居。沈庄子鸭子房胡同所在地原为洼地，1915年前后杜某在此建房养鸭子，故称鸭子房。

新开路西地下党支部有党员6人。日本投降前夕，解放区党组织为其配备了枪支，准备开展城市武装斗争。平时枪支在这里存放，从解放区运进来的书报、传单也在这里存放分发。党支部成员多为泥瓦匠、木工手艺人，他们以打零工为掩护，散发传单，张贴布告，分散、灵活地开展对敌斗争，还不断从敌人手中夺取军需物资，支援解放区。

1984年3月，鸭子房胡同更名为清洁胡同。1986年因危陋房屋改造，鸭子房胡同被拆除。

沈庄子鸭子房胡同民运工作活动点旧址
（已不存在）

民运工作活动点旧址现状（河东区春华里）

搬运工人斗争旧址

搬运工人斗争旧址位于天津东货场六号门,坐落在河东区火车站东侧(现天津邮政局)。解放前,六号门搬运工人在中共地下组织的领导下同脚行把头进行了不屈不挠的斗争。

1942年秋,饱受日本侵略者和脚行把头剥削压迫的六号门搬运工人,经过周密酝酿,举行了有组织的罢工斗争。一些思想进步的工人商议提出复工的三项条件:第一,提高工资,运一件货物由7角涨到1元7角;第二,不准随便打骂和开除工人,不能限制工人人身自由;第三,工人有困难,掌柜的(指脚行把头)应借钱给工人。经过骨干工人的发动,工人们纷纷响应。罢工当天早上,往常人来人往的货场,突然间冷冷清清,300余辆大车、地车摆了满满一院子,五六百名搬运工人却连一个影子也找不到。这下可把脚行把头李林吓坏了。他马上派人四处寻找工人。工人们提出上工必须答应上述三项条件,不答应决不复工。脚行把头感到工人态度坚决,又考虑到货物卸不下来、运不出去,脚行收入损失太大,日本军方也不满意,最后被迫答应三项条件,罢工取得了胜利。这次罢工的胜利大大增强了搬运工人斗争的勇气。

1946年国民党反动派发动全面内战。受内战影响,东货场整列货运日渐减少,单帮客商运输货物成为主要搬运业务。脚行把头马文元对这种自理货物控制得非常严,不许搬运工人与货主商议搬运业务。他按当时每天上涨的物价计收货主搬运费,但仍按原价给工人们分成。如此盘剥,工人们忍无可忍。东货场地下党员曹广发、马大吉、麻广海、王山秋等经过研究,提出发动工人罢工。经过地下党组织多次酝酿和发动,工人们决定开展罢工斗争,并选举黄玉春、杜文林、彭竹田、唐春瑞等人为代表,与马文元谈判。工人代表提出将"二八分账制"改为"对半分账制"、小件零担运费自理等两项要求后,马文元蛮横无理,拒不答应,于是工人们开始罢工。罢工当天,工人们用车把六号门堵死,货场内外一片混乱。马文元慌忙向国民党天津警备司令部求救,并派出其豢养、雇佣的200余个打手逼迫工人复工。面对荷枪实弹的反动军警和亡命徒的威胁恐吓,工人们毫不畏惧,紧紧地站在一起,誓不让步。工人们按照地下党组织的指示,采取不和他们硬碰的办法,既不上工,也不见面,打手们干着急没办法。罢工坚持到第三天,马文元不得不答应工人们的全部要求。这场由党组织直接领导的大罢工终于取得胜利。

东货场六号门旧址（已不存在）

东货场六号门旧址现状（天津邮政局）

天津发电所工人斗争旧址

　　天津发电所工人斗争旧址位于天津市河东区大王庄街道六纬路 70 号,于 1936 年 12 月由天津市新电力公司兴建,1940 年更名天津第一发电所,抗日战争胜利后改称天津第一发电厂。新中国成立后,第一发电厂由天津市人民政府接收,隶属天津市电业局。1988 年 1 月 1 日改名中国国电集团公司天津第一热电厂。

　　天津发电所是一个有着光荣革命斗争传统的工厂。抗日战争时期,中共党员李风林根据党组织的指示,打入该厂与工人秘密接触,启发工人觉悟。日本投降后,中共党员白广生按照党组织的指示,多次到发电所工人中活动。在地下党组织的影响下,发电所工人以各种方式同敌人开展机智顽强的斗争,想方设法从厂里"偷"运物资。有些物资被转运到根据地兵工厂,支援根据地建设。工人们利用日本领班不懂技术的弱点,想出很多怠工方法,阻止正常生产。1944 年春,发电所工人开始进行有组织、有计划的怠工活动,有力地破坏日伪统治秩序。

20 世纪 40 年代的天津第一发电所

天津解放前夕,地下党组织为迎接解放,加强了对重要企业工人运动的领导,同时通过各种渠道,在电厂工人中宣传中国共产党的政策,启发工人觉悟,培养发展党的骨干力量。在党组织领导下,一些进步的工人秘密进行串联,积极开展工作,保护工厂安全。天津解放后,全厂职工立即复工复产,迅速抢修机器设备,恢复发电、供电,为解放初期经济恢复和社会稳定做出贡献。

2014年,中国国电集团公司天津第一热电厂的主要设备和附属厂房设施拆除。此地块作为城市规划重点,大规模商业建筑群在此兴建。

天津第一热电厂正门

天津发电所工人斗争旧址现状

中纺五厂红色工会旧址

中纺五厂红色工会旧址位于天津市河东区郑庄子西台大街 38 号。

中纺五厂 1936 年由日本人建设，1939 年建成投产，定名双喜纺织株式会社，简称双喜纱厂。1945 年日本投降后由国民党政府经济部中国纺织建设公司接管，改名中国纺织建设公司天津第五厂。

解放前，该厂的工人运动较为活跃。1944 年 9 月，天津地下党组织派人来到双喜纱厂，积极联系群众，调查了解情况并建立党支部。截至 1946 年初，除办公职员外，双喜纱厂各个生产部门都有了共产党员，要害部门都设立了党小组，团结了许多革命群众。这些党小组、党员和革命群众，在全厂各部门发挥了积极作用。双喜纱厂党支部组织工人先后开展了推翻旧工会、全厂大罢工、筹建进步工会等活动。在中共地下组织的领导下，1946 年 2 月 10 日，中纺五厂工人推翻该厂的"御用"工会，建立起自己的红色工会。新工会在该厂地下党支部领导下，团结广大工人，投入新的战斗。

1946 年 5 月 4 日，在地下党组织推动下，中纺四厂派代表到中纺五厂共商开展工运斗争，在中纺五厂门前被驻厂军警殴打、刺伤。中纺五厂工人怒不可遏，与驻军展开搏斗。党领导的红色工会下令全

中纺五厂红色工会旧址（已不存在）

中纺五厂红色工会旧址现状（滨河家园）

厂停工,并拉响防空警笛(防空警笛就是工人联合斗争的信号。解放战争时期海河两岸纺织、钢铁等10多个工厂的工人以此作为相互联系、共同抗暴的工具。这件革命文物现珍藏在天津博物馆)。笛声一响,海河两岸工厂的工人立即赶来支援。国民党天津当局慑于工人团结战斗的威力,被迫接受工人提出的条件,斗争取得胜利。这次联合罢工的胜利在天津工人阶级革命斗争史上留下光辉的一页。

1949年天津解放后,中纺五厂收归国有,改名国营天津第五棉纺织厂,1954年并入天津市第三棉纺织厂。1957年复设天津市第五棉纺织厂。随着城市建设的推进,天津市第五棉纺织厂被拆除。2002年12月,在中纺五厂旧址上盖起砖混结构住宅楼。

大直沽职工运动委员会地下党活动旧址

大直沽职工运动委员会地下党活动旧址位于天津市河东区大直沽前街 7 号。

大直沽前街 7 号，房主是解放战争时期的革命群众孙若云。1949 年 1 月 13 日晚，大直沽职工运动委员会的地下党负责人黄树芳（曾在第三十九小学任教）在这里向地下党员和部分革命群众传达华北局城工部的指示，部署迎接天津解放的任务。黄树芳同党员和革命群众，为配合解放军攻城和顺利接管做了大量工作。

大直沽职工运动委员会地下党活动旧址在 1998 年平房改造中拆除，现为宫前园居民小区。

大直沽职工运动委员会地下党活动旧址
（河东区大直沽前街 7 号，已不存在）

大直沽职工运动委员会地下党活动旧址现状
（河东区宫前园小区）

中纺一厂护厂斗争旧址

中纺一厂护厂斗争旧址位于天津市河东区大直沽六号路 17 号。

中纺一厂坐南面北,依海河而建,始建于 1936 年,时称裕丰纺织株式会社。1945 年抗日战争胜利后由国民党中纺公司接管,改名为中国纺织建设公司天津第一棉纺织厂(简称中纺一厂)。

天津解放前夕,国民党政府曾密令天津当局将重要工厂设备及高级技术人员南迁,还指示撤退前将天津的大企业、大厂破坏掉。河东地区地下党组织在这些工厂中领导工人开展护厂斗争,并向各界人士、广大群众宣传党的政策,稳定人心;开展政治攻势,震慑瓦解敌人;组织纠察队,维持社会秩序,为天津的解放和完整接管做出重要贡献。当时,中纺一厂已将部分机器设备拆除,准备运往南方。对此,商兆华(中共中央华北局城工部领导的职业青年工作委员会系统的河东地下党员)领导中纺一厂的进步工人,组织职工开展了针锋相对的斗争。一是通过厂内各车间的书记工,查清本车间机器设备的数量、型号、性能,以及被厂方拆除设备存放情况,然后统一整理造册。二是调查厂内上层人物(厂长、科长、技术人员)的政治身份、政治态度和现实表现、技术能力等方面情况,有重点地接触他们,动员他们同工人一道参加护厂工作。三是发动厂内职工积极参加护厂活动,保护好厂房、机器、原料,防止敌人破坏。在党组织和广大职工的努力下,在天津解放后的第三天,中纺一厂就恢复了生产。

中纺一厂旧址(已不存在)

中纺一厂旧址现状(河东区万达公馆)

　　解放后,中纺一厂改名天津市第一棉纺织厂。2010年,因城市规划,天津第一棉纺织厂被拆迁。旧址所在地现为居民住宅楼。

东局子战斗旧址

  东局子战斗旧址位于天津市河东区程林庄以北、月牙河以西。1867年,清政府在天津先后开办了两个机器局制造军火。一个在东乡贾沽道(程林庄以北、月牙河以西),称天津机器局东局,习称东局子。另一个在海光寺附近,称西局。1895年,天津机器局再次扩充,并更名北洋机器制造总局。1900年毁于炮火。1903年被法国强占,后改为兵营。1937年后,以程林庄路为界,南称万新庄,北仍称东局子。

  天津解放前夕,东局子是国民党守军一个重要的外围据点。担任解放天津任务的东北野战军第7纵队即第44军发起的东局子战斗,成为解放天津的攻城预演。国民党守军东局子工事曾被称为"遮蔽天津外围的强力据点",国民党天津警备区司令陈长捷在这里部署了86军293师877团(加强团),约4000人,并设置了纵深长达千米的坚固防御工事。除每隔30米筑一地堡外,还设铁丝网两道,鹿砦三道,外壕一道(宽5米,深2米)。在每个凹道口都设有低矮地堡,凡是便于解放军隐蔽接近阵地前沿之处,都埋设了大量地雷。该地守敌战斗力较强,老兵居多,并有一定的防守经验。为及时拔除这个"强力据点",1949年1月7日中午,第7纵队以21师62团和19师57团担任主攻夹击东局子。62团由南向北展开攻击;57团由北向南进攻,形成钳形包围,同时将一部分兵力部署在东局子西南和西北,以防敌人逃跑或敌军增援。经过先后两次强攻,于当日下午4时30分攻占东局子。东局子攻坚战斗共歼

北洋机器制造总局外景

东局子战斗旧址现状

敌 1253 人,为解放天津扫清了重要障碍。这次战斗给天津守军在心理上以极大震慑,在天津战役中写下了精彩一笔。

天津解放后,东局子地区旧貌换新颜,昔日低矮的厂房和农田已为今天鳞次栉比的高楼大厦和花木扶疏的绿地所替代。

河东区红色记忆展厅

河东区红色记忆展厅,位于天津市河东区华昌道70号嘉华国际商业中心四楼(河东区图书馆嘉华中心馆)。2021年七一前夕建成并正式对外开放,展厅面积420平方米。

红色记忆展厅以"追寻红色记忆 不忘初心使命"为主题,以新民主主义革命时期河东区人民在中国共产党领导下开展工人运动等反帝反封建斗争为主线,以平面展示、实物展陈、场景还原、视频播放等形式,展现革命斗争历程,彰显红色精神,传承红色基因,体现"河东"特色。展厅共分"追根溯源 孕育火种""艰难抗争 初心如磐""迎接解放 开创新篇"三个篇章,展示了郑庄子平民学校、"闹宝成"斗争、"砸裕大"事件、英美烟草公司天津厂工运斗争、中纺五厂红色工会斗争、东货场六号门罢工斗争、中纺一厂护厂斗争、贾沽道小学秘密活动基地、第三十九小学秘密活动基地等河东区革命旧址和现状,再现了新民主主义革命时期中国共产党在河东区领导革命斗争的光辉历史,反映了河东区党组织创造性地开展工作的伟大实践和逐步发展壮大的奋斗历程。

河东区红色记忆展厅序厅

河东区红色记忆展厅一角

河东区红色记忆展厅内景

河东区红色记忆展厅正式对外开放后,吸引了一批又一批党员、干部、群众特别是青少年前来参观,铭记党的历史,弘扬革命传统,赓续红色血脉。2021年7月,河东区红色记忆展厅被中共天津市河东区委宣传部公布为爱国主义教育阵地。

毛泽东石雕像

毛泽东石雕像位于天津市河东区东局子 1 号陆军军事交通学院院内，东门入口约 100 米主路中央。

1967 年 12 月，中国人民解放军运输学校师生在校园（现陆军军事交通学院家属区）的中心地点，敬塑一尊毛泽东主席立姿全身像，像高 8 米，基座高 6 米，花岗岩材质。石雕像面朝南塑立，基座正面镌刻：毛泽东 1893—1976。基座背面的碑文自右向左分别为：一九六七年十二月敬塑，一九九三年永久修饰。

2021 年，毛泽东石雕像被公布为天津市革命文物。

毛泽东石雕像

河 西 区

杨度旧居

杨度是20世纪初我国著名政治家。他曾在天津德租界清鸣台8号(今天津市河西区浦口道青岛胡同一带)居住。

杨度(1875—1931),湖南湘潭人,原名承瓒,字皙子,后更名度,号虎公。1902年和1903年两次赴日留学。1905年7月,他与孙中山会晤,并将黄兴介绍给孙中山。曾当选为中国留日学生总会干事长。与梁启超过从甚密,并为清末五大臣出洋赴欧美日本考察宪政活动撰写报告蓝本。创办《中国新报》,组织过政俗调查会,自任会长,积极鼓吹君主立宪。后由张之洞、袁世凯联名奏保,以四品京堂候补在宪政编查馆任职,宣传立宪,主张"开设民选议院"。

辛亥革命前,天津是北方立宪运动的中心。1908年6月下旬,杨度应北洋法政专门学堂邀请,在该校礼堂发表要求清廷开设国会、实行立宪的演说。此后,天津成为杨度政治活动的中心。

1918年9月底,杨度在上海发出公电,陈述解决南北纷争的三项主张,放弃君主立宪,拥护共和政体,并提出具体建议。他还向孙中山和广东军政府表明支持态度。1919年五四运动后,他和李大钊等进步人士交往。1922年6月,陈炯明叛变后,他根据孙中山的意见,往返于京、津、保、沪之间,出入北洋军阀曹锟等人幕中,以纵横捭阖之术,为实现孙中山的革命主张而努力。其间,他参加了北京"反对帝国主义大同盟"的活动,积极营救被军阀逮捕的《京报》社长邵飘萍和《社会日报》社长林白水。

1927年,杨度与章士钊共同营救李大钊等35名共产党人未能成功。随后,杨度尽卖家中财产援助被反动派枪杀的共产党人家属。在大革命失败后的白色恐怖形势下,1929年秋,杨度经周恩来批准,加入中国共产党,秘密从事党的革命活动。次年初,他移居上海,以上海帮会首领杜月笙的"清客"身份为

杨 度

杨度旧居

掩护,开展党的地下工作,参加中国互济会、中国自由大同盟和中国社会科学家联盟的活动。1931 年逝世,终年 57 岁。

耦耕里平民学校旧址

耦耕里平民学校旧址位于天津市河西区解放南路东侧原棉纺二厂附近,该学校由中共天津地委委员卢绍亭、李培良于1924年创办,学校占地约300平方米,校舍30平方米,为青砖瓦房砖木结构。

中共天津地委建立后,把开展平民教育作为联系、教育、发动工农劳动群众的重要途径。1924年9月,卢绍亭和李培良在裕元纱厂附近的小刘庄耦耕里创办平民义务学校,招收工人补习文化,学员一律免费入学。他们无偿供给工人学员书本纸笔等学习用品,自编教材,为工人们授课。除学习文化知识外,他们还向学员讲述列宁是如何领导俄国十月革命胜利的。他们利用资本家、工头剥削欺压工人、体罚徒工的事实,揭露资本家剥削工人的本质,启发工人群众觉悟,传播劳苦大众以斗争求解放的真理。平民学校很快团结了200余名工友,培养出马筱峰、司呈祥、杨泽轩、张寿禄、白振东等一批积极分子,通过他们秘密在各工厂组建工会。不久,裕元纱厂、北洋纱厂各车间相继成立秘密工会。

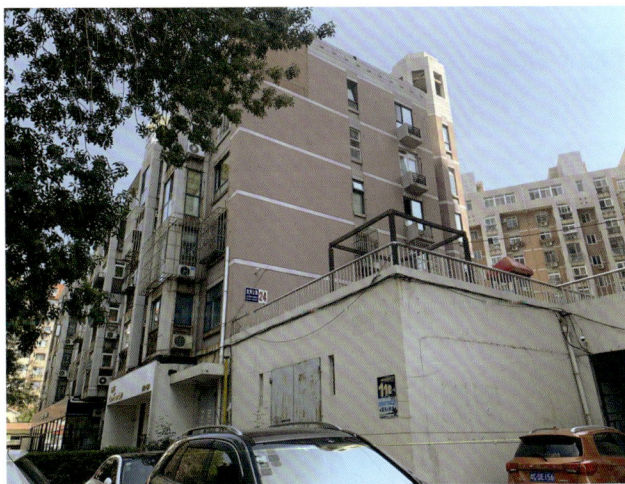

耦耕里平民学校旧址现状(龙海公寓)

1925年,李培良转到河东裕大、宝成纱厂附近另办平民学校,就近招收学员入学,亲自授课同时发展党员,并在宝成纱厂建立了第一个党支部。五卅惨案爆发后,卢绍亭和李培良组织并领导了裕元、北洋、裕大、宝成四大纱厂工人游行示威,有力地声援了上海工人的反帝爱国运动。

改革开放后,随着城市建设步伐的加快,耦耕里平民学校旧址已不复存在,代之以一幢幢拔地而起的高楼大厦。

北洋纱厂工运斗争旧址

北洋纱厂工运斗争旧址位于天津市河西区挂甲寺南北大街 1 号。

天津北洋商业第一纺织股份有限公司(北洋纱厂)是由天津敦庆隆洋布棉纱庄商业资本家纪锦斋联合 6 家纱布商号和 1 家银号集资创建的。1919 年开始筹备,1920 年动工建厂,1921 年 9 月 15 日开工生产。后因经营不善,1930 年 11 月改为北洋新记纱厂,1934 年 5 月又改为北洋公记纱厂。因债务累累,1936 年 5 月由债主金城、中南两银行组成的诚孚信托公司以 68 万元收买接办,成为诚孚公司所属的北洋纱厂,一直经营到 1949 年天津解放。

北洋纱厂有着悠久的工人运动斗争史。1924 年 5 月,邓颖超率女星社社员先后深入天津北洋、裕元、宝成、裕大等六大纱厂,调查研究工人状况,向工人宣传社会主义思想和革命道理,尤其注意启发女工的阶级觉悟。1924 年 9 月,中共天津地方执行委员会成立后,党加强了对工人、农民、学生、妇女和军队工作的领导,特别是大力开展工人运动,先后派党员、团员深入北洋、裕元等纱厂开展工作。1925 年 2 月,在党的领导下,北洋、裕元、宝成、裕大、华新等厂先后组建工会,有的厂建立了党的组织。为了便于斗争,上述几个纱厂的工会代表又组成了纺织工会联合会。从此,各厂工人紧密地团结在党组织和工会的周围,同资本家和帝国主义者进行了一系列斗争。8 月,北洋、裕元两纱厂工人同裕大

北洋纱厂旧址(已不存在)

北洋纱厂工运斗争旧址现状(天津湾嘉茂商厦)

工人共一万余人,将裕大纱厂公事房和一些机器砸毁,开展了著名的"砸裕大"斗争,推动五卅期间天津以工人为主体的反帝爱国斗争达到高潮。1929年五一劳动节时,傅茂公(彭真)在贺家口秘密召集北洋、裕元纱厂二三十名工人,向他们讲述五一国际劳动节的意义,介绍俄国十月革命的经验,对工人进行宣传教育,指导工人运动。此后,北洋纱厂工人在各级党组织和工会的领导下,不断提高觉悟,开展经济斗争和政治斗争相结合的工人运动,同帝国主义、封建主义和官僚资本主义反动势力进行英勇顽强的斗争。

新中国成立后,北洋纱厂更名为国营天津第六棉纺织厂。2003年,天津工业新一轮嫁接改造调整开始启动。在此形势下,棉纺六厂同海河两岸的其他纺织企业一起进行了迁址、东移,实施整体搬迁、整体调整、整体改造。其原址建起海景公寓、海河水上运动世界和天津湾购物广场等商住设施。

裕元纱厂地下斗争旧址

裕元纱厂地下斗争旧址位于天津市海河西岸小刘庄桥附近。

1925年初，新成立的裕元纱厂工会领导工人，针对厂警施暴、打骂工人的恶行开展了斗争。厂方由于惧怕工人闹事，被迫向工人们赔礼道歉，并开除打人的厂警。这场斗争的胜利，显示了工人的力量，也使工会的威信大为提高。

8月，裕元纱厂工会组织支援海河对岸裕大纱厂工人罢工斗争失败后，奉系军阀李景林对工人的罢工斗争进行残酷镇压。天津各界联合会、总工会等爱国团体被解散，许多进步刊物遭查封，各纱厂的资本家也借机对工人采取各种手段分化瓦解。面对严酷的形势，中共天津地委一面发动社会各界进行声援，一面秘密吸收工运骨干分子入党，发展壮大党组织。在地委书记李季达和工运委员李培良的直接帮助和培养下，裕元纱厂工人司呈祥、王益三、于思荣、白振东、马筱峰、何玉亭等先后加入党组织。不久，经天津地委批准，裕元纱厂党支部正式建立。

1936年，日商钟渊纺织株式会社以赊账形式夺取裕元纱厂，更名为公大六厂，将这里变为日本侵略者生产军需物资的战争工具。为反抗日本资本家的残酷剥削与奴役，1936年冬，共产党员田学昭（女）受中共天津市委委派，化名李秀珍考进工厂。进厂后，她与工人们同住工房，一同做着极为繁重的工作。工闲时，她与女工们唠家常，讲团结起来同资本家做斗争的故事，启发女工们的阶级觉悟。在她的团结带领下，公大六厂的工人们自觉组织起来，保护童工，破坏侵略者的军需生产，与日本资本家进行了顽强斗争，有力地打击了侵略者的嚣张气焰。

日本投降后，公大六厂被国民党官僚资

裕元纱厂党支部活动地点之一
——"老布场"厂房（已不存在）

164

本侵吞，改名为中国纺织建设公司天津第二棉纺织厂（简称中纺二厂）。为加强对该厂工运的领导，冀中区党委城工部先后派地下工作人员进入中纺二厂开展工作。1946年，按照北方局城工部的指示，中纺二厂建立党支部。党支部根据党在国民党统治区的工作方针，通过组织读书会等形式团结群众，培养骨干力量，发展党员，壮大组织。同时，通过组织罢工，揭露反动党团敌特分裂、瓦解工人队伍的阴谋。1948年，解放战争进入决胜阶段。为配合城市解放，保护城市与工业，厂党支部按照上级指示组织工人开展"反南迁"和"护厂"斗

裕元纱厂地下斗争旧址现状（龙海公寓）

争，使中纺二厂在天津解放后完好无损地回到了人民的怀抱。

1949年1月15日天津解放，1月17日，市长黄敬来到中纺二厂，向全体职工作了立即恢复生产、支援大军南下、解放全中国的动员报告。7月1日，中纺二厂党组织正式公开，党支部改建为党总支。1950年，中纺二厂更名为国营天津第二棉纺织厂。2005年，天津纺织企业进行重组，天津第二棉纺厂与其他纺织企业合并，迁址到河东区六纬路六号门17号，第二棉纺厂旧址被拆除。

裕元纱厂工会活动旧址

裕元纱厂工会活动旧址位于天津市河西区小刘庄富兴里2号，现已拆除。裕元纱厂工会曾于1925年初至1925年8月在这里组织工运活动。

1924年冬，裕元纱厂工会已秘密发展会员数十人，建立了工会委员会，经常在小刘庄耦耕里平民学校和吉祥里16号秘密活动。1925年初，迁至富兴里2号，成立办事处，进行半公开活动。此时，全厂有2700多人参加工会，各车间、科室普遍建立工会委员会。工会领导纱厂工人开展反对厂警打骂工人的斗争，并取得了胜利。

1925年5月，在中共天津地委委员李培良、卢绍亭的领导下，裕元纱厂工会联合宝成、北洋、恒源、华新等纺织厂工会建立天津市纺织总工会，在富兴里2号建立办事处。从此，裕元纱厂和附近纱厂工人运动连成一片，在党的领导下蓬勃发展起来。五卅惨案发生后，裕元纱厂工会负责人司福祥（司呈祥）、杨泽轩等组织5000多名工人参加反对日本帝国主义、声援上海工人的全市示威游行集会。8月，裕元纱厂工会负责人司福祥（司呈祥）、张寿禄等带领裕元纱厂1000多名工人支援海河东岸裕大纱厂工人罢工斗争。工人运动的蓬勃发展，引起反动当局恐慌，军阀当局挥起了镇压革命群众的屠刀。工人运动被迫转入地下，作为工会活动地点的富兴里2号也被迫停用。

裕元纱厂工会活动旧址现状（富裕广场社区）

贺家口段家胡同党的秘密活动点旧址

贺家口段家胡同党的秘密活动点旧址位于天津市河西区贺家口段家胡同,是一所红砖瓦房,现已拆除。

1925年至1927年,中共天津地委为加强对纺织行业工人运动的领导,在这里设置了办公机关。裕元、北洋两个纱厂的中共党员和工会领导人经常到这里汇报、研究工作,许多重大决定也是在这里作出的,地委书记李季达和其他一些领导干部曾住在这里。

贺家口段家胡同党的秘密活动点旧址现状

三义庄三吾照相馆
党的秘密活动点旧址

三义庄三吾照相馆党的秘密活动点旧址位于天津市河西区南昌路芜湖道交口处,现已拆除。

1925年至1927年,粟泽从苏联奉调回国任中共天津地委组织部部长,就在三吾照相馆楼上居住。当时,地委书记李季达和粟泽共同负责纺织、地毯行业党的工作和工人运动,经常到小刘庄、三义庄一带开展工作,秘密发展党员,组织工会,开展罢工斗争。1927年8月,秘密活动点遭到敌人破坏。

三义庄三吾照相馆党的秘密活动点旧址现状
（富力中心）

乾昌地毯厂工人罢工斗争旧址

乾昌地毯厂工人罢工斗争旧址位于特一区三义庄,今天津市河西区厦门路 43 号,现址为河西区养老服务中心。该厂为犹太裔美国人黑陆创办,雇用员工约 800 人,占地面积 8000 平方米,建筑面积 6600 平方米。

黑陆为获取最大利润,用非常残酷的手段对工人进行压迫和剥削。工厂大量招收童工,还强迫青壮年工人每日劳动 12 个小时以上。工人拼命干,工资所得却寥寥无几。工人得了病,不但不给治疗,还要停发工资,扣饭钱。因病没钱医治,惨死在荒草堆和街头上的工人屡见不鲜。由于生活毫无保障,地毯厂工人奋起反抗,罢工斗争经常发生。1926 年初,乾昌地毯厂 800 名工人,为了反抗帝国主义和资本家的压迫,先后举行两次全厂大罢工。乾昌地毯厂成为天津地毯行业中罢工次数最多的工厂,也是影响较大的工厂。

1926 年初,冯玉祥的国民军进驻天津,革命形势一度高涨起来,天津总工会迅速恢复活动。乾昌地毯厂工人第一次罢工后,总工会领导人认为,地毯业的工人为反抗剥削压迫进行的反帝爱国罢工斗争,表明工人们已经觉醒,应该帮助他们成立工会,指导地毯业工人运动更深入地开展。于是,总工会派李培良(时任中共天津地委委员)和陶亮(陶卓然,时任中共天津地委委员)与乾昌地毯厂的工人联系,并将天津地委出版的工人运动刊物《工人生活》及工运传单交给工人积极分子。经过宣传启发,很多工人表示坚决参加工会组织。按照党组织的要求,每两架机台 8 个人为一小组,选小组长一人;每四架机台 16 人为一大组,选工会干事一人。经过 10 余天的宣传发动,乾昌地毯厂工会秘密地建立起来。工人们在党的领导下,以崭新的姿态有组织地开展斗争。

第一次工潮过后,黑陆及印度打手们对工人又恨又怕,伺机对工人进行报复。黑陆决定在春节前解雇一批工人,命令工头们凡是干完活的机台不再上活。一名工人因外出回厂晚了,被看门的印度打手打伤。工友们非常气愤,找到总工会汇报此事。党组织立即决定,以厂方无理殴打工人为突破口,提出不准解雇工人、严惩打伤工人凶手等要求,派代表与厂方交涉。李培良、陶亮与工人代表研究了领导罢工斗争的具体计划,迅速将工人组织起来,成立敢死队、纠察队、交通队。李培良还起草了《罢工宣言》,呼吁各行业工人支援地毯业工人罢工斗争。为支持乾昌地毯厂的罢工斗争,裕元纱厂工会在李培

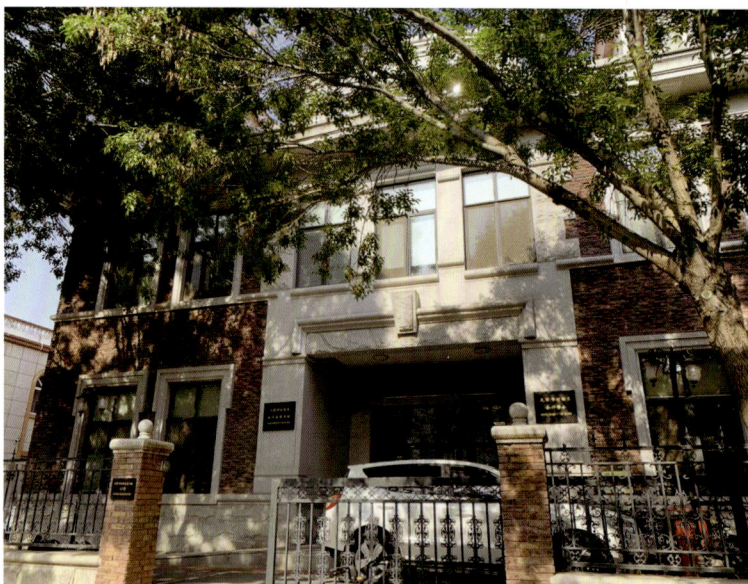

乾昌地毯厂工人罢工斗争旧址现状（河西区养老服务中心）

良的安排下，组织200多名工人赶来支援，迫使警察退出厂外。为营救被捕工人，李培良一面派人与总工会联系，一面组织工人坚持斗争，提出复工条件和释放工人代表的要求。但警方背信弃义，在工人复工当日把工人代表秘密抓到特一区公署。全厂工人立即组织起来，手持铁棍，冲到特一区公署示威，要求立即释放工人代表。在总工会的领导下，各行业工人对乾昌地毯厂工人的斗争给予了有力支援。在各方面压力下，资本家被迫接受工人的复工条件，罢工斗争取得胜利。这次罢工斗争在全市工人中产生了很大影响。刚刚成立的工会组织在斗争中显示出自己的力量。

五村农民反霸斗争遗址

　　五村农民反霸斗争遗址位于天津市河西区广东路西楼前街 24 号。这里原为西楼前街国术馆,是傅茂公(彭真)等领导五村农民开展反霸斗争,秘密进行革命活动的地点。

　　五村位于天津东南部,是五个比邻村庄的简称,包括小刘庄、小滑庄、东楼村、西楼村和贺家口。当时,这里居住着七八十户人家,耕地百余亩。清兵入关后,五村农民沦为清朝贵族的佃户,五村的土地由清朝贵族派出的"揽头"和"庄主"管制。北洋军阀统治时期,"揽头"李芪臣倚仗军阀的势力,肆意提高地租,妄想借此使农民放弃租佃,从而将土地据为己有。佃户曾多次自发地与之进行斗争,但均受挫失利。

　　1926 年底,傅茂公来天津从事工运工作。在与附近纱厂工人接触中,傅茂公了解到五村农民的情况,便着手组织、发动农民开展反霸护佃斗争。为了掩护斗争,傅茂公在西楼前街 24 号成立国术馆,以练拳习武为名商讨抗霸对策,培养农民骨干。1928 年底,傅茂公直接领导五村农民举行游行示威,抗议

1934 年《五村全体佃农哀告书》

五村农民反霸斗争遗址(西楼前街 24 号,已不存在)

171

五村农民反霸斗争遗址纪念亭——怀翁亭

"揽头"李荩臣肆意提高地租,迫使李荩臣不得不降低地租。这场斗争的胜利极大地鼓舞了农民斗志。

1934年,李家雇用律师,伪造契约,妄图全部收回五村土地的租佃。五村农民连同附近裕元和北洋两个纱厂的产业工人6000余人包围了法院。法官迫于压力,不敢轻易判决,只好无限期地拖延。通过这次斗争,农民取得了"不准收佃权""不交纳租金"的空前胜利。为了争取社会的广泛同情,五村农民请人写了一份《五村全体佃农哀告书》(原件现存河西区档案馆),并在全国范围内散发,把李家的恶行公之于世,引起社会很大反响。1935年,李家收买谦德庄的恶霸李珍,令其指使地痞流氓到村里寻衅闹事。傅茂公及时指示五村党支部,要把斗争矛头指向地主阶级,对地主收买的流氓要分化瓦解,使其不为地主所利用。在傅茂公的正确引导下,李家的阴谋再次破灭。五村反霸斗争一直延续到天津解放。

新中国成立后,天津市人民政府公布国术馆为市级文物保护单位。1997年西楼前街一带实施危陋平房改造,原国术馆连同周边的破旧房屋一同拆除,改建为新型居民住宅区和拥有大片绿地的西苑公园。为纪念傅茂公领导的五村农民反霸斗争,河西区委、区政府在西苑公园修建了"怀翁亭",以追思前贤,彪炳业绩,昭示后人,继往开来。

小刘庄赵家大院秘密交通联络点旧址

小刘庄赵家大院秘密交通联络点旧址位于原德租界中街南头的刘庄中街 38 号,今天津市河西区琼州道。

小刘庄赵家大院建于 1930 年,占地约 5 亩,院内有各种房屋 70 余间。大院的主人是天津富商赵翰墀(清末估衣街敦庆隆绸布庄首任经理)。

在新民主主义革命时期,这个大院曾是中共地下组织的一处秘密交通联络点。赵家孙辈、曾孙辈中,在抗日战争和解放战争时期参加革命的有 12 人。大院主人也曾主动将此处提供给地下党组织用于开展革命斗争。解放战争时期,大院曾作为省津中(今市三中)党支部开会地,还接待过天津地下党组织领导人张淮三(津委会秘书长、学委书记)、地下党员金爽(地下市委三人领导小组成员)、陈克非等,并提供食宿。党的地下工作者在大院内收听解放区广播,抄写后制成传单,供党员学习并在市内散发。

小刘庄赵家大院秘密交通联络点旧址现状

河北省立天津女子中学
——天津学生开展抗日救亡活动旧址

　　河北省立天津女子中学旧址位于天津市河西区南京路 5 号。其前身为 1895 年在梁家园博文书院旧址建立的天津北洋学堂(中西学堂)二等学堂,创办人为天津海关道盛宣怀。1910 年改建为德华中学。1919 年改名为特一区大营门中学。后又先后改名为直隶省立第一女子中学、河北省立第一女子中学、天津特别市立第一女子中学等。1945 年抗战胜利后改称河北省立天津女子中学。

　　新民主主义革命时期,该校在天津学生运动中产生了巨大影响,在抗战胜利后的一个阶段成为天津学生运动的中坚力量,是当时党的力量最强、参加斗争人数最多、学运搞得最活跃的学校之一。

　　1935 年一二·九运动期间,该校很多高中学生积极参加散发传单、游行示威等爱国运动。天津沦陷后,学校增设日语课,由日本人任教,学生对此进行抵制,并拒买日伪当局开办的新民出版社出版的教科书。1938 年学校建立了中共地下组织。在地下党组织领导下,广大爱国学生与日本侵略者的奴化教育进行斗争。中华民族解放先锋队(简称"民先")成员、初三学生徐永馨经常向周围人宣传抗日救国道理,揭露日本帝国主义罪行,她还介绍多名同学加入进步组织天津民主青年联合会(即"民青组织")。高中毕业后,她到仁立毛纺厂夜校去当文化教员,在工人中宣讲国际战争形势。日本投降前夕,学校已

河北省立天津女子中学旧貌

海河中学

有近 10 名党员,并建立党小组,还发展培养了一批"民青"成员和进步学生。

1945 年 9 月,省女中在进步学生的发动组织下,成立校自治会,统一领导全校的各种活动。此时,国民党政府教育部颁布《甄审收复区中等以上学生办法》,把沦陷区的学生、教员污蔑为"伪学生"和"伪教员"。12 月 31 日,在中共地下组织领导下,天津爆发大规模的反"甄审"请愿示威学生运动。省女中 600 余名学生中绝大多数参加这次请愿。

1945 年 12 月 1 日,国民党军警在昆明镇压进步师生爱国行动,制造一二·一惨案。为抗议国民党当局发动内战阴谋和镇压学生暴行,1946 年 1 月,中共天津工作委员会决定发动一次全市学生巩固和平大会和示威游行。1 月 25 日,天津学联在民园广场召开有 2000 余名学生参加的集会,会后在市中心举行示威游行。省女中的同学们积极参加这次活动,各班组成以党员或"民青"为主的进步同学战斗小组,开展宣传活动。她们召开各班班长联席会议,经过民主选举推选潘桂兰(中共党员)和唐风琴("民青"成员)为省女中学生自治会正副主席。省女中学生会积极配合天津市学生联合会,开展全市学生运动,最终取得反"甄审"斗争的胜利。

1946 年暑期,省女中高二学生张文琴接任第二届校学生自治会主席,她负责省女中党的工作,在地下学委领导下继续开展学运工作。这一时期,省女中的中共党员和进步力量在严峻的斗争形势下,努力排除国民党当局和校方阻力,组织发起多个读书会,开展阅读宣传革命思想的进步书籍活动,在学生中发起传唱进步歌曲活动,积极发展共产党员和"民青"成员。

1947 年 5 月 20 日,以南开大学和北洋大学学生为主,全市的进步学生举行"反饥饿、反内战、反迫害"示威游行。这次游行遭到国民党当局血腥镇压,许多学生被军警打伤。这一震惊全国的五二〇流血事件激起省女中进步学生的愤怒,她们冲破校方的阻挠和封锁,组织校内外各种串联活动,声援南开大学和北洋大学学生。此后,省女中学生更为经常地到南开大学参加进步活动,省女中学生运动不断高涨。

1948 年下半年,为做好接管城市的干部准备,党决定派一批进步青年到解放区进行短期训练。1948 年 7 月,省女中地下党员李慧勤、张跃珍在暑假期间被派往泊镇解放区学习一个月,开学后返回学校继续工作。在中共地下组织领导下,学校成立护校组织,坚持斗争直到天津解放,使省女中免遭国民党反动当局破坏。

1949 年 8 月,省女中被天津市人民政府接收,更名为天津市立第一女子中学。1968 年改为天津市海河中学。

"存义志友社"联络站旧址

"存义志友社"是新民主主义革命时期天津地毯业工人的护权联络站,位于天津市河西区大沽南路与西楼后街拐角处,原是一间9平方米的土坯房,周围是民房,现已拆除。该联络站建于1936年农历六月,由大丰地毯厂工人马金台召集乾昌、华泰、新新、鸿兴、庆生恒、美隆等十几个地毯厂30多名工人秘密协商组建。

1936年夏,马金台在文化补习夜校上学时,在教师阮务德(中共地下党员)培养教育下,萌发了革命思想。他想把工人们组织起来,与剥削者做斗争。马金台因喜欢京剧,联系的工人很多,首先发展李振华、张金耀、黄继道等人。他们经常聚在一起探讨对时局的看法。同年农历六月的一天,马金台召集大丰、乾昌、华泰、新新等十几个地毯厂的30多名工人,以唱戏、练武为名,组建了"存义志友社"的秘密工人组织。马金台向大家提出"四项约定":防备坏人告密;与会人员回厂后积极发动工友入会;先把大丰地毯厂工会组织搞起来,取得一定经验后,再进一步扩展;建立秘密联系站(由马金台筹资,在西楼后街拐角处租赁一间9平方米的土坯房,作为商讨事情的联络站)。

联络站建立后,加入"存义志友社"的工人一天天多起来。工人们下班后经常在这里聚会,研究如何开展斗争等问题。马金台计划在农历八月初,也就是资本家们按照惯例大批解雇工人之前,搞一次较大范围的罢工。1936年7月下旬的一个晚上,马金台召集各厂骨干在"存义志友社"联络站开会,决定先从大丰地毯厂开始,举行一次全厂性大罢工。8月5日晨,大丰地毯厂200多名工人开始罢工。工人们向资方提出三个条件:增加工人工资,由6元涨到8元;棒子面改为白面,吃熟菜;逢年过节不准无故解雇工人。大丰地毯厂经理宋寿承吓唬工人说:"现在市面上共产党活动得很厉害,你们可别受共产党的欺骗。"工人们呼喊:"我们不

"存义志友社"联络站旧址现状

懂这党那派,你得给我们涨工资,工资低没法活下去,家中老小没钱买粮,断顿了。"马金台说:"你不答应工人提出的条件,从今天起不干活了。"宋寿承迫于无奈答应了工人们的条件。三天后,资方向工人施压,强迫工人每天增加一些工作时间,工人们一核算跟没涨工资一样。马金台再次发动工人罢工,工人们提出加班必须加薪。宋寿承怕工人闹罢工赔钱,只好答应工人的要求。大丰地毯厂两次罢工取得胜利,地毯行业工人备受鼓舞。当时各工厂加入"存义志友社"的工人达7000余人,他们准备联合起来,搞一次大型的联合同盟罢工。

宋寿承特别憎恨马金台,于是想办法报复他。宋寿承以天津地毯同业公会副会长的身份,召开会员紧急会议,市内各个地毯厂经理100多人到会。宋寿承在会上大讲马金台聚众闹事、闹罢工的事情,资本家们大为震惊。宋寿承接着说:"马金台聚众闹事,现在他们正在准备举行一次联合同盟大罢工。马金台这人闹罢工,无非是为了吃好喝好。我提议,经理们可以集资一笔钱,把这人给收拾了。"宋寿承要求各厂按机台数量,每架机台出20块钱集资,如果不服从便开除会籍。会后一周,宋寿承陆续收到送来的银圆1万元,然后买通了当地政府官员秘密加害马金台。9月初的一天下午,大丰地毯厂来了两名便衣,绑架马金台后将他关进监狱。马金台被监禁半年后,经同乡程继贤取保获释。

尽管联合同盟大罢工的计划失败了,但马金台组织的"存义志友社"为地毯行业工人运动的进一步发展奠定了重要基础。

圣功女中
——中共天津地下组织活动旧址

　　圣功女中旧址位于天津市河西区马场道,该校原名为圣功学堂,由天主教会夏景如等人于1914年创办,校址在建设路,后迁址滨江道,1941年迁址马场道陶园(现马场道99号),改名圣功女中。

　　清朝末年,天津办学之风始兴,但当时所办公立、私立学校大多设在租界以外,私人出资在外国租界内办学的还很少。1914年6月,女教育家夏景如为普及教育,提出在租界设立学校。此主张得到天主教会神父李鲁宜、杨仁址与教友陈尽仁、英实夫等大力支持,并各自拿出钱财作为办学的费用,学校实行董事会领导下的校长负责制。创办之初,董事会聘英怀清担任校长。转年英怀清因家事而辞去校长职务,校董事会推举夏景如继任校长。学校定名为圣功学堂。

　　新民主主义革命时期,圣功女中有着光荣的革命历史。1937年中共地下组织负责人闫国珍等在该校组建"女同学会",开展抗日救亡活动。在学校内成立"三人小组",由魏鸿翔与张启兰负责。她们团结进步学生,宣传抗日救国,揭露日本侵华罪行。1945年,华北局城工部部长刘仁派地下党员秋晨到校领导学生运动。秋晨原名李健乔,在高一年级读书。她先后发展刁书芳、齐振勋等人入党,还发展了一批"民青"(天津民主青年联合会)成员。她们冲破教会的阻拦,组织该校学生开展"反甄审"斗争,参

圣功女中师生合影

新华中学(原圣功女中)

加反内战、反饥饿、反迫害游行。1948年,中共党员方纪文接受指示,全家搬入学校,开展护校活动,保护学校档案和校舍,迎接天津解放。

新中国成立后,圣功女中多次易名,1956年开始招收男生,1973年定名新华中学。

天津市人民印刷厂

天津市人民印刷厂位于天津市河西区解放南路327号磁卡大厦,其前身是协和印刷厂。

协和印刷厂由日本人小林德二郎于1938年初投资建成,次年开工生产,占地面积约9404平方米,建筑面积4690.3平方米。建筑为砖混结构,包括生产厂房、办公楼等。印刷厂东临台儿庄路,西达解放路,北侧是奉化道,南面为温州道,地理位置相当优越。日本战败投降后,1945年12月国民政府派出人员接收协和印刷厂,1946年1月3日复工生产。

1946年2月,中共地下组织在协和印刷厂秘密建立,负责人是崔景波,党员有韩万成、陈宝富、陈兆和、杨绍霖、吴东山、刘金城、杨宝树。天津解放前夕,地下党组织领导工人秘密开展保护工厂设备的活动。及时给机器加油换件,精心保养,为天津解放后顺利完整接管和迅速恢复生产奠定了基础。

1949年1月15日天津解放,以郭显明为组长的军代表接收国民党天津协和印刷厂。25日即恢复生产,开始印制人民币。1949年5月该厂由中国人民银行总行接管,定名天津市人民印刷厂,开始承

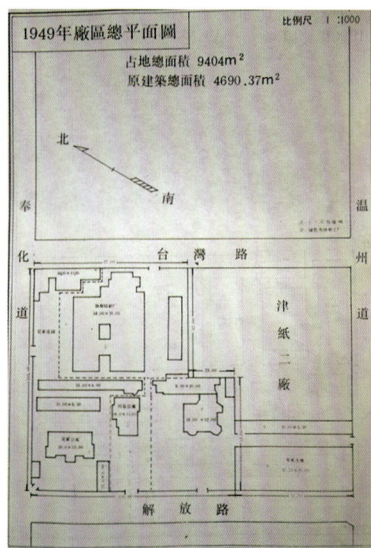

1949年人民印刷厂厂区总平面图

人民印刷厂现状

担中国人民银行部分印钞任务。改革开放以来,人民印刷厂不断与时俱进,开拓创新。1992 年更名为环球磁卡有限公司,1993 年挂牌成立并上市,更名为天津环球磁卡股份有限公司。

冀中军区地下军手枪队总联络站遗址

冀中军区地下军手枪队总联络站遗址位于天津市河西区下瓦房宝和里居民住宅区。

抗日战争时期,下瓦房宝和里是一大片平房,里巷相连,四通八达。宝和里6号是其中一个有六户人家居住的普通小院。1942年日本侵略者在华北地区进行"大扫荡",冀中军区为配合抗日根据地军民打破日伪进攻和封锁,在天津成立了地下军手枪队,联络总站设在下瓦房宝和里6号尚双凯家。为便于开展工作,手枪队化整为零,在市内及津郊地区设立11个联络站(即11个小分队),这里同时也是河西地区小分队所在地。联络总站的任务是为冀中解放区运输军需物资及提供军事情报,既接受上级通过交通人员送来的指示和任务,也负责联系汇报各分队的情况。

为便于在日伪军占据的大城市开展工作,手枪队队员通过各种社会关系打入汉奸组织"义侠队",取得了公开活动的合法身份。手枪队的活动以小分队为单位,河西地区分队利用各种社会关系,出色地完成了向根据地运输军需物资和医疗用品的任务。

1943年冬,晋察冀根据地缺少食用盐,上级指示手枪队要尽快想办法搞到食盐送往根据地。由于敌人对食盐实行严格的专卖控制,转运食盐必须凭护照方可通行。手枪队通过关系得到了护照,买到所需要的食盐,派可靠人员驾车,连夜将食盐护送出天津。沿途遇到敌人多次检查,都凭借持有的护照

冀中军区地下军手枪队总联络站遗址纪念牌

冀中军区地下军手枪队总联络站遗址现状

和"义侠队"身份证明通过。手枪队在抗日战争期间为根据地运送了大批物资,传递了许多敌方情报,为打败日本侵略者做出了贡献。

现在,作为冀中军区地下军手枪队总联络站旧址的宝和里平房已被拆除,取而代之的是新建的宝和里大楼。1991年12月,河西区人民政府将宝和里大楼公布为社区教育基地。

天津工商学院
——天津学生开展抗日救亡活动旧址

天津工商学院旧址位于天津市河西区马场道117号，现为天津外国语大学。天津工商学院于1920年筹建，1921年由管理天主教直隶东南教区（1924年改称献县教区）的献县法国耶稣会创办，是一所天主教大学，初名为天津工商大学。1933年更名为私立天津工商学院。

天津沦陷期间，大部分高等学校南迁，该校成为华北地区有较大影响的学校之一，有高镜莹、谭真、沈理源、阎子亨、马沣、侯仁之、朱星元等著名教授、专家在校任教。第二次世界大战爆发后，罗马教廷断绝了对该院的经济支援，日寇又多方干扰，学校面临重重困难。刘酒仁等校领导多方联系地方士绅捐助，使该院校务得以维持不辍。由重庆政府教育部"战区教育委员会"组织领导的秘密抗日团体——天津教育促进会成立后，刘酒仁等秘密参加了这个抗日团体。他们不顾个人安危，掩护抗日地下工作人员在津执行任务，并多方引导爱国学生到大后方为抗战出力，开展一系列抗日爱国活动。

1947年在天津学生"反饥饿、反内战、反迫害"运动中，该校学生与南开大学、北洋大学、耀华中学的学生联合行动，举行罢课，抗议国民党反动派镇压学生的罪行。在中共地下组织领导下，学校师生阅读进步书籍，积极开展革命斗争。1948年春，工商学院学生赴北京大学参加了北京、天津学生举行的

天津工商学院旧址

天津外国语大学

以"反饥饿、反内战"为主题的大联欢活动。天津解放前夕,学校成立护校委员会,防止敌人破坏,迎接天津解放。

    1948 年秋,天津工商学院改名为津沽大学。1952 年 8 月,津沽大学各学院并入其他大学,在原校址组建天津师范学院。1958 年夏天,扩建为天津师范大学。1960 年夏,更名为河北大学。1970 年 11 月,河北大学由天津市迁至河北省保定市,原校址被天津外国语学院(今天津外国语大学)使用。2013 年 5 月天津工商学院旧址被公布为全国重点文物保护单位。

志达中学

——天津学生开展爱国活动旧址

志达中学由张岫溪于 1933 年创办,校址初设于英租界 56 号路(现西安道小学校址),翌年 2 月增设天津私立志达小学。1937 年初迁址到特一区马场道 49 号,现校址为天津财经大学马场道校区。

1944 年,志达中学成立自发的学生进步组织——鸣新社,其成员三分之一是志达中学学生。鸣新社自办的刊物——《鸣新》周报,主要通过隐晦的方式表达对日本帝国主义的仇恨,还通过诗歌歌颂祖国大好河山,表达强烈的爱国主义情怀;刊载反对封建礼教的文章及如何做人的文章,倡导做一个有道德的、不随波逐流的人。周报在当时起到一定的启蒙、鼓动作用。鸣新社活动地点起初有三处:孙锡九家(昆明路梅友里 3 号)、马文元家(昆明路义德里)、李正之家(拉萨道金城里),后又聚集在阮同泽家(大理道 86 号)。鸣新社不断发展,前后共有成员 20 人之多,还团结了一些要求进步的同学。

抗战胜利后,志达中学的历届毕业生组织了志达中学校友会,筹办了一所志达平民义务小学。学校不仅向贫寒子弟传授科学文化知识,还宣传爱国思想、革命道理,使这些劳动人民子弟成为开展革命斗争的后备力量。后来学校又办了两个成人班,招收东亚毛纺厂等工厂的工人。学校教师教得热情,学生学得认真,校风正派,成绩显著,深受谦德庄一带劳动人民欢迎,学生最多时达到 200 余人。

1945 年 9 月,国民政府教育部公布《收复区中等以上学校学生甄审办法》和《收复区中等学校教职工甄审办法》两个文件,声称要通过考试对学生和教师进行甄别审查,不合格的要取消学籍或解聘。这件事激起广大师生的强烈不满。天津市 30 余所公立、私立大中学校,在地下党组织领导下成立天津学生联合会,采取统一行动,组织集会、示威请愿,与国民党当局展开了

志达中学旧貌

针锋相对的斗争。12月,22所中学决定在民园举行一次反"甄审"集会,并正式宣布天津学生联合会成立。12月31日,在市反"甄审"委员会领导下,全市教师学生开展集会示威,向国民政府教育局请愿。志达中学约30人参加。反"甄审"斗争,锻炼了学生运动骨干,进一步团结了广大师生。

天津市第四十一中学(原志达中学)

日本投降后,天津人民仍在苦难中挣扎,不少学生因经济困难而辍学,教师工资微薄,难以糊口。天津学生联合会决定,学习上海学生运动经验,开展敬师助学运动。志达中学学生积极参加这一运动,组织领导者是孙锡九和李正之。1947年5月,志达中学100余名同学响应市学联号召,参加五二〇反饥饿、反内战游行,抗议国民党发动内战的倒行逆施。

1952年,私立志达中学改为公立中学并更名为天津市第二十二中学。1955年该校高中部、1978年该校初中部先后并入第四十一中学。

上海纱厂工人罢工斗争旧址

上海纱厂工人罢工斗争旧址位于天津市河西区大沽南路 969 号。上海纱厂始建于 1937 年,由日本人开办,全称为上海纺织株式会社天津工场。建厂之初,该厂有纺锭 29948 枚,布机 700 台,职工 1410 人。厂长、技术人员和主要职员均为日本人。抗日战争胜利后,国民党政府中纺公司接收该厂,后改名为中纺四厂。抗日战争胜利前后,在党的领导下,该厂工人运动日渐高涨,影响较大。

1944 年冬,中共中央北方局城市工作委员会派遣中共党员李克简来天津开展地下工作,负责在工厂发动工人并建立党组织。1945 年春,李克简派达生纱厂刘元春深入上海纱厂开展工作。刘元春来到上海纱厂后,结识了左振玉、李鸿恩,认识了工厂一些职员,并通过他们团结了许多工人积极分子。1945 年 1 月,中共地下组织发动领导上海纱厂大罢工。在这次罢工中,工人积极分子发挥了重要作用,队伍进一步壮大,为此后建立厂工会奠定了良好基础。

8 月下旬,上海纱厂正式成立工会筹委会,左振玉任主任。这是抗日战争胜利后天津第一个工会筹委会。当时,上海纱厂被国民党接收,军警继续打骂工人,物价飞涨,工人生活仍处于苦难之中。在党的领导下,上海纱厂工人不断掀起"争生存、争民主、反饥饿、反迫害"的斗争。工会筹委会成立不久,由左振玉和苏志新等人出面代表全厂工人,要求按每一年工龄一匹布的标准,给每个工人发放恤劳金,以补助工人的困苦生活,并和附近棉纺厂联络共同行动,终于获得胜利。此举大大鼓舞了工人的士气。

10 月至 11 月间,左振玉、宋文鼎、苏志新、李希灵和李蕙 5 人加入中国共产党。11 月下旬,在土城左振玉家中成立了上海纱厂党支部。李克简任书记,左振玉任组织委员,刘元春任宣传委员。支委会研究决定,由宋文

上海纱厂工人罢工斗争旧址
(原天津市第四棉纺织厂,已不存在)

鼎在工厂子弟小学办工人业余识字班,并主编《业余自修周刊》,由李希灵协助并撰稿,李蕙负责刻字印刷,为正式成立工会做准备。工人业余识字班于 11 月底开学,有 40 余名工人入学。12 月,《业余自修周刊》第一期出版,刘元春撰写发刊词。周刊每期发到车间,并向外厂免费发行,受到工人欢迎。在党组织的宣传动员下,职工思想觉悟得到了提高。

12 月 14 日,为反饥饿、求生存,在纱厂地下党支部的领导下,全厂工人举行大罢工,并派出工人代表向天津社会局请愿。工人们在罢工期间向厂方提出以下条件:购买的玉米面,要由筹委会监督并进行投标。玉米面来后要蒸出窝头由大家尝定;不能随便任用私人,用人必须经筹委会认可;工人下班时不能搜身;职员要从工人中选拔。全厂工人齐心协力、团结斗争,罢工再次取得胜利。

12 月 20 日,中国纺织建设公司天津分公司成立,上海纱厂改名为中纺四厂。1946 年 1 月 10 日,中纺四厂工会正式成立。工会成立后,国民党反动当局对工人运动的捣乱、破坏活动接连不断,与中共地下支部争夺工会领导权的斗争日益激烈。对此,四厂地下党支部进行了针锋相对的斗争。1 月,在党支部领导下,工会组织全厂工人开展了要求改善工人境遇的斗争。工会正式向厂方提出:女工产假为56 天,产假期间工资照发;由于物价上涨,要求工资改发成实物,以保证工人生活;日本侵华时被开除的工人应全部复工;增加工资,要由工人自己进行评议;不许打骂工人;把厂内废料由工会卖出,作为工人福利和工会基金。在工会的强大压力下,厂方被迫答应先发面粉的要求,此后全市各棉纺厂也都照此办理。

5 月 4 日,为进一步改善工人境遇,中纺四厂和中纺五厂工会决定共同开展罢工斗争。中纺四厂工会代表去五厂联系商讨罢工斗争工作时,遭到国民党驻厂军警威胁和殴打。两厂工人忍无可忍,与驻厂军警展开搏斗。国民党当局本想出动军警进行镇压,但看到工人斗争势头很猛,且有多厂工人支援,不得不答应工会提出的以下要求:撤换驻厂军队;赔偿工人损失;惩办行凶的士兵。这次联合罢工的胜利,震动了全市,打击了国民党反动派的统治,在天津工人阶级革命斗争史上留下了光辉的一页。

1949 年 1 月天津解放后,市人民政府接管中纺四厂,定名为天津市第四棉纺织厂。20 世纪 90 年代,天津工业进行新一轮嫁接改造调整,棉纺四厂同海河两岸的其他纺织企业一样进行了迁址、东移、实施整体搬迁、整体调整、整体改造。

天津工商学院附属中学

——天津爱国学生反"甄审"斗争旧址

  天津工商学院附属中学旧址位于原英租界马场道,现天津市河西区马场道 117 号天津外国语大学。该校创立于 1923 年,是一所法国天主教耶稣会创办的私立学校,1948 年改名为津沽大学附属中学。

  1938 年,16 岁的赵恩沐成为工商学院附中的第一名中共党员,在校内积极组织读书会,发展进步力量,随后陆续有中共党员进入该校,学校地下"天津民主青年联合会"组织日益壮大,积极开展抗日活动,秘密印发内部刊物《课余杂谈》等。日本帝国主义占领时期,学校聘有日本教官,开设日语课,要求学生唱日本国歌,开展奴化教育。附中进步师生对此进行坚决抵制,有的学生还以破坏课堂秩序等方式,抵制日本侵略者推行日语。

  抗战胜利后,1945 年 9 月,国民党政府教育部颁布《收复区中等以上学生甄审办法》,把沦陷区的学生、教员诬蔑为"伪学生"和"伪教员"。12 月 31 日,在中共地下组织领导下,天津爆发了大规模反"甄审"请愿示威学生运动。附中师生形成反"甄审"统一战线,成为全市反"甄审"斗争中的一支重要力量。1946 年 1 月 25 日,天津学生联合会组织全市性大游行。口号是"反内战、争和平、声援'一二·一'昆明惨案中的受害学生,实现民主联合政府"。全市有 1.2 万多人参加了游行,附中学生有五六百人参

工商学院附属中学旧址

天津实验中学(原工商学院附属中学)

加。5月,在天津学生联合会开展的全市性"敬师助学"运动中,附中同学积极响应参与,并呼吁社会各界为处于饥寒交迫中的困难教师募集钱物。

1947年5月,校内成立了第一个党支部,由学生刘增祚担任支部书记。此时,天津发生五二○惨案,附中学生在刘增祚领导下开展了罢课声援活动。

天津解放后,该校由私立改为市立学校。1949年4月,学校地下党支部组织学生掀起参加南下工作团的热潮。在学生党员的带动下,附中有20余名学生积极报名南下,为全国解放战争胜利和新中国建设事业做出贡献。1954年,学校由河西区马场道迁至河西区平山道1号现校址。1956年改名为天津六十中学。1960年与市十一中学合并为天津师范学院附属中学。1970年改名为平山道中学。1981年改名为天津实验中学。

特一中学旧址

　　特一中学旧址位于天津市河西区徽州道人民公园（原荣园）东北角，占地面积8000平方米，建筑面积6600平方米。特一中学由北平燕京大学毕业生程抱信、单贵我夫妇创办于1932年7月。

　　建校初期学校教学质量较差，只要交纳高额学费，即可入校学习。因此，一些富家子弟为取得一张文凭，便到此就学。但学生中还有一批因参加学生运动被其他学校开除，在中共地下组织帮助下入校的进步学生。当时，从各校进入特一中和经解放区学习后委派到特一中的地下党员、"民青"队员和进步学生累计达30余人。这些进步学生因学习成绩优秀，进入特一中后，很快在同学中树立起威信，他们在学校积极开展各种形式的进步活动。

　　1946年下半年，国民党政府在天津各学校中进行"甄审"活动。在地下党组织领导下，天津爆发了大规模反"甄审"请愿示威的学生运动。特一中学在教务主任冠武支持下，召开全校学生大会，推选代表参加天津学生联合会，积极投入全市反"甄审"运动中。

　　1947年11月，特一中党支部秘密建立。地下党组织引导学生建立图书馆，阅读进步书籍，使他们受到进步思想的熏陶和影响。地下党员刘即名组织歌咏团，请来南开大学学生教唱进步歌曲。同时派学生到南开大学学唱反内战歌曲《不要打》，回校后开展反内战宣传。此外，还组织学生抵制伪

特一中学教职员工合影

特一中学旧址现状

国大代表选举活动。天津解放前夕,学校党支部组织进步学生在市民群众中散发人民解放军入城布告,开展护校执勤活动。解放军入城后,发动组织进步群众为解放军带路,攻打国民党军最后盘踞的耀华中学据点。

1949年7月,特一中学由天津市人民政府接管,改名为天津市立工业职业学校,不久改称天津市工科职业学校。1951年改名为天津市工业学校。该校区现为海河中学徽州道校区。

修德里2号党的秘密活动点旧址

　　修德里2号党的秘密活动点旧址位于天津市河西区刘庄大街，是1946年至1949年间党的一个秘密活动点，也是地下党员李鸿安、丁铁若夫妇的住宅，现已拆除。

　　1946年4月，李鸿安、丁铁若夫妇受冀中九分区派遣回津，以当教员为掩护，领导和组织中纺二厂工人运动和解放前夕的护厂斗争。修德里2号最里边的一间小屋是秘密召集厂内地下党员开会的地方。上级党组织领导人也曾来这里传达重要指示。为预防国民党反动派突然袭击，他们在锅台下挖一深洞埋进煤油桶，把秘密文件、材料及传单等藏在桶内，用石板盖好。为适应隐蔽斗争的需要，还在刘庄大街鲍家胡同旁边的三间临街房屋，以李鸿安父亲的名义开设恒发号米面铺，作为地下联络点。并在店内巧妙地修建了一个夹壁墙，以备紧急情况下藏身使用。

　　为迎接天津解放，李鸿安、丁铁若在修德里2号刻印传单和警告信，通过厂内地下党员投递出去，震慑敌人，鼓舞工人群众。他们还通过中纺二厂党支部，动员组织"工人纠察队"，开展护厂斗争。李鸿安亲自书写"工人纠察队"字样，组织一些活动骨干在这里制作"工人纠察队"的红色袖章。

修德里2号党的秘密活动点旧址现状（龙海公寓）

市立师范学校
——天津学生开展爱国活动旧址

市立师范学校旧址位于天津市河西区大沽南路津海桥东北侧。天津市立师范学校始建于1930年8月，校址在当时的河东特二区三马路西头海河边。1937年七七事变后，日本帝国主义占领天津，学校被迫停办。抗日战争胜利后，该校于1946年夏迁至河西区下瓦房大沽南路。复校后，中共地下组织在该校开展秘密工作，进行隐蔽斗争，扩大进步力量，先后发展3名学生党员。学生党员和教师党员一起接受校外党组织的领导。地下党组织还在学校建立党的外围组织"民青"（民主青年联合会）并发展会员。

1947年至1948年，在地下党组织领导下，该校进步学生以合法形式利用班会等机会开展社团活动，在校内演唱《黄河大合唱》《团结就是力量》等进步歌曲，以板报、壁报等形式开展政治宣传，组织读书会和秘密读书小组学习阅读《新民主主义论》《大众哲学》《简明社会科学教程》《母亲》《铁流》等党的理论和进步书刊。1948年下半年，根据地下学委指示，组织进步学生积极宣传《目前形势和我们的任务》和《中国人民解放军宣言》，使许多同学对新民主主义革命纲领、中国人民解放军八项基本政策，特别是关于保护工商业的政策有了更多的了解和认识，为迎接天津解放做好思想准备。

中共地下组织领导进步学生参加各种革命活动，地下学联还选派进步学生到解放区参加革命工作，为革命事业输送有生力量。为使这些进步学生尽快成熟起来，师范学校地下党组织在上级党组织领导下，于1948年暑假组织两批进步学生去解放区参加学习。通过学习，同学们的政治信念更加坚定，这也使更多同学向往加入党的组织和解放区工作。

天津解放前夕，师范学校的地下党员

市立师范学校

市立师范学校旧址现状（博轩园）

和"民青"成员根据地下学委的指示，加紧进行革命宣传，组织进步师生通过合法途径保护学校，开展迎接天津解放工作。1949年1月15日，人民解放军攻克天津，该校进步师生贴出标语，欢庆天津解放。1949年，市立师范学校更名为天津市师范学校。

1978年，经国务院批准，天津市师范学校复校，更名为天津师范专科学校。1996年4月，更名为天津师范高等专科学校。1999年4月，经教育部同意，市委、市政府决定撤销天津师范高等专科学校，并入天津师范大学。原校址今为博轩园住宅小区。

天津战役攻克灰堆战斗遗址

　　天津战役攻克灰堆战斗遗址位于天津市区东南部，东接何庄子，西临下河圈，南到北马集，北靠海河边。灰堆地理位置险要，为市区通向海口交通要冲，是兵家必争之地。清代在此设有军营。1937年7月，侵华日军占领天津后，在灰堆设大分公所，驻兵盘踞。1945年抗日战争胜利后，国民党军队派重兵把守。1948年底国民党天津警备司令部司令陈长捷为了防备解放军东北野战军从津南突破，采取环形防御，围绕灰堆构筑了坚固的工事。特别是利用南郊众多的石灰窑，在灰堆陈兵设防。灰堆国民党守军为津南支队，下辖4个保安团(第34团、第10团、第13团、第14团)近4000人，司令为少将旅长白英杰。

　　1949年1月2日天津外围战斗开始。1月6日6时30分，第46军(9纵)以第137师和138师两个师的兵力，配属野炮一个营(特种兵司令部炮1团2营)开始歼灭灰堆国民党守军战斗。战斗至下午1时胜利结束，攻克天津东南大门——灰堆据点，活捉国民党守军津南支队少将司令官白英杰。

　　天津解放后，市人民政府在灰堆设有天津战役攻克灰堆纪念碑亭，位于原灰堆十字街东侧国民党政府守军司令部旧址，现灰堆南北大街附近，已拆除。

天津战役攻克灰堆战斗旧址现状

解放天津攻城突破口遗址

解放天津攻城突破口遗址位于天津市城区南部的郁江道复兴河畔。弯曲的复兴河自西向东静静地流淌,河两岸树绿草青,繁花锦簇。河的北岸每隔一段路就有一座迷彩色的地堡,虎视眈眈地伏在那里,对岸河西区陈塘庄火车站院内耸立着一座解放天津攻城突破口纪念亭。

复兴河旧称护城河,始建于1947年。当时,国民党军队为对抗人民解放军解放天津,在天津东南部设置两道防御阵地,其中一道防御阵地自土城、陈塘庄、前后尖山至黑牛城,并在阵地外沿挖出宽10米、深4至5米的护城河,内筑高6米的土墙,每隔200米筑一座大碉堡,周围有子碉堡群,企图借此深沟高垒固守顽抗。

1949年1月14日,解放天津的战役打响后,根据解放军天津前线指挥部制定的"东西对进,拦腰截断,先南后北,先割后围,各个击破"的作战方针,上午8时,人民解放军46军对国民党天津城防南部防线发起攻击。在炮火支援下,46军138师从灰堆向上河圈、陈塘庄方向,159师(原冀热察独立7师)从纪家庄向八里台方向同时发起佯攻并占领部分阵地。9时40分,46军137师、159师以主力在前尖山南护城河桥(现河西区南围堤河立交桥附近)东西两侧地段发起强攻。由于地形不利,46军攻城部队几次强攻未能奏效。在调整部署后,人民解放军以强大火力压制住敌地堡群的火力,137师409团重新发起冲击,3营7连和1营2连的战士率先冲在前面,2连3排3班长吕树华高举"登城先锋"的红旗,率领全班战士跃出战壕冲向突破口。子弹像雨点般射来,吕树华中弹牺牲,战士于米福接过红旗继续前进。在通过第三道铁丝网时,于米福被刨倒,副班长罗开云接过红旗奋勇前进。通过护城河时罗开云身负重伤,于米福再次接过红旗,终于在13时32分登上城垣,将"登城先锋"的红旗插上城头。

随后,46军所属各部队乘胜追击,相继歼灭土城、杨庄子、福建路、西楼、马场一带的敌人,直插耀华中学,与其他攻城部队胜利会师。整个战役中46军共歼敌26337人,人民解放军也有491名同志英勇牺牲,2424名同志光荣负伤。

为纪念东北野战军46军胜利攻破津南国民党军城防,1992年八一建军节前夕,河西区人民政府和天津铁路分局陈塘庄车站,在陈塘庄车站内联合修建了解放天津战役突破口纪念亭。2002年复兴河疏浚改建工程中,河西区人民政府又在河的南岸建造了一座雕塑,以纪念革命烈士的英雄壮举。

2009年，解放天津攻城突破口遗址被天津市委、市政府公布为市级爱国主义教育基地。
2021年被公布为天津市革命文物。

解放天津战役突破口纪念亭

解放天津战役突破口纪念碑

智取国民党天津警察局第六分局旧址

智取国民党天津警察局第六分局旧址位于天津市第六区威尔逊路,今河西区解放南路,现址为海河中学。

解放天津战役中,六分局所在的街是人民解放军由市区南部向市中心前进的重要通道。因而,党组织要求在天津解放战斗中,特别部署力量,控制住六分局及其周围地区。

1949年1月15日凌晨,在人民解放军攻打天津的枪炮声中,中共地下党员、工人纠察队员何济广按照事前的部署,戴上红袖章,骑自行车只身从家奔往六分局。此时炮火仍在轰轰作响。约8点钟,何济广到达六分局门前,不断听到枪声,却不见纠察队其他队员。何济广暗想,是来晚了,还是来早了,是等一等大家一块进去,还是我一个人先进去?一个人进去困难当然要多一些,但这是党的命令啊,不能使党的工作遭受任何不应有的损失。他思索后毅然赤手空拳闯了进去。何济广进入六分局后径直找到警察局行政组长张鑫如, 并亮明自己的身份说:"我是中国共产党华北局城工部在天津的地下工作人员,跟你虽然头次见面,但我对你十分清楚。你的同学王良才、王威扬都是我的好朋友。他们都向我介绍过你。希望你要认清大局,弃暗投明,要当机立断,为共产党办事。天津解放已成定局,解放军马上就到,希望你不要丧失立功的时机。现在,你要完全听从我的指挥。"张鑫如听完后,站起来点头连声

智取国民党天津警察局第六分局旧址

说:"是,我愿立功,我听从你的指挥。现在,你让我干什么?"何济广说:"现在,你要办好两件事:第一,你先把分局的所有武器全部收齐,集中在大厅里。第二,你把分局局长叫出来见我。"当张鑫如把六分局局长孟昭培引出后,何济广命令孟昭培负责把枪支集中在大厅里。何济广顺手拣起盒子枪顶上子弹挂在身上。正在这时,何其浩、张鹤年带领纠察队员冲了进来。徒手的纠察队员们看到何济广脚下踩着枪支,每人顺手拿起一支枪顶上子弹。何其浩这时让六分局所有

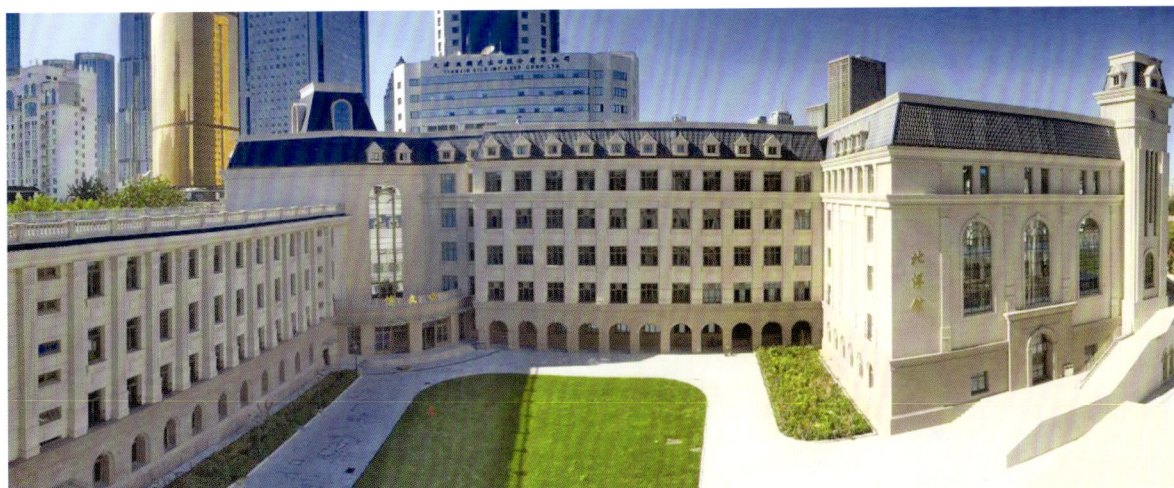

智取国民党天津警察局第六分局旧址现状（海河中学）

人员站好队,开始宣讲共产党进城政策《约法八章》。宣布政策后,命令孟昭培把"三册一档"(指枪册、人员册、户口册、局档案)交代清楚,并通知局属单位的负责人立即到局里集合。孟昭培均逐一照办。纠察队员分别在六分局门前及马路上布岗,并将一面大三角形红旗升挂于比邻六分局的省立女中操场旗杆上。这面红旗在空中高高飘扬,标志着这块土地上的人民已获得解放。

天津市警示教育中心

天津市警示教育中心位于天津市河西区宾馆南道 5 号。

天津市警示教育中心常设天津市全面从严治党主题教育展。展览于 2018 年初筹划建设,2019 年 2 月建成开展,展陈面积 7000 余平方米。天津市全面从严治党主题教育展由 10 个部分构成,其中包括 6 个主体篇章:"政治立魂篇""严管立威篇""纪法立行篇""警示立戒篇""党性立心篇"和"文化立信篇",每个篇章设 1 个展厅,另外还有序厅、尾厅、互动区、警示教育视频放映厅。

展览坚持以习近平新时代中国特色社会主义思想为指导,以党的政治建设为统领,以全面从严治党永远在路上为主题,从历史与现实、理论与实践等多个维度,充分展示中国共产党成立以来,团结带领依靠人民取得的伟大成就,特别是党的十八大以来坚定不移推进全面从严治党取得的历史性成就、发生的历史性变革。同时,通过对党的十八大以来天津市查处的违纪违法典型案件进行深入剖析,对崇高党性和廉洁文化进行深入挖掘,全方位强化对党员干部的政治教育、法纪教育、警示教育、廉洁教育,引导广大党员干部进一步增强"四个意识",坚定"四个自信",做到"两个维护"。

展览定位为政治教育展,重点面向全市党员干部和行使公权力的公职人员,同步辐射党校学员、基层党务工作者、"青马工程"学员、高校青年入党积极分子,兼顾群众、学生等社会公众。

开展以来,在分层分类组织全市各级党员领导干部、重点领域党员干部集中观展的同时,展览面向社会接受集体观展预约,取得了很好的教育效果,得到社会各界的广泛关注和高度评价。截至目前,

天津市警示教育中心外景

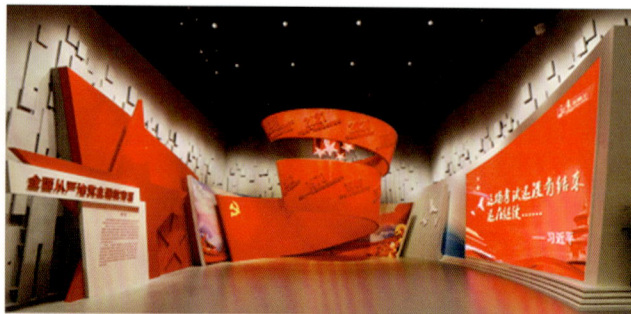

天津市警示教育中心展厅内景

天津市警示教育中心展厅内景

天津市警示教育中心展厅内景

共组织观展 2000 余场、接待 10 万余人。接待省部级及以上领导 100 余人、厅局级领导干部 3200 余人、处级干部 3 万余人;接待中央和国家有关部委、中央驻津单位观展指导 430 余场,接待兄弟省区市有关单位观展交流 50 余场。

2019 年 12 月,天津市警示教育中心全面从严治党主题教育展被评选为"天津市法治宣传教育基地"称号;2020 年 11 月,被授予天津市"巾帼文明岗"荣誉称号。

天津博物馆

　　天津博物馆位于天津市河西区越秀路与平江道交口的文化中心，是展示中国古代艺术及天津城市发展历史的大型历史艺术类综合性博物馆。

　　早在 1913 年，严修之子严智怡（1882—1935）等人就开始筹建天津博物馆。1916 年 4 月，严智怡等人在河北公园（今中山公园）内的商品陈列所成立天津博物院筹备处，并向社会征集展品，很快征集到自然标本 1400 种、古代文物 2300 种。1918 年 6 月 1 日，天津博物院正式举行成立展览会，会期两个月，观众达 2.8 万余人。会后，博物院迁入北宁公园东侧的旧劝业道署。1923 年 2 月 25 日，天津博物院再次开馆。

　　1928 年 11 月，天津博物院更名为河北第一博物院。1931 年 9 月河北第一博物院正式出版《河北第一博物院半月刊》，小八开本，每期四版。发刊主旨为"普及文化教育，并以此引起一般人对于博物馆之注意"。该刊物内容丰富，分自然与历史两大部分，涵盖动植物、化石、民俗、文玩、书法、绘画、甲骨等，少量涉及野外调查、古建筑介绍等。1935 年 1 月，河北第一博物院更名为河北博物院，并修正章程及董事会章程。天津沦陷后，1937 年 8 月，日军强占河北博物院院址，并抢走了绝大部分文物。剩余的极少部分文物由院长姚彤章等人运至天津市市立美术馆（天津市市立美术馆于 1930 年 10 月成立，馆

天津博物院筹备处人员合影

天津博物院

长为严智怡之弟严智开），并在美术馆内成立办事处。1941 年 1 月,河北博物院更名为天津特别市市立博物院,馆址位于河北区宙纬路；市立美术馆更名为天津市市立艺术馆。日本投降后,1945 年 12 月,天津特别市市立博物院改名为河北省立天津博物馆。

天津市市立美术馆

天津博物馆

1949 年 1 月天津解放,河北省立天津博物馆由天津市教育局接管,更名为天津市市立博物馆。

1950 年 11 月,天津市市立博物馆更名为天津市市立第一博物馆,改属天津市文化事业管理局。1952 年 10 月 20 日,天津市市立第一博物馆和天津市市立第二博物馆（前身为 1925 年成立的广智馆）合并,成立天津市历史博物馆,馆址位于南开区二纬路。同年底,天津市市立艺术馆并入天津市历史博物馆。1957 年 12 月天津市历史博物馆抽调其艺术部,成立天津市艺术博物馆。1968 年 11 月天津市历史博物馆、天津市艺术博物馆、天津自然博物馆和天津市泥人张彩塑工作室合并为天津市博物馆。1974 年 1 月,天津博物馆拆分为天津市历史博物馆、天津市艺术博物馆、天津市自然博物馆和天津市泥人张彩塑工作室四个独立单位。

2004 年 12 月 20 日,天津市历史博物馆与天津市艺术博物馆合并为天津博物馆,在友谊路 31 号的新建馆址落成开放。天津博物馆是一座历史艺术类综合性博物馆,是国内较早建立的博物馆之一。其收藏特色为中国历代艺术品和近现代历史文献、地方史料并重,现有古代青铜器、陶瓷器、书法、绘画、玉器、玺印、文房用具、甲骨、货币、邮票、敦煌遗书、竹木牙角器、地方民间工艺品及近现代历史文献等各类藏品近 20 万件,图书资料 20 万册,其中国家一、二级文物近 3000 件,1700 余件甲骨是馆藏的一大特色。镇馆之宝有北宋范宽《雪景寒林图》、清乾隆珐琅彩芍药雉鸡纹玉壶春瓶、西周太保鼎、黄玉猪龙等。天津博物馆自 2007 年底免费对外开放,2008 年被评为国家一级博物馆,是全国青少年爱国主义教育基地。

天津博物馆新馆位于天津文化中心区域内,于 2008 年开工建设,2012 年 5 月落成并对外开放。新馆地上五层,地下一层,层叠错落；内部空间设计融合了博物馆穿越时空隧道、连接未来之窗的理念,新颖独特。新馆总建筑面积 64003 平方米,其中展厅面积 14000 平方米,库房面积 11000 平方米。

新馆特设 2800 平方米的临时交流展厅,除了基本陈列和馆藏文物专题陈列外,可以不定期举办国内外大型临时性特展;可容纳近 400 人的国际报告厅,设施设备一流,能够举办大型国际学术交流活动。新馆的建成充分满足了博物馆陈列展览、藏品管理、学术研究、文物保护与修复、社会教育等功能需求,是天津地区最大的集收藏、保护、研究、陈列、教育为一体的大型公益性文化机构和对外文化交流的窗口。天津博物馆新馆常设三个基本陈列:天津人文的由来(古代天津)、中华百年看天津(近代天津)和耀世奇珍——馆藏文物精品陈列,重点展示天津在中国近代化进程中的历史意义和重要地位,以及中华民族在数千年文明进程中积淀的丰厚物质遗存。

南 开 区

天津广东会馆

——早期革命活动地

天津广东会馆位于天津市南开区城厢东路 257 号。1903 年动工兴建,1907 年落成,现占地面积 2768 平方米,是我国保存最完好的清式会馆建筑之一,也是全球众多广东会馆中规模最大、建筑最为精美的一座。

广东会馆建筑以四合院和戏楼为中心,四周辅以铺房、住室三百余间和林木葱郁的"南园"。戏楼为会馆的主体建筑,为木结构、木装修,以空间跨度大、设计巧妙和装饰精美而著称。广东会馆自建成后,就一直是支持中国民主主义革命和爱国运动的重要场所。

1912 年 8 月,孙中山先生北上途经天津时,同盟会燕津支部在广东会馆召开欢迎大会。孙中山先生在会馆戏楼舞台上发表题为"我中国四万万同胞同心协力何难称雄世界"的著名演说。1919 年五四

整修前的天津广东会馆大门

1992 年敬立于天津广东会馆的孙中山铜像

天津广东会馆外景

天津广东会馆戏楼

运动期间,恰逢五省旱灾,邓颖超和觉悟社社员及直隶第一女子师范学校的学生在广东会馆举行募捐义演。1925年五卅运动期间,中共天津地委组织纺织、印刷、海员、油漆、码头等20余个工会在广东会馆成立天津市总工会,开展革命活动。

新中国成立后,广东会馆受到各级人民政府的重视和保护。1985年,市政府对会馆进行全面修缮。1986年,市政府依此建立天津戏剧博物馆。馆内设有3个展室,收藏与戏剧有关的文物及藏品4000余件。1994年被公布为市级爱国主义教育基地。2001年被公布为国家级重点文物保护单位。2010年,天津戏剧博物馆被评为国家级优秀传统文化教育基地。

天津南开学校

——周恩来青年时代在津开展革命活动旧址

天津南开学校旧址位于天津市南开区四马路 20 号。

南开学校旧址内的东楼

周恩来曾经读书的教室及使用的课桌（保护罩处）

天津南开学校为南开中学前身，原称敬业中学堂，始创于 1904 年。1907 年新校舍第一座楼房——东楼建成，学校迁入新址，从此即称南开学校，是著名爱国教育家严范孙和张伯苓创办的南开系列学校的发祥地。作为南开学校主楼的东楼，为砖木结构的二层楼房，仿罗马式建筑，且具有中国民族装饰特色，楼顶端有龙形浮雕。楼内东侧为房间，西侧为走廊。楼上辟有 5 间教室，楼下除理化讲室和仪器室外，其余房间为校方办公之用。这里曾是周恩来青年时代读书的地方。

为纪念周恩来青年时代的光辉业绩，根据中共天津市委决定，1978 年将东楼按原样修复后建为纪念馆，同年 3

1917 年周恩来在南开学校毕业时赠同学的题词

211

月 5 日正式开馆,叶剑英题写馆名"周恩来同志青年时代在津革命活动纪念馆"。该馆的复原陈列有东西讲室和理化讲室,是当年周恩来上课的教室和开展社会活动的场所。1979 年 1 月 8 日,被公布为市级重点文物保护单位;1992 年,被公布为天津市青少年教育基地;1994 年,被公布为天津市爱国主义教育基地;1996 年,被公布为全国重点文物保护单位和全国中小学生爱国主义教育基地。2021 年,南开学校旧址被公布为天津市革命文物。

天津女界爱国同志会成立旧址

天津女界爱国同志会成立旧址位于天津市南开区东门里仓廒街经司胡同内的江苏会馆。

1919 年 5 月 5 日,北京五四运动的消息传到天津,直隶第一女子师范学校郭隆真、邓颖超等率先起来响应。经过 20 多天的筹备,5 月 25 日,天津女界爱国同志会在东门里仓廒街经司胡同内的江苏会馆(建于 1893 年)成立。该会由进步师生刘清扬、李毅韬、邓颖超、张嗣婧、王贞儒、郭隆真等发起组建。成立大会公推直隶第一女子师范学校校友刘清扬、直隶第一女子师范学校附小教员李毅韬为正副会长,邓颖超、郭隆真、张若名为评议委员,并选举邓颖超、郭隆真为讲演队队长。该会以直隶第一女子师范学校学生为主,还包括中西女学、严氏女学、贞淑女学的学生,还有部分女教师、其他职业妇女和思想比较开通的家庭妇女,共 600 余人。该会以"提倡国货并唤起女界爱国心"为宗旨,积极开展反帝爱国宣传,对妇女进行爱国主义教育,努力"唤醒同胞""唤醒妇女",与天津学生联合会、天津各界联合会一道,与卖国的北洋政府进行针锋相对的斗争。对此,李大钊给予高度评价。

天津女界爱国同志会的主要革命活动有三种形式:一是组织讲演队,在讲演所及围城四条马路设

天津女界爱国同志会成立旧址
(原江苏会馆,已不存在)

天津女界爱国同志会成立旧址现状
(南开区儒园公寓)

台开展对群众的宣传活动，宣讲五四运动的意义，宣传"外抗强权侵略""内除国贼""誓死不做亡国奴"，反对包办婚姻及"抵制日货""争取妇女自由平等"等爱国进步思想。二是举办妇女补习学校，组织家庭妇女学习文化知识，接受爱国教育。三是出版《醒世》(周刊)，宣传新思潮，提倡妇女解放。该会在天津五四运动期间，始终站在最前列。刘清扬、郭隆真、张若名、王桐华、武绍芬等 10 余人作为天津学生代表先后三次进京请愿。此外，她们还参加了天津的"双十节示威""九一廿九(民国九年一月二十九日)游行"等爱国运动。

天津女界爱国同志会成立旧址于 2003 年因城市建设需要被拆除。

觉悟社成立旧址

　　觉悟社成立旧址位于天津市南开区老城东南角草厂庵胡同41号，是一幢中西合璧式两层砖木结构的楼房，这也是五四运动时期天津学生联合会的办公场所，后因老城厢改造被拆除。

　　1905年天津实业家周学熙建造该楼，占地面积近336平方米。楼房为东西向，其门楼为平顶，门洞和窗门上端为半圆拱形，东侧为房间，西侧为走廊，楼梯设在走廊的南北两端。1919年9月16日，觉悟社成立大会在此处召开。参加成立大会的有天津学生联合会骨干周恩来、谌志笃、马骏等10人和天津女界爱国同志会骨干邓颖超、郭隆真、刘清扬等10人。会议推举周恩来为领导人，本着"革心·革新"精神，以"自觉·自决"为主旨，确定了觉悟社的活动宗旨、任务等事项，作出了入社条件、组织形式、出版社刊《觉悟》等十项重要决议。觉悟社规定，发展社员需要3人介绍，并经全体社员通过。社员采取委员制，大家分担社务，重大问题由全体社员讨论。社员对外以抓阄所定的号码为代号，又以号码的谐音为代名。如周恩来代号为"5"，代名为"伍豪"，邓颖超代号为"1"，代名为"逸豪"。9月21日，李大钊受邀来觉悟社进行座谈、指导。第一期《觉悟》出版时，就以此处为该刊的发行联络处，天津"童子军"组织领取宣传材料和物品也均在该处。

　　觉悟社成立后，很快就成为社员们学习马克思主义、研究社会新思潮的课堂。大家认真阅读研讨《共产党宣言》及《新青年》《每周评论》等刊物刊登的介绍马克思主义的文章。李大钊对觉悟社倍加赞赏，称之为"中国历史上的一个创举"。北京《晨报》也曾称赞道："觉悟社是天津学界最优秀、纯洁、奋斗、觉悟的青年结合的小团体，是天津的小明星。"

　　由于南马路和东南角一带靠近日租界，日本军警、宪兵特务、汉奸和日本浪人及流氓时常出没于此，觉悟社社员和"童子军"组织的联系非常不便。出于安全方面考虑，觉悟社

觉悟社成立旧址（南开区东南角草厂庵，已不存在）

觉悟社成立旧址现状（南开区东南角铜锣湾广场一带）

将社址迁移至法租界女青年会维斯礼堂的地下室及新学书院礼堂顶上的天文台室，后又迁移至河北区宙纬路三戒里。

天津第二通俗讲演所旧址

天津第二通俗讲演所旧址位于天津市南开区西北角西马路西门北六条胡同北侧路东。由天津教育家、"废庙兴学"的创始人林墨青先生创办。该处为铁罩棚的演讲大厅,进门迎面是讲台,前有讲桌,后有黑板,讲桌前为20多排长板凳,左侧为阅览室,备有白开水供人饮用。该所东西宽敞,南北各有平房,临街并无楼房,只是一面砖墙,挂着图片、宣传牌,以及报纸宣传要目,供路上行人注目观看。

讲演所地处当时商业不甚繁华的城西,但人烟稠密,每天听众以城中、城西的居民为多,出出进进,川流不息,不受时间约束,不收取门票。西郊、杨柳青、静海、霸县、武清等地农村人进城时,也经常进入讲演所休息。讲演所每天晚上都有学校教师进行宣讲,包括读报纸,讲故事,宣传好人好事,讲授科学文化知识,发挥了移风易俗、弘扬正气、倡导新风、开通民智的作用,深受社会民众欢迎。这里还经常组织演讲比赛。1919年五四运动期间,邓颖超、郭隆真等作为天津女界爱国同志会演讲队队长,曾在此处对群众开展"外抗强权""内除国贼""不做亡国奴""提倡国货""要求妇女解放""争取妇女自由平等权利""反对包办婚姻""男女社交公开"及移风易俗、改革社会风尚等内容宣讲教育。

天津第二通俗讲演所

20世纪30年代末,讲演所因资金短缺而停办。1939年天津遭受水灾,这里成为灾民避难的收容所。1993年因城市建设需要被拆除。

西马路旧貌

天津第二通俗讲演所旧址现状

南开大学校钟

南开大学校钟位于天津市南开区卫津路94号南开大学主楼后广场。原为铸于1878年的海光寺大钟，由德国克虏伯兵工厂铸造，重6500千克。德国政府将这座大钟作为礼物送给清政府，李鸿章将此钟安置于海光寺，并让天津机器局七名技师将《金刚经》全文刻于大钟上。之后，此钟辗转多处，在校长张伯苓的交涉下，移至南开大学校园作为校钟，安置于思源堂西南的钟亭内，以四根弓形梁柱做支架悬挂于两米高的台基之上，每逢南开大学毕业典礼时便鸣钟纪念。1937年七七事变后，日军进攻天津，南开罹难，校钟被日寇掠走，不知所踪。战后虽多方搜寻，最终仍下落不明。

现在的校钟是1997年南开大学被日寇炸毁60周年之际重新铸造的，重3000余千克，高1.937米，寓意南开人牢记1937年日寇侵华毁校的国耻、校耻。校钟正面为书法家康殷书写的"南开"两个大字，周身雕刻有60枚南开大学的校徽图案，寓意南开遭受日军轰炸后60载的历程。此外，校钟上还镌刻有校训、校歌和八十字的校钟铭文：

曾经的海光寺大钟

1997年重铸的校钟

南开大学学生在校钟前合影

河海泱泱，立学启庠；英彦蔚起，山高水长；
翔宇负笈，邦国之光；七七事变，仇寇肆狂；
毁我校园，景钟云亡；今兹重铸，宫声喤喤；
莘莘学子，济济堂堂；允公允能，蹈励发扬；
日新月异，科教腾骧；猗欤南开，宏业无疆。

2021年，南开大学建筑群被公布为天津市革命文物。

南开大学秀山堂旧址

秀山堂是南开大学的历史建筑,建于 1923 年,由北洋时期天津籍江苏督军李纯(字秀山)出资捐建,并以其名号命名。秀山堂为两层建筑,总高度 12.3 米,建筑面积 2780 平方米,是南开大学第一座教学楼,也是校园内第一座以捐资人名号命名的建筑。当时南开大学文、商科的教室、图书馆、大礼堂及行政办公室均设在秀山堂内。

李纯毕业于天津武备学堂,民国时期曾出任江西督军、江苏督军、浦口商埠督办等职。其虽系武人,却对乡梓办学"情有独钟"。他曾先后在天津河北三马路、河东关帝庙等地创办秀山小学三处。1919年严修、张伯苓离津南下,筹措创办南开大学经费,李纯积极响应,广泛募集。1920 年李纯去世,生前立下遗嘱将其遗产的四分之一——约 50 万元捐助给南开大学。李纯因此被校董会推为南开大学创办人,并铸铜像以兹纪念。

1937 年侵华日军轰炸南开,秀山堂被炸毁。1971 年在原址基础上重建地上一层和部分二层,作为南开大学附属幼儿园使用。

南开大学秀山堂原貌

被炸毁的南开大学秀山堂残迹

南开大学思源堂

思源堂位于天津市南开区卫津路 94 号南开大学校园内中心花园的南侧。始建于 1923 年，1925 年落成投入使用，由美国罗氏基金团（现为洛克菲勒基金会）与企业家袁述之捐资兴建。命名"思源堂"，既是教育南开大学学生饮水思源，也有感念袁述之先生之义。

思源堂为三层混合结构楼房，建筑面积 3952 平方米，外立面为清水红砖墙面，正面设有由六根立柱支撑的入口门廊，底层半层"卧"入地下，是一座具有古典主义建筑特征的欧式建筑。思源堂建成后，为南开大学理工系科使用，理科四系的教室、实验室、图书馆、应用化学研究所均设在馆内。

1937 年抗日战争全面爆发后，南开大学遭到日军飞机轰炸，校园内楼房被夷为平地，唯有思源堂虽中弹起火，千疮百孔，但依旧傲然矗立在校园内，见证着南开大学的风雨沧桑。1945 年，思源堂作为南开大学仅存的老建筑得以修复。新中国成立后，思源堂由南开大学化学学科作为教学楼使用，后为南开大学医学院使用。2004 年，经南开大学研究决定并获天津市文物局批准，对该建筑进行了清洗和修补，目前该建筑为重点保护等级历史风貌建筑。

思源堂被日军飞机轰炸前后景象

经清洗和修补后的思源堂

南开大学芝琴楼

芝琴楼位于南开大学八里台校区校园内,占地约 800 平方米由张伯苓好友陈芝琴先生捐建。

芝琴楼是南开大学最早的女生宿舍楼。学校自开办后的第二年便招收女生,实行男女同校。刚建校时由于学生比较少,上课、住宿都在教学楼里。到 20 世纪 20 年代末,南开大学在校学生人数已超过 400 名,女生也有几十人,建造一座专门的女生宿舍迫在眉睫。1929 年陈芝琴慨捐 3 万元建造女生宿舍楼,选址秀山堂以西,1931 年建成后命名为"芝琴楼"。

芝琴楼建成后,学校专门安排了女生指导员,在女同学自治会的配合下管理女生宿舍。当年芝琴楼前遍栽桃花,成为南开大学校园内一处独特风景,这里还流传着一个南开师生抗日爱国的故事。

1931 年九一八事变后,日本加紧侵略中国,驻扎在天津海光寺的日本兵几乎每天都要到南开大

南开大学芝琴楼

芝琴楼现为校友总会及实验室科学杂志社使用

学校园内寻衅滋事。他们得知芝琴楼是女生宿舍,就不怀好意扬言要在楼周围种上日本的国花——樱花。张伯苓校长得知后马上找人商量对策,连夜在芝琴楼周围种下桃树。日本人发现后虽心有不甘,却也无可奈何。

1937年7月,日寇野蛮轰炸南开大学,芝琴楼二层以上全部被炸毁,一层大部分受损。抗战胜利后,芝琴楼经过修缮仍作为女生宿舍。后又几度损毁,几度修复,至今依然矗立在南开大学的校园里。芝琴楼虽不醒目,却承载了几代爱国人士对南开大学的殷殷守护之情,这背后的故事永远值得我们铭记。

南开大学八里台校区
——解放战争时期天津地下党组织 "北系""南系"活动重要阵地

  天津市南开区卫津路94号南开大学八里台校区是解放战争时期天津地下党组织 "北系""南系" 活动的重要阵地。

  1946年秋,南开大学复校后,随着部分党员从外地转入,校内党组织力量得到了加强。当时,校内地下党组织分属"北系""南系"等不同系统。"北系"为中共中央华北局北平学委领导的党组织,1947年6月建立以沙小泉为书记的党支部。"南系"为中共中央南方局平津工委领导的党组织,1947年10月建立以刘淼为书记的党支部。此外,还有中共中央冀察热辽分局领导的党组织,王祖陶为负责人。南开大学教师党组织,原属"南系",1948年初夏独立建制,由胡国定负责。按照组织原则,各系统党组织互不联系,单独开展工作,但在领导全校性学生运动时密切配合,统一行动。

南开大学八里台校区

1947年5月18日，
南开大学虹光剧社公演反内战话剧《凯旋》

1948年5月4日，南开大学师生在思源堂前纪念五四运动

　　为加强对迎接天津解放工作的组织领导，1948年11月，华北局城工部传达党中央指示，"南系""北系"等地下党组织合并，统一由华北局城工部领导。平津分别成立迎接解放行动委员会。按照上级党组织要求，南开大学校内各系党组织合并，成立中共南开大学总支部委员会，下设4个支部，由刘焱任总支书记。学校地下党组织不断发展壮大，全校党员最多时达到近百人。同时，党组织领导的"民主青年同盟"（简称"民青"）和"民主青年联盟"（简称"民联"）等一批外围组织在进步学生中得到比较广泛的发展。党员与"民青""民联"成员积极宣传党的政策，争取和团结广大师生，不断发展进步力量，建立了广泛的爱国民主统一战线。

　　南开大学地下党组织从复校开始就积极开展群众工作，利用学生自治会争取学生中的多数，使学生自治会成为学生运动公开的领导机构。在党组织推动下，全校绝大多数进步社团联合起来，成立南开大学社团联合会，成为党领导学生运动的重要力量。地下党组织派专人重点负责做学校中影响大、声望高的教授的工作，争取他们支持爱国民主运动，反对蒋介石的独裁统治。同时，加强校内工友工作，在工友中秘密发展党员和党的外围组织成员。

　　在党组织的领导下，南开大学师生积极投身同国民党反动派进行斗争的第二条战线，先后开展抗议美军暴行、反内战、反饥饿、反迫害等爱国民主运动。随着人民解放战争的节节胜利，南开大学地下党组织按照上级党组织的指示，积极宣传党的城市政策，动员输送进步学生到解放区接受培训，开展对国民党政要和天津各界人士的统战工作，组织全校师生进行反南迁斗争和护校斗争，为迎接天津解放和新中国诞生做出了重要贡献。

《天津导报》地下发行站旧址

《天津导报》地下发行站位于天津市南开区西南角故物市场后徐家胡同 16 号(中共地下党员左健家),后改为南门西太平庄刘家胡同 14 号。1993 年两处旧址在城市建设中被拆除。

1945 年 8 月 15 日,日本宣布投降。8 月 28 日,中共冀中区党委根据中共中央指示,建立中共天津工作委员会(对外公开称天津解放委员会,简称"津委会"),统一领导抗战时期发展起来的各系统地下党组织。为加强党的宣传,及时指导工作,9 月 20 日,津委会作出《关于出版〈天津导报〉及建立通讯发行工作的决定》。

《天津导报》于 1945 年 9 月 30 日创刊,12 月上旬停刊,出版 25 期,社址设在津委会所在地河北省霸县胜芳镇(后迁至杨芬港),社长和总编辑均由中共天津工委宣传部副部长娄凝先兼任。该报内容丰富,形式多样,篇幅短小精悍,刊发大量国内外消息。《天津导报》出版后,一般是由报社交通员负责

《天津导报》地下发行站旧址

(南门西太平庄刘家胡同 14 号,已不存在)

《天津导报》创刊号

《天津导报》地下发行站旧址现状(城南家园)

向地下发行站送报,秘密运到天津市内发行。中共地下党组织派天津地下学委委员左健做发行工作。《天津导报》3 天一期,每期约印 1000 份。市内地下发行站的发行原则是:第一,遵照"全党办报的方针",按照组织系统,动员全党发行;第二,发行要迅速,要以最快的速度分发到工厂、学校和社会上去;第三,要注意保密,不要因为发行工作而暴露党的组织。《天津导报》创刊后在市内发行,引起国民党天津当局的恐惧。在驻津美军的支持下,国民党天津当局加强了对城市边缘区岗卡的盘查和对市内的控制,对出入市区人员进行严格检查,报纸从市外进入市内十分困难。鉴于这种情况,津委会决定 12 月上旬停办《天津导报》,市内地下发行站的工作也宣告结束。

读者书店旧址

读者书店旧址位于天津市南开区东门外袜子胡同 49 号。

读者书店筹备于 1946 年 5 月。当时天津的进步文艺理论书籍较少，满足不了知识青年的文化需求，中共地下党员赵光谦、骆群及他们的同学李秉谦三人商议，创办书店以满足进步青年用书。在中共天津地下组织的支持下，1947 年 7 月 6 日书店开业。读者书店理事会由李秉谦、赵光谦、骆群、任希儒、刘道庄等组成，后又增加了王更生、冯国良。开业前，召开了第一次理事会会议。会议确定办店宗旨，不以盈利为目的，以宣传新文化新思想为目的，股东就是读者，读者就是股东，面向学生、工人，出售进步书刊。会议决定每季度召开一次理事会会议，研究书店工作，并一致推选李秉谦担任经理，赵光谦担任副经理兼管账务工作。

读者书店开业后，立刻吸引来许多知识青年。书店发行的图书大体分三类：第一类是上海出版的一些公开发行的进步书刊；第二类是党在香港出版的一些革命书刊；第三类是解放区出版的书籍（为麻痹敌人，封面大多进行了伪装），如《新民主主义论》《人民公敌蒋介石》等。同时，还根据读者需要，及时选编和翻印一些有关民主与革命、政治与生活、知识分子思想修养等类型的小册子。为麻痹敌人，避免被监视、被搜查，店内书刊陈列五花八门，第二、第三类书刊的发行主要依靠一些学校文化服务社。随着革命形势的发展，书店的影响力不断扩大，进步书刊的阅读量也在不断增多。天津解放前夕，书店还将地下党组织送来的《华北人民政府告工商界书》《解放区的工商业税政策》《中国人民解放军天津前线司令部布告》等宣传材料，油印后寄给国民党各级政府和有关单位的官员们，起到了警告和瓦解敌人的作用。

读者书店旧址现状（南开区古文化街一带）

天津解放后,读者书店正式成为国营出版发行单位,隶属中共天津市委宣传部。该书店后迁到东北角单街子14号(红桥区估衣街内)。1950年5月1日,根据市委宣传部指示,读者书店与知识书店合并,原址改为民宅,2003年因城市建设需要被拆除。

毛泽东列车经停处

　　毛泽东列车经停处位于天津市南开区观园公寓社区内。此处矗立着火车头造型的纪念牌,以及隐约可见延伸向前的铁轨。

　　20世纪50年代,毛泽东到天津市南开区王顶堤村视察工作。随后天津在此修建了铁路专用线,又称"红旗线"。此后的十几年间,毛泽东乘坐的列车每次到达天津都会在此停靠。纪念牌上详细记载了1961年毛泽东在列车经停"红旗线"时对地方工作的指示。1961年12月19日,毛泽东乘坐的列车停靠天津,时任地方主要负责人李雪峰、林铁、刘子厚、阎达开、万晓塘等人到专列上向毛泽东汇报工作。毛泽东对他们说:"我们共产党人是为人民办事情的,是为人民服务的,不能做官当老爷。生我者父母,育我者人民;如果不为人民办事情,还要我们这些共产党人干什么……"一声声叮咛、一句句嘱托,是毛泽东主席始终心系百姓、执政为民深厚情怀的生动彰显,更是他始终践行全心全意为人民服务根本宗旨的集中体现,为中国共产党人树立了良好榜样,为党的事业发展指明了前行方向。

　　"红旗线"同时与"陈塘线"相接,也曾为其他中央领导人出行服务,20世纪90年代中期停止使用。

毛泽东列车经停处火车头造型纪念牌

隐约可见的铁轨

天津市档案馆

天津市档案馆位于天津市南开区复康路 11 号增 1 号,成立于 1964 年 1 月,是全市永久保管档案基地,现为全国省级馆藏逾百万卷的综合档案馆。2018 年 11 月 22 日,按照全市机构改革工作统一部署,天津市档案馆(天津市地方志编修委员会办公室)正式揭牌成立。天津市档案局(市档案馆)行政职责划入市委办公厅,市档案局(市档案馆)行政职责以外的职责与市地方志编修委员会办公室的职责整合,重新组建市档案馆,加挂市地方志编修委员会办公室牌子,作为市委直属事业单位。主要职责是贯彻执行有关档案、地方志工作的方针政策、法律、法规、规章,接收、征集、保管、整理、鉴定、开发全市重要档案资料并对外提供服务,拟定全市地方志、年鉴工作规划并进行组织、指导和审查验收,搜集、整理、管理并开发利用地方志文献和地情资料。

天津市档案馆具有良好的档案保管条件、现代化的安全保护装备和先进的档案利用服务设施,建有国内一流的档案特藏珍品库和档案修复基地。截至目前,馆藏档案近 1200 个全宗、170 万余卷。此

天津市档案馆

外还保存大量非纸质载体档案,如录音磁带、录像带、开盘带、光盘及实物档案。馆内所藏档案涉及政治、经济、文化、科技、教育等各个领域,真实记载了天津近代特别是清末以来各个时期的发展历程,具有重要的凭证作用和较强的研究价值,对于研究天津历史具有重要意义。2011年成立近代天津历史研究中心,开展近代天津档案史料的编辑研究及学术交流工作。先后编辑出版天津近代金融档案系列丛书、"北四行"档案史料选编、近代天津历史人物传略丛书等档案史料和历史文化书籍、地情资料丛书、地方史研究丛书、旧志整理成果等,并常年举办"天津城市记忆展"等主题展览。

1994年被天津市委公布为天津市爱国主义教育基地,1996年加入国际档案理事会城市档案馆委员会,1997年被评为国家一级档案馆,2008年政府信息公开查阅服务中心揭牌启用,2011年被国家档案局首批列为全国中小学档案教育社会实践基地。

周恩来邓颖超纪念馆

　　周恩来邓颖超纪念馆位于天津市南开区水上公园西路 9 号, 毗邻风光旖旎、景色怡人的天津水上公园风景区, 占地 70000 平方米, 建筑面积 13411 平方米, 隶属天津市文化和旅游局, 前身为位于南开中学东楼的周恩来同志青年时代在津革命活动纪念馆。1996 年 12 月 23 日经中共天津市委、天津市人民政府决定, 报请中共中央批准后奠基开工, 并于 1998 年 2 月 28 日在周恩来诞辰 100 周年纪念日前夕隆重开馆, 2010 年 6 月 12 日完成第一次改陈, 2021 年 7 月 1 日完成第二次改陈, 并重新对外开放。

　　馆内基本陈列分为四大展区, 即主展馆、仿建的北京中南海西花厅展区、周恩来总理专机展区和"新海门"号船舶展区, 布局有致, 别具一格, 既独立成篇、各具特色, 又相辅相成、联系紧密。主展馆一层为"人民总理周恩来"展览, 二层为"廉以修身、正以持家——周恩来的家风"展览, 三层为"20世纪中国妇女的杰出代表邓颖超"展览; 仿建的西花厅展区设有复原陈列和主题文物展"伟大的情

周恩来邓颖超纪念馆

纪念馆内场景

纪念馆内场景

纪念馆内展陈

纪念馆内的中南海西花厅周恩来办公室复原场景

怀";周恩来总理专机展区陈列着苏联政府赠送给周恩来的伊尔–14型678号飞机;"新海门"号船舶展区陈列着1992年承担邓颖超骨灰撒放任务的"新海门"号船舶。陈列展览主题突出、内容丰富,通过文物、图片、复原场景、图表、艺术品、高科技展项等,生动再现了周恩来、邓颖超光辉灿烂的一生,以及他们为祖国、为人民鞠躬尽瘁的优秀品质和崇高精神。

周恩来邓颖超纪念馆是全国爱国主义教育示范基地、全国廉政教育基地、全国民族团结进步教育基地、国家一级博物馆和国家AAAA级风景名胜区。

张太雷烈士纪念室

　　张太雷烈士纪念室位于天津市南开区卫津路 92 号天津大学校内。始设于 1998 年,为纪念张太雷诞辰 100 周年而建。2011 年,在中国共产党成立 90 周年之际,天津大学重建了张太雷纪念室。纪念室集中展示了 120 余幅历史照片和一些珍贵物品,包括张太雷使用过的毛毯及北洋大学毕业文凭等,这些照片和实物真实地记录着张太雷光辉而短暂的一生。

　　张太雷(1898—1927),江苏常州人。1915 年进入北洋大学(现为天津大学)预备班学习。1919 年在天津参加五四运动。1920 年参加中国共产党北京早期组织。同年创建天津社会主义青年团。1921 年赴苏俄任共产国际远东书记处中国科书记。1922 年在中国社会主义青年团第一次全国代表大会上当选为团中央委员。稍后,赴苏联莫斯科东方大学学习。1925 年在中国社会主义青年团第三次全国代表大会上当选为团中央书记。在中共第四次全国代表大会上当选为中央候补委员。1927 年在中共第五次全国代表大会上当选为中央委员,后任中共湖北省委书记。同年 7 月中共中央改组,当选为临时中央政治局常委。在八七会议上当选为临时中央政治局候补委员,调任中共广东省委书记。9 月至 11 月任中共中央南方局书记。12 月参与领导发动广州起义,任广州苏维埃政府人民海陆军委员、广州苏维

五四运动中,张太雷与天津各校学生
举行声援北京学生的示威游行

张太雷烈士塑像

天津大学东门

张太雷纪念室

埃政府代主席。1927年12月12日,在广州指挥战斗时英勇牺牲。

为纪念张太雷烈士,天津大学于1985年建校90周年之际,在校内新落成的北洋广场建立张太雷烈士半身铜像。铜像底座四周镌刻着徐向前、聂荣臻和胡耀邦的题词。同年8月1日,在天津大学北洋广场举行了张太雷塑像揭幕仪式。1994年,在校园文明建设活动中将张太雷烈士铜像前的南北主干道命名为"太雷路"。1995年,在天津大学校庆100周年时,在张太雷铜像对面修建了"北洋园",园中仿造当年北洋大学主楼的门楼,以示"太雷望母校,母校念太雷"。

1998年,张太雷纪念室被天津市委、市政府公布为市级爱国主义教育基地。

严修、张伯苓纪念园

　　严修、张伯苓纪念园位于天津市南开区卫津路 94 号南开大学中心花园。这里敬塑着学校创办人——校父严修和校长张伯苓的半身铜像。每逢他们的诞辰和校庆纪念日,南开师生和校友都要到此凭吊。

　　严修(1860—1929),字范孙,祖籍浙江慈溪,是中国近代著名教育家、学者,也是革新封建教育、推进教育现代化的先驱。严修幼年受传统教育,饱读经籍,曾历任清朝翰林院编修、贵州学政、学部侍郎等职。他积极倡导新式教育,曾上书光绪皇帝奏请开设经济特科,改革科举制度,后辞官回津,将严氏家馆作为兴办新式教育的基地。1904 年任直隶学校司督办后,与张伯苓在合并严氏家馆和王氏家馆基础上,建立私立中学堂,不久先后改为敬业中学堂、第一中学堂。1907 年,学校由严宅迁址"南开洼",因地名之故改称南开中学堂,1912 年改称南开学校。这就是南开系列学校均以"南开"为校名的由来。1919 年,严修、张伯苓本着"文以治国,理以强国,商以富国"的办学理念,创办了南开大学。严修为南开学校尤其是南开大学的规划创建、劝募集资倾注了毕生心血;他以自己的爱国思想、教育理念,深刻地影响了早期南开系列学校的发展,推动南开形成了优良的教育传统。

　　张伯苓(1876—1951),天津人,中国现代职业教育家,私立南开系列学校创办者。1898 年,英国强租威海卫,毕业于北洋水师学堂的张伯苓随船送清廷官员前往办理移交手续,亲历了"国帜三易"的国耻,深感"自强之道,端在教育",立志"创办新教育,造就新人才"。是年结识严修,受聘执教于严氏家馆,共同开启了艰难的办学之路。在半个世纪的岁月中,张伯苓历尽艰辛,先后创办南开中学、南开大学、南开女子中学、南开小

矗立于南开大学中心花园的严修半身铜像

学和重庆南开中学，接办四川自贡蜀光中学，他坚持德、智、体、美"四育并进"的教育理念，首定"允公允能，日新月异"校训，确定培养兼具"爱国爱群之公德"与"服务社会之能力"的育人目标，以伟大的爱国主义精神兴学育人，为国家和民族培养了众多杰出人才，被誉为"中国现代教育的创造者"。

1986年4月5日，在纪念张伯苓诞辰110周年之际，张伯苓半身铜像在南开大学中心花园落成揭幕。遵照其遗愿，他和夫人的骨灰也移葬于此。1992年10月17日，在南开大学中心花园东侧敬塑校父严修的半身铜像，与张伯苓塑像遥相呼应。

矗立于南开大学中心花园的张伯苓半身铜像

天津战役烈士纪念碑

天津战役陆军烈士纪念碑位于天津市南开区西营门外大街 118 号。

1949 年 1 月 14 日,东北野战军集结 5 个军 22 个师的兵力对国民党天津守军发起总攻,经过 29 个小时激战,解放了天津。解放军第 38 军列阵于西营门外,担当主攻任务。他们英勇善战,顽强突击,从西营门突破城防,最先攻占金汤桥、万国桥(现解放桥),为解放天津立下汗马功劳,而在这场激战中,仅第 38 军 112 师就有 428 名烈士英勇献身。

为纪念在解放天津战役中牺牲的英烈,1949 年 2 月,在南开区西营门外大街(原烈士路)118 号修建了天津市第一个革命烈士陵园,烈士陵园中耸立着庄严肃穆的"天津战役烈士纪念碑"。

1967 年陵园进行重建,新建烈士纪念碑与园门相对,碑身改呈椎形,为钢筋混凝土结构,以白色大理石镶面,顶部镶有一颗红色五角星。碑文系金箔贴字,正面镌刻着"天津战役烈士纪念碑",上款书"中国人民解放军陆军三十八军",下款书"1949 年 2 月";碑的背面字句略有改动,为"革命烈士血洒海河两岸,精神不死功留人民心间"。2021 年,纪念碑被公布为天津市革命文物。

1967 年重建后的天津战役烈士纪念碑

南开中学烈士纪念碑

　　南开中学烈士纪念碑位于天津市南开区四马路 22 号南开中学含英楼南侧，占地面积约 40 平方米，由四烈士纪念碑和南开中学英烈纪念碑组成，记录了南开中学自五四运动以来各个历史时期革命英烈的不朽业绩。

　　张炳元、田文莼、岳岱、吴祖贻四位烈士，均为南开中学 1936 班的优秀学生，是一二·九运动的积极参加者。毕业后分别投身革命，为争取民族解放，先后献出年轻的生命。南开中学 1936 班校友于 1987 年七七事变爆发 50 周年之际，在南开中学校园内建立四烈士纪念碑。纪念碑高 2.25 米，基座为八角形，刻有"碑记"；碑身为三角形六面体，边长分别为 10 厘米和 35.5 厘米，正面镌刻着楷书烫金碑文："四烈士纪念碑"。左右两面镌刻着四位烈士的英名业绩，背面刻有"南开中学 1936 班同学敬立"及立碑时间。1987 年 5 月 3 日，南开中学举行了四烈士纪念碑落成揭幕仪式。

　　南开中学深入开展革命烈士生平事迹研究整理和纪念宣传工作。2010 年 10 月，在四烈士纪念碑四周建立 4 个倾斜台座式纪念碑，其上铭刻"南开中学校友英烈名录"，记载南开中学自五四运动以来牺牲或死难的 42 位革命英烈英名业绩，供世人世代瞻仰缅怀。2019 年，南开中学重新修建四烈士纪念碑，新建南开中学英烈纪念碑，经深入挖掘整理，革命英烈名录增至 56 人。

2019 年，重新修建的四烈士纪念碑和南开中学英烈纪念碑

周恩来总理纪念碑、雕像和诗文碑

周恩来总理雕像

周恩来总理纪念碑位于天津市南开区卫津路 94 号南开大学马蹄湖湖心岛上。该纪念碑于南开大学 1979 年建校 60 周年之际修建，为白色大理石制作，高约 3 米，宽约 4 米，正面镶嵌着周恩来的金色肖像，肖像旁还镌刻其手书"我是爱南开的"。离此不远，还有一座 1989 年落成的周恩来雕像，高 4.75 米，大理石基座上同样刻有"我是爱南开的"六个金色大字。纪念碑与塑像的背面刻有南开大学原校长杨石先的手书碑文，记载着周恩来与南开的深厚渊源。

1913 年至 1917 年，周恩来就读于南开学校。在校期间，他品学兼优，积极参加课外活动，曾先后担任过演说会副会长、国文学会干事、新剧团布景部副部长和班中干事等，与同学共同创办进步团体"南开学校敬业乐群会"，主持出版《敬业》和《校风》，并在校长张伯苓的支持下，积极倡导筹建了南开新剧团。

1919 年，周恩来赴日求学回国后，经严修、张伯苓批准，作为南开大学首届学生免试入文科学习。他深受南开爱国传统的熏陶，积极投身五四爱国运动，主编《天津学生联合会报》，组织创建觉悟社。1920 年秋，周恩来赴法勤工俭学，自此结束了在南开的学习生活。周恩来在欧洲加入中国共产党，开启了为中华之崛起而奋斗的新征程。他对南开有着深厚感情，在延安接受《华北明星报》记者采访时谈道："我在天津南开读中学、大学。这个学校教学严格，课外活泼，我以后参加革命活动是有南开教育影响的。"新中国成立后，他先后三次重返母校视察，对南开师生寄予厚望。

周恩来是南开校友最杰出的代表。每逢他的诞辰、逝世纪念日和清明时节，南开师生与校友都会

周恩来总理纪念碑

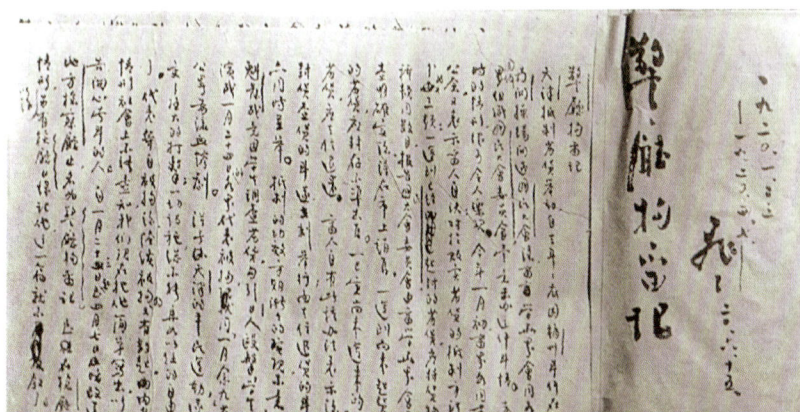

周恩来《警厅拘留记》手稿

自发到周恩来总理纪念碑和雕像前凭吊致祭。他的崇高理想和坚定信念，他的伟大人格和精神风范，永远激励着南开学子"为中华之崛起而读书"。

西南联大建校 50 周年纪念碑、
西南联大纪念碑

西南联大建校 50 周年纪念碑、西南联大纪念碑位于南开大学校园内。

1937 年卢沟桥事变后，日本发动全面侵华战争，日军每天出动 60 余架飞机，对天津市区狂轰滥炸。南开大学三分之二的校舍被毁。同年 8 月，私立南开大学与国立北京大学、国立清华大学奉命迁往湖南组成长沙临时大学，翌年 4 月迁往云南昆明，更名为国立西南联合大学。1946 年西南联大宣告结束，南开大学重返天津，并由私立改为国立。西南联大建校 50 周年之际，南开大学建立此碑，以纪念西南联大时期南开大学的奋斗岁月。

西南联大建校 50 周年纪念碑由主碑、三校校徽碑及纪年的基石三部分组成。主碑是由三个石块黏合而成的"山"字形大石，碑身正面镌刻着由黄钰生先生撰文并书写的碑文：集三校之俊彦，育四海之英才。安贫乐道，师生同济；科学民主，壮志满怀。念八年昆明之既往，迎廿一世纪之即来。校徽碑由三块条石连成一体，三面分别镶嵌南开大学、北京大学、清华大学三校校徽，石碑连接处上方镶有西南联大校徽。

1946 年西南联大宣告结束后，三所学校北返复校前夕，为纪念这段珍贵的历史，联大师生在校园

《中央日报》关于南开大学被日寇摧毁的相关报道

西南联大 300 余名师生组成湘黔滇旅行团，步行赴滇

西南联大纪念碑复制碑

内树立了"国立西南联合大学纪念碑"。纪念碑碑体雄壮,铭文书法遒劲,文采飞扬,意蕴深广,气势恢宏,记述了西南联大的创建历史和校风校典,具有较高的历史、艺术和文学价值。半个多世纪以来,一直被三校和海内外的联大校友所珍视,前来参拜者络绎不绝,追抚往昔校园生活,缅怀先师教诲。2007年南开大学复制了此碑,并在学校内举行了揭幕仪式。该碑位于大中路,完全复制了原碑的样式。碑的正面朝北,下方有八级台阶,台阶中间镶嵌一块石牌,镌刻着碑记。碑之西北、西南石板上,镶嵌有9个高约30厘米的方形石柱,每个石柱上分别刻有1937—1945各年份的数字,意指西南联大存续的年代。西南联大建校50周年纪念碑主碑则移至南开大学新校区内西南联大纪念园中。

河 北 区

天津梁启超纪念馆

天津梁启超纪念馆位于天津市河北区民族路 44 号,是天津市第一个名人旧居纪念馆,总占地面积约 2500 平方米,总建筑面积约 2000 平方米。纪念馆由梁启超旧居和饮冰室书斋两部分组成。旧居建于 1914 年,为西式楼房,砖木结构,坡顶出檐,两层带地下室。梁启超曾在此和蔡锷秘密策划反袁武装起义。饮冰室书斋建于 1924 年,由意大利建筑师白罗尼欧设计,位于旧居西南侧,为西式楼房,两层带地下室,砖木结构。

梁启超旧居设有"梁启超与近代中国"主题展览,通过大量历史文献、照片,并辅以蜡像、多媒体等手段展现梁启超不同时期的思想变化、政治主张及学术成就。饮冰室书斋通过百余件家具及用品的复原陈设,再现了梁启超当年工作及生活情景。

天津梁启超纪念馆已成为人们了解、研究梁启超及近代中国历史的重要场所。2012 年完成整体修缮和展览提升,是全国重点文物保护单位和天津市爱国主义教育基地。

梁启超纪念馆现状

北洋法政专门学堂旧址

北洋法政专门学堂位于天津市河北区新开河西岸志成道 33 号,是直隶总督袁世凯推行"新政"时创建的几所高等学府之一,也是中国最早的法政学校。北洋法政专门学堂创建于 1906 年,占地 4200 平方米。1907 年 8 月开始招生,9 月 2 日正式上课。1909 年更名为天津北洋法政专门学校。1929 年又改称河北省立法商学院。

北洋法政专门学堂以法律、政治为主课,另设英语、日语、历史和写作等课程,成为培养法政人才的专门学校。伟大的共产主义先驱、中国共产党的创始人之一李大钊,曾在这里学习和战斗。

李大钊 1907 年考入北洋法政专门学堂。入学后,他如饥似渴地阅读各种政治著作,接触了新学,并积极参加天津学界要求清政府开设国会、实行宪政的政治运动。在其主编的《言治》月刊上,发表了很多具有强烈爱国主义思想的檄文。《言治》月刊深受天津民众欢迎,最高发行量达 4000 多份,对推动天津革命运动的发展起到积极作用。1913 年 7 月,李大钊毕业后,东渡日本留学,继续探求救国救民真理。1916 年,返回祖国。1923 年 12 月 30 日,李大钊在庆祝母校成立 17 周年会上作题为"十八年来

北洋法政专门学堂

北洋法政专门学校本科直隶同学合影

李大钊主编的《言治》月刊

之回顾"的演说,对北洋法政专门学校推动北方革命运动发展所做出的贡献给予高度评价。

1935年一二·九运动爆发后,法商学院进步师生迅速行动起来,积极参加抗日救亡运动。12月18日,以法商学院为核心,在地下党员杨秀峰、闻求之、温健公(均为该校教授)等人领导下,联合北洋、南开等十几所大、中学校数千名学生,举行抗日游行示威。1936年5月28日,在刘少奇的指示部署下,天津又举行了抗日救亡大游行。此后,日军、汉奸和华北国民党反动派相互勾结,视抗日救亡运动十分活跃的法商学院为仇敌,逼走院长,逮捕爱国学生,镇压罢课运动,并强令该院于1937年2月解散。

中山公园——早期革命活动地

中山公园内孙中山塑像

中山公园位于天津市河北区中山路,初名劝业会场,1907 年建成,是天津最早向公众开放的公园。1912 年更名天津公园,不久改称河北公园。1928 年为纪念孙中山先生,再度更名中山公园。

中山公园初建时规模宏大,相当于现在面积的 3 倍,既是文化娱乐的好去处,又是公众集会活动的场所。近代以来,许多具有重大历史意义的革命活动在这里举行。

1910 年 12 月,天津掀起资产阶级立宪请愿的热潮。中山公园附近学校的学生于 19 日在中山公园集会,大家公推北洋法政专门学校李大钊等为代表,赴直隶总督衙门请愿。1912 年 8 月 24 日,孙中山应袁世凯邀请北上共商国是,途经天津时,在中山公园参加了天津国民欢迎会,即席发表演讲,而后参观设在公园内的国货陈列所。1915 年 6 月 6 日,周恩来在中山公园举行的天津救国储金募捐大会上演讲,号召人们奋发图强,振兴本国经济,誓雪国耻,坚决不当亡国奴。会后写下了《广募救国储金致友人书》,宣传救国储金运动。1919 年 6 月 9 日,天津各界人士在中山公园举行大会,声援北京学生五四爱国行动。会场中心悬挂巨幅对联:振民心,合民力,万众一心;御国敌,除国贼,匹夫有责。天津学联领导人马骏发表演讲,号召人民大众团结起来,奋斗到底,取消"二十一条",拒绝巴黎和会签字,收回山东权益。

抗日战争期间,中山公园被日军占据,遭到严重破坏。天津解放后,屡次修缮。

1984 年 2 月,河北区人民政府公布中山公园为区级文物保护单位和爱国主义教育基地。1994 年,天津市委、市政府公布中山公园为市级爱国主义教育基地。2021 年,中山公园被公布为天津市革命文物。

中山公园旧貌

中山公园正门现状

天津学生联合会成立旧址

天津学生联合会成立旧址位于天津市河北区水产前街,直隶水产学校校内。

1919年五四运动爆发,天津青年学生奋起响应。5月6日、7日,天津中等以上学校学生代表在北洋大学召开代表会议,酝酿筹备成立天津学生联合会。经过一周的积极准备,5月14日,天津学生联合会在直隶水产学校举行成立大会,北洋大学、高等工业学校、南开中学、直隶第一师范学校等十几所大中学校学生代表参加成立大会,并推举谌志笃为会长、马骏、韩志祥为副会长。天津学生在学生联合会领导下开展了大规模的反帝爱国运动。5月23日,天津15所中等以上学校学生万余人,举行总罢课,并发表罢课宣言,要求北洋政府拒签《巴黎和约》、取消"二十一条"、严惩卖国贼。天津学生的爱国行动有力地推动了全国范围内反帝爱国运动的发展。

直隶水产学校是中国最早的水产学校,初为直隶水产讲习所,创建于1906年。1952年天津进行高等教育调整,该校停办,在校学生分别转入上海水产学院和山东大学水产系,部分专家、教授调往青岛、上海等地工作。

直隶水产学校

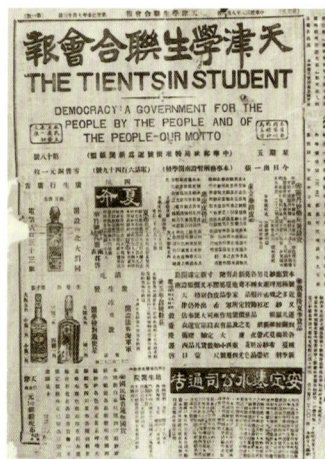

天津学生联合会主办的报刊
《天津学生联合会报》

觉悟社纪念馆

　　觉悟社纪念馆位于天津市河北区宙纬路三戒里 49 号。1984 年 9 月 16 日,经中共中央宣传部批准,在觉悟社旧址基础上建成天津觉悟社纪念馆。觉悟社旧址为居式三合院,占地面积 192 平方米,建筑面积 100 平方米。

　　觉悟社创办于 1919 年 9 月,是五四运动中由天津学生联合会和天津女界爱国同志会骨干组成的革命青年团体。为了开阔视野,增长知识,觉悟社成立后不久,就建立临时图书室,社员们把自己心爱的图书、杂志捐献出来,集中阅览,很快这里就成为社员们学习马克思主义、研究社会新思潮的课堂。在周恩来的主持下,大家认真阅读《共产党宣言》以及《新青年》《每周评论》等刊物刊登的介绍马克思主义的文章,思想认识水平有了很大提高。

　　10 月 1 日,觉悟社社员应邀赶赴北京,参加全国学联组织的第二次请愿斗争,要求惩办杀害爱国

觉悟社旧址

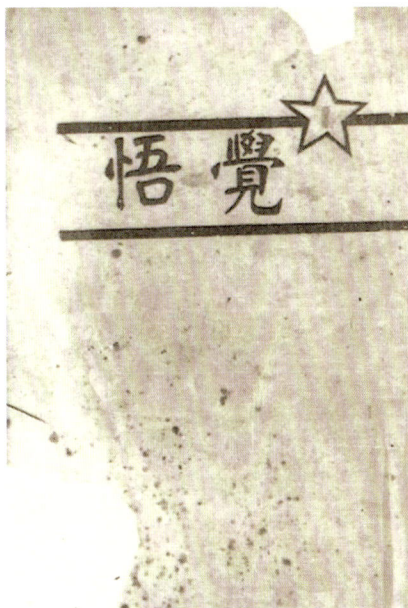

觉悟社刊物《觉悟》

领袖、镇压爱国学生的山东军阀马良。进京后获知，参加第一次请愿斗争的觉悟社社员郭隆真、关锡斌、黄爱和来自全国各地的请愿代表均已被捕。为尽快营救被捕代表，周恩来迅速返津，领导天津各界群众 10 余万人，举行"双十节"环城示威大游行，强烈要求北洋政府释放被逮捕的各地请愿代表。天津的这一斗争得到全国学联等团体的有力声援，与各地爱国斗争相互呼应，形成强大声势。11 月 7 日，北洋政府被迫释放逮捕的各地请愿代表。

1920 年 1 月 25 日，天津反动当局以"扰乱社会治安"为借口，查封天津各界联合会和学生联合会，逮捕马骏等 20 余人。29 日，周恩来等领导天津各学校学生 3000 余人赴省公署请愿，营救被捕的爱国人士。省公署出动大批军警镇压，周恩来、郭隆真、于方舟、张若名等学生代表被捕入狱。在狱中，周恩来和马骏领导大家开展绝食斗争，组织难友学习哲学、外语、数学、历史，周恩来还连续五个晚上向难友们宣讲马克思主义学说，并把狱中斗争情况撰写成《警厅拘留记》和《检厅日录》两部书稿。

7 月 17 日，在全国各地强烈抗议和积极营救下，周恩来等被捕代表全部获释。8 月，觉悟社举行年会，总结过去斗争的经验教训。会后，在李大钊的倡议下，8 月 16 日在北京陶然亭召开了有少年中国学会、人道社、曙光社、青年工读互助团代表参加的茶话会。会上，周恩来提出改造、联合、开展工农运动的主张。同年 11 月，周恩来、刘清扬、郭隆真、张若名、赵光晨等人赴法勤工俭学，国内社员也分散到各地，觉悟社的集体活动就此停止。虽然觉悟社从 1919 年 9 月成立到 1920 年 11 月停止活动仅存在一年多时间，但在天津革命史及中国现代史上留下了光辉的一页。

纪念馆内设有复原陈列和辅助陈列，再现了原三戒里 49 号的历史原貌，展出了当年社员抓阄使用的工具和学习生活用具及文献等珍贵文物。四间辅助陈列室中，展示了大量历史文献、文物和历史照片、绘画、雕塑以及模型等，如实地反映出当年觉悟社的战斗历程。

1982 年，修缮后的觉悟社旧址被公布为天津市重点文物保护单位。1986 年 9 月，邓颖超来馆视察并题写馆名。1994 年 5 月，觉悟社纪念馆被天津市委、市政府公布为市级爱国主义教育基地。2019 年，觉悟社旧址被公布为全国重点文物保护单位。2021 年被公布为天津市革命文物。

修缮后的觉悟社纪念馆

天津社会主义青年团成立旧址

天津社会主义青年团成立旧址位于天津市河北区建国道91号。

1920年10月初，北洋大学学生张太雷在李大钊、陈独秀和共产国际指导下，在天津特别二区大马路（现建国道）一家裁缝店的楼上成立天津社会主义青年团，成员有张太雷、谌小岑、胡维宪、吴南如、陶某和京奉铁路局的冯志尧等人，张太雷任书记。这是在中国共产党正式成立前，继上海、北京之后建立的又一个早期地方青年团组织。

天津社会主义青年团成立后，在张太雷主持下，创办了《劳报》。《劳报》是天津乃至中国北方地区第一份供工人阅读的宣传马克思主义和介绍俄国十月革命的报纸，在工人中产生了较大影响，同时也引起了反动当局的惶恐不安。不到两个星期，即被警察厅查禁。但很快张太雷等将《劳报》更名为《来报》继续出版。为避开反动当局的检查，他们改进发行方法，由京奉铁路局冯志尧等利用工作之便送往京奉、津浦路各站。《来报》印发二十几天后，终因革命色彩鲜明，再次遭到查封。《劳报》和《来报》虽然出版发行的时间不长，但对于促进马克思主义的传播和推动天津工人运动的发展，发挥了积极作用。

天津社会主义青年团除出版《劳报》《来报》以外，还把上海共产党早期组织出版的《共产党员》月刊、陈望道翻译的《共产党宣言》推介给路矿工人和知识界，并翻印李大钊在《新青年》上发表的《我的马克思主义观》在天津发行，进一步扩大马克思主义的影响，加速了马克思主义与天津工人运动相结合的进程，为天津党组织的创立奠定了重要基础。

天津社会主义青年团成立旧址（已不存在）

天津社会主义青年团建团旧址现状(海河金湾公寓)

　　1921年1月,张太雷奉调赴共产国际远东书记处工作,谌小岑也到华俄通讯社当翻译,其他同志工作亦有变动,天津社会主义青年团暂时停止活动。

津浦路西沽机厂旧址

津浦路西沽机厂旧址位于天津市河北区南口路 22 号。津浦路西沽机厂原系为津浦铁路兴建的天津机厂,俗称津浦大厂,1909 年由德国人设计并承建,是当时中国机车车辆配件生产的重要基地。新中国成立初期厂址扩建,将原属津浦铁路管理局机务段等处划入该厂,更名为铁道部天津机车车辆机械工厂,现为天津中车机辆装备有限责任公司。

1921 年初,北京共产主义小组派北京大学进步学生陈为人、张昆弟等来天津机厂宣传马克思主义,启发工人组织起来,反对剥削和压迫,为自身解放而斗争。1922 年,在中国劳动组合书记部天津支部关怀下,天津机厂工会成立,下设 9 个工会小组。同年,在天津铁路工会领导下,天津机厂工人同全市铁路工人一起举行声援长辛店铁路工人大罢工。1923 年 2 月,京汉铁路总工会在郑州召开成立大会,遭到军阀吴佩孚镇压。天津机厂工人当即宣布全厂罢工 3 天,抗议反动军阀暴行。1926 年 1 月,天津机厂工人开展向津浦铁路局局长陈琢如讨要欠薪的斗争。1927 年,中共党员魏振华从济南机厂来到这里,以电工身份作掩护,从事党的秘密工作。1928 年,中共津浦大厂支部成立。

抗日战争时期,经中共晋察冀中央分局城工部胡平(马燕岐)介绍,天津机厂工人王俊臣加入中国共产党。中共机厂支部再次秘密建立,负责人为王俊臣,成员有周树基、齐贵才等。党支部按照"团结职工,破坏生产"斗争方针,组织工人反抗日寇压迫,通过"延误修车时间,降低修车质量",来破坏日军装

津浦路西沽机厂旧址文物保护单位标识

原津浦路西沽机厂旧址现状(天津中车机辆装备有限公司)

甲车修理工作。他们将入厂待修的日军装甲车大拆大卸或将关键部位零部件毁坏,使"小修的变成中修、中修的变成大修"。在修理过程中,用旧零件代替新零件,修复后的装甲车表面完好如新,但跑几趟就得"趴窝",以此耽误日军的使用。同时,他们帮助地下党组织将装甲车的零部件运往冀中抗日根据地,供根据地军工厂使用。

解放战争时期,津浦大厂革命力量不断发展壮大,到 1948 年初,地下党支部已发展党员 15 人,团结在党支部周围的积极分子,不下百人。1949 年 1 月 13 日,天津解放前夕,根据中共中央华北局"保护城市、恢复发展生产"的指示,工厂党组织要求时任代理厂长徐仁杰配合进行护厂工作。在党组织的领导下,工人日夜守卫工厂,有力地阻止了国民党军队对工厂的破坏计划,使工厂完好回到人民手中。

2013 年,津浦路西沽机厂旧址被天津市人民政府公布为天津市文物保护单位。2021 年被公布为天津市革命文物。

天津工余补习学校旧址

天津工余补习学校旧址位于天津市河北区胜天里(原宇纬路东兴里四段 2 号)。

1921 年 9 月 11 日,在李大钊等人的具体指导下,天津北洋法政专门学校教员于树德、安体诚创办了天津工余补习学校。学校的办学宗旨是"普及劳工教育""促进工人觉悟"。天津工余补习学校旧址原为天津恒源纱厂的职工宿舍,是工人聚居的地方。

工余补习学校分普通部和特别部两部。普通部招收识字工人,授以工人常识、国文、数学、尺牍等;特别部包括国文科、英文科、数学科,由工人择修一科或数科。学校设有专任教员和辅导教员若干人,于树德和安体诚均亲自任教。参加学习的学生以恒源纱厂工人、徒工为最多,也有新车站(北站)的铁路工人。工人们在学校里第一次听到俄国工人阶级在列宁领导下夺取十月革命的胜利和努力建设社会主义的消息;第一次明白劳动群众只有团结斗争才能求得解放的真理。由于任课老师态度和蔼可亲、语言通俗易懂,再加上讲授的内容符合工人们的需要,因此在很短时间内便吸引了数百名工人到学校听课。

1922 年,于树德、安体诚经李大钊介绍加入中国共产党。在中共北京区委和李大钊、罗章龙的直接领导下,天津工余补习学校不仅是党团结教育工人的学校,也逐渐成为天津工人运动的指挥中心。一些工人运动的党团会议在这里召开。中国劳动组合书记部天津支部也在这里建立。

天津工余补习学校创办人
于树德(左)和安体诚(右)

1921 年 9 月 11 日,天津工余补习学校开学式纪念合影

天津工余补习学校旧址现状（河北区胜天里）

　　1922年暑期，补习学校一度被警察局查封，于树德和安体诚等将学校工作转为地下活动。后因纱厂老板限制工人外出上课，并搬请警察当局取缔学校，1922年底，补习学校停止活动。

　　天津工余补习学校历时一年多，在党的领导下，把马克思主义基本原理同天津工人运动结合起来，在团结和发动天津工人开展革命斗争方面发挥了重要作用。当时，天津的报纸称之为"普及劳工教育之先声"，上海《民国日报》赞扬它是"天津劳工运动的一道曙光"。

直隶公立工业专门学校

——天津学生开展反帝爱国斗争旧址

直隶公立工业专门学校旧址位于天津市河北区元纬路,即现在的天津美术中学。该学校的前身是北洋工艺学堂,创办于1903年,校址初设于旧城东南角天津贡院东草厂庵。1904年9月改名为直隶公立工业专门学校(亦称直隶高等工艺学堂)。1908年迁入河北区元纬路。学校初分正科和速成科。正科有应用化学科、机械学科,三年毕业;速成科有制造化学科、艺匠图绘学科,两年毕业。该校是中国最早的工业专科学校,艺术大师李叔同曾在学校担任过图绘教员。

五四运动时期,天津革命青年团体觉悟社成员、天津学生联合会会长谌志笃是该校学生。1922年3月12日,该校与南开学校、法政学校、扶轮学校等校学生500余人召开追悼会,悼念为劳工运动而被军阀赵恒惕杀害的该校学生黄爱、庞人铨。

1921年11月,中共中央决定对中国社会主义青年团进行整顿。1922年3月9日,韩麟符作为团中央特派员,在直隶公立工业专门学校主持召开第三届天津团地委成立大会。会议选举产生委员5人,候补委员4人,于方舟任委员长。团地委成立后,在全市先后设立8个团支部,并在直隶公立工业专门学校设平民学校,宣传无产阶级思想,启发工人觉悟,从中发展党团员,培养党的骨干。同年5月4日,团天津地委以学生联合会名义,在该校礼堂召开有700余人参加的纪念五四运动大会。会上,邓颖超作了题为"五四经过史"的报告,蔡和森应邀到会讲演,号召人们团结一致反对帝国主义,与会者

直隶公立工业专门学校

直隶公立工业专门学校学生在上机械课

1905年直隶公立工业专门学校师生合影

直隶公立工业专门学校旧址现状
（天津市美术中学）

深受鼓舞。

　　由于直隶公立工业专门学校党团组织力量较强，许多党团会议和活动在这里举行，该校成为天津建立党组织前后党团组织活动的重要阵地之一。

直隶女子师范学校
——邓颖超等在津从事革命活动旧址

　　直隶女子师范学校旧址位于天津市河北区天纬路,即现在的天津美术学院。该学校最初名为北洋女子师范学堂,创建于 1906 年 6 月 13 日。学堂创建初期租赁了河北区三马路附近的几间民房作为校舍。翌年,在三马路和天纬路之间新建一座两层楼作为新的校舍。1912 年春,改名为北洋女子师范学校。1913 年学校改为官办,更名为直隶女子师范学校,并将三马路校舍与比邻的小学对换,遂有了较为宽敞稳定的校址(现天津美术学院)。

　　直隶女子师范学校具有光荣的革命传统。五四运动时期,女师学校涌现出邓颖超、郭隆真、刘清扬等一批开展妇女运动的先驱和领袖。她们在该校求学期间,与周恩来等青年学生组建了觉悟社、天津女界爱国同志会、女星社等革命团体。1922 年 11 月 26 日,邓颖超、王贞儒等人发起组织的女权运动同盟会直隶支部在该校大礼堂召开成立大会,出版刊物,宣传反帝反封建、民主科学、男女平等、妇女参政等爱国进步思想。1935 年一二·九运动中,该校建立秘密党支部。在中共天津地下组织的领导下,女师进步学生发扬五四运动的光荣传统,积极参加抗日救亡运动,推动天津爱国运动的发展。2021 年,直隶女子师范学校旧址被公布为天津市革命文物。

直隶女子师范学校旧址

直隶女子师范学校旧址现状(天津美术学院)

女星社旧址

女星社旧址（原邓颖超纪念馆）位于天津市河北区三马路三戒里49号。

1923年4月，邓颖超、李峙山、谌小岑等具有初步共产主义思想的知识分子创办了天津女星社。社址初设于河北区大经路（现中山路）五昌里10号，不久迁至河北区中山路达仁里10号（现达仁里5号）。女星社成立后，创办了《女星》旬刊，深受津门广大女性读者的欢迎；开办了女星第一补习学校，推行女子教育，培养其自主能力，以谋求妇女的彻底解放。1924年1月1日，女星社创办了《妇女日报》，该报在更广泛的范围内讨论了与妇女切身利益有关的政治、经济、教育、职业、婚姻、家庭等方面的问题，登载了多篇反帝、反军阀、反封建专制和声援工运、学运、妇运的文章与新闻报道。1925年7月前后，李峙山、谌小岑和邓颖超等先后离津，女星社停止活动。1994年，经中共中央宣传部批准，天津市在三戒里觉悟社纪念馆旁修建邓颖超纪念馆，江泽民题写馆名。邓颖超纪念馆建成后，将女星社旧址基本陈列迁移至纪念馆内。展陈内容以历史文献、照片为依托，全面、客观、准确地展示女星社创立的背景、主要活动，以及对启发妇女觉悟、提高妇女素质、促进妇女解放所发挥的重要作用。1992年被公

女星社旧址

女星社主办的《女星》旬刊

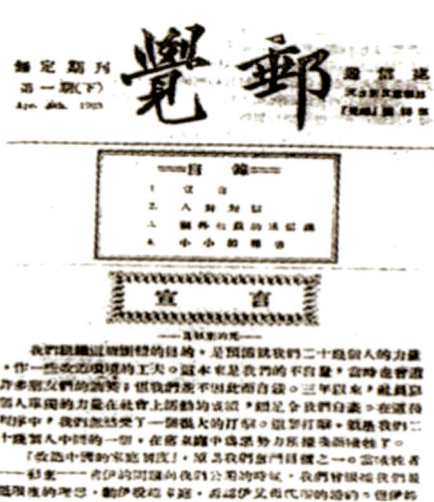

女星社发表政治主张的
《新民意报》副刊《觉邮》

天津市河北区发展史馆(原女星社旧址所在地,已不存在)

布为市级文物保护单位。1994 年,该馆被天津市委、市政府命名为市级爱国主义教育基地。

现该馆大部分陈列物品已移置周恩来邓颖超纪念馆,河北区在原址上修建了河北区发展史馆。随着城市建设发展,该原址建筑已拆除。女星社展陈现设置于觉悟社纪念馆内。2021 年,女星社旧址被公布为天津市革命文物。

天津市扶轮中学

天津市扶轮中学位于天津市河北区律纬路 93 号。

天津市扶轮中学创办于 1918 年,是我国第一所铁路职工子弟中学。这是一所历史悠久、具有光荣革命传统和优良校风的学校。扶轮中学最初名为天津扶轮公学,1922 年定名为天津扶轮中学,1964 年更名为天津铁路一中,2005 年恢复使用扶轮中学校名。

当时的扶轮中学主要招收铁路职工子弟。在工人阶级优良传统的熏陶和影响下,学生们具有比较坚定的革命斗争精神。20 世纪二三十年代,在中国共产党领导的反帝爱国运动中,他们始终站在斗争前列,表现出英勇无畏的革命气概。1925 年,扶轮中学学生积极声援上海五卅运动,是"天津中等以上学校最先罢课的十所学校之一"。1935 年一二·九运动中,扶轮中学学生积极参加天津地下党组织的一二一八和五二八全市性大游行,强烈呼吁国民党当局停止内战,一致抗日。

1936 年 6 月,扶轮中学第一个党支部成立。当时有中共党员 15 人,连同党的外围组织中华民族解放先锋队队员 60 多人,约占全校学生总数的 15%。对此,日本侵略者在华北出版的《防共月刊》撰文称:"北平的清华,天津的扶轮是共产党的大本营。"1937 年卢沟桥事变爆发后,扶轮中学的共产党员、"民先"队员和进步青年陆续离开天津,分别奔赴延安和冀东等地,投入全民族抗日战争的洪流中。在长期的革命斗争中,有不少扶轮中学学生为中华民族解放事业献出宝贵生命。

新中国成立后,扶轮中学继承光荣传统,不断开拓创新,为我国社会主义建设事业培养和输送了

早期扶轮中学

扶轮中学建校时的石头楼

扶轮中学现状

扶轮中学刊物《扶轮》《喃喃》

大批人才。今日的扶轮,正如新中国成立后第一任校长雷杜在校庆题词中所言:"青山不老,绿水长流,石楼屹立,桃李成荫。"

1988 年,扶轮中学在校内建立校史馆。1995 年扶轮中学校史馆被河北区人民政府和天津铁路分局公布为首批爱国主义教育基地。1996 年被铁道部和北京铁路局列为爱国主义教育基地。1997 年被天津市委、市政府公布为天津市爱国主义教育基地。1998 年 80 周年校庆前夕,学校将校史馆翻新、扩建,形成具有一定规模的校史陈列馆。2010 年进一步充实丰富了藏品内容。2021 年被公布为天津市革命文物。校史馆在开展爱国主义教育,弘扬"成才报国"的扶轮精神方面,发挥了不可替代的积极作用。

天津华新纱厂旧址

天津华新纱厂旧址位于天津市河北区万柳村大街 11 号，始建于 1916 年 4 月，是天津市第一座大型纺织厂。

1925 年 8 月，天津总工会成立。12 月底，中共天津地委派周世昌（原名周哲东）到华新纱厂开展工作。周世昌开办了露天课堂和职工识字补习学校，宣传马列主义，介绍俄国十月社会主义革命，启发和号召工人们成立自己的工会，团结起来同资本家开展斗争。1926 年 2 月，华新纱厂工会正式成立，同时建立工人纠察队，推选李文斌任总代表。3 月底，奉系军阀残酷镇压革命力量。工会活动被迫转入地下。周世昌发展的 10 多名党员及工会负责人先后转移。6 月，邢予洪奉命到华新纱厂工作，主要任务是恢复和发展党的组织，发动失业工人开展争生存的斗争。7 月，邢予洪离津，纱厂工作由薛世伍负责。四一二反革命政变后，革命运动遭受挫折。1927 年 7 月至 1930 年 3 月，厂内仅剩 1 名中共地下党员贾吉宽。1930 年 4 月，中共天津河北区委书记赵云生（刘文蔚）和团区委书记侯薪到华新纱厂门前举行"飞行集会"，散发革命传单，并深入工人宿舍，开展宣传发动工作；为纪念三一八惨案，华新纱厂工人在党组织领导下到法租界天增里参加示威游行，遭到国民党反动当局血腥镇压。1930 年 12 月到 1932 年 3 月，在天津党组织领导下，华新纱厂工人先后发动 3 次罢工斗争，体现出顽强的革命精神。

天津公大七厂

天津华新纱厂旧址现状（天津印染厂）

天津中纺七厂水楼

天津中纺七厂水楼现状

　　1936 年 8 月，华新纱厂被售予日本钟渊纺绩株式会社，更名天津公大七厂。1938 年 4 月，中共党员朱峥经市委书记姚依林批准，以报假保人、假住址的办法考进公大七厂，开展党的工作。朱峥进厂后被分到粗纱车间学徒，千方百计团结工友，宣传革命道理，揭露剥削阶级罪行，组织工人以怠工的方式同敌人做斗争。1938 年 8 月，朱峥调离天津。1945 年，中共党员田民由冀中区党委津委会派遣到公大七厂开展工作。他利用聊天、讲故事的方法，向工人宣传党的抗日主张和进步思想，使工人们认识到只有团结起来，齐心协力同日本鬼子做斗争，将来才会有好日子过。同时，在开展宣传的过程中，在群众中培养骨干，为发展壮大党的组织创造了条件。此时，公大七厂正在为日军生产军布、药布、军毯等军需品。在地下党组织的发动下，纱厂工人开展大规模的怠工、破坏活动，使敌人的军需生产计划遭到严重破坏。1945 年 8 月日本投降，12 月 25 日公大七厂正式移交给中国纺织建设公司天津分公司，更名为中纺公司天津第七纺织厂。中纺七厂党的组织不断发展壮大，党的活动更加活跃。到天津解放前夕，全厂共有地下党员 28 人。

　　1949 年 1 月 15 日天津解放，在中纺七厂地下党组织和共产党员的积极配合下，军管会顺利接管工厂。至此，中纺七厂获得了新生。1950 年 11 月更名为国营天津印染厂。2021 年，天津华新纱厂旧址被公布为天津市革命文物。

中共顺直省委直属支部旧址

中共顺直省委直属支部旧址位于天津市河北区大经路(现中山路)西侧仁寿里 1 号。

1928 年 12 月,周恩来在天津主持召开了顺直省委扩大会议。会后,为进一步推动北方革命运动,加强党的领导力量,省委决定在全面开展工作的同时,首先成立一个直属省委领导的特别支部。编入这个支部的成员,都有公开职业作掩护,各自利用社会关系参加地方军政机关工作,以便及时向党组织提供信息情报。

12 月一个星期天的晚上,中共顺直省委直属支部在河北区大经路西侧仁寿里 1 号成立。参加会议的有胡熙庵(北大毕业,公开身份是造币厂科长)、高清溪(女师毕业,胡熙庵的妻子)、张友渔(国民党市政府科长)、李予昂(公安局预审科主任科员)、周新民(中山中学教员)、巩友三(公安局职员)、宋少初(航空协会干事)。顺直省委派傅茂公(彭真)、詹大权、靳子涛(金城)前来指导。傅茂公作了国际国内政治形势报告,詹大权作了八七会议决议执行情况的报告,靳子涛传达了顺直省委扩大会议精神。会议从傍晚一直开到深夜,选举胡熙庵为支部书记,张友渔、李予昂为候补书记(副书记),宋少初为联络员。

中共顺直省委直属支部旧址(已不存在)

中共顺直省委直属支部旧址现状(河北区日光里居民区)

顺直省委直属支部成立后,对其召开的会议,省委都派人参加,听取汇报,布置工作。1929 年 9 月,顺直省委负责宣传工作的胡锡奎要求依靠直属支部几位成员自身的经济能力,并动员进步群众的力量,在天津成立一个小型书店,做一些进步书刊发行的工作,同时兼作党的情报机关和联络点。根据省委指示,直属支部成员广泛利用各种社会关系,经过三个月的奔波,创办了北方书店。

顺直省委直属支部领导下的北方书店,由支部成员李予昂、宋少初担任理事,张友渔做监事。北方书店为开展党的秘密工作,传播马克思主义,做出了重要贡献。

中共河北区委机关旧址

（1929.1—1929.6）

中共河北区委机关（1929.1—1929.6）位于天津市河北区月纬路宜仁里（李泽家中）。当时，李泽任河北区委书记，田世勋任组织委员，魏振华任宣传委员。为了便于开展工作，经傅茂公（彭真）同意，区委进行分工：师范学校由田世勋负责，津浦工厂、天津站及恒源纱厂由李泽、魏振华负责。他们深入工厂开展党的工作，发展党员，壮大基层党组织，有力推动了工人运动的开展。同年6月9日，由于省委交通员被捕叛变，供出区委成员，李泽、田世勋、魏振华先后被捕，河北区党组织遭到破坏。

中共河北区委机关旧址（1929.1—1929.6）

中共河北区委机关旧址（1929.1—1929.6）现状

中共河北区委机关旧址

（1930.1—1930.4）

中共河北区委机关旧址（1930.1—1930.4）位于天津市河北区进德里 5 号（赵云生住处）。当时，赵云生（刘文蔚）任河北区委书记，与他一起工作的有共青团省委刘慎之、团区委书记侯薪。为推动党在河北区的工作，他们深入工厂、学校，领导工人、学生参加了纪念"三一八"等全市性革命活动。1930 年 4 月 24 日，河北区委机关遭到破坏，区委人员几乎全部被捕。

中共河北区委机关旧址（1930.1—1930.4）

中共河北区委机关旧址（1930.1—1930.4）现状

临时"自新院"

——张友渔营救被捕同志斗争旧址

临时"自新院"——张友渔营救被捕同志斗争旧址位于天津市河北区平安街 60 号(现已拆除)。

1930 年初,天津市内的革命斗争处于极其险恶的环境中。由于受"左"倾路线影响,采取盲动主义,搞飞行集会、游行示威、散发传单等冒险活动,党的领导机关屡遭破坏,天津一批党的重要干部和党员,如傅茂公(彭真)、薄一波和刘仁等,不幸被捕入狱。

当时,国民党对被关押的政治犯一般采取两种处置方法:"罪行"严重的,投入监狱;"罪行"轻的,关进"反省院",在阎锡山管辖地区的关进"自新院"。天津没有设立"反省院"这种机构,轻重政治犯一律关进监狱。中共顺直省委指示打入国民党内部任天津特别市政府第三科科长的共产党员张友渔想方设法,利用监狱管理上的混乱,争取在天津开办一座"自新院",把一些被捕同志从监狱转到"自新院",以改善他们的生活条件,保存革命力量。

张友渔接到指示后,找到市长崔廷献,建议在天津建立"自新院",收容案情较轻的犯人,采取怀柔政策,"感化"他们"悔过自新"。崔廷献采纳了张友渔的建议,并责成张友渔负责筹办。张友渔积极进行筹备工作,选择院址、调配人员,临时"自新院"很快建成。院址选在奥租界天津特二区(河北区)平安街 60 号的一座小洋楼。院长由周克昌担任,张友渔为副院长。临时"自新院"安排就绪后,关押在第三监狱的薄一波、徐彬如、李运昌、谷雄一、刘天章、周铁忠等 30 多名被判处 3 年以下徒刑的中共党员被陆续移送此处。不久,他们成立秘密党支部,由薄一波任书记。他们坚持学习马列主义,研究革命形势,积极锻炼身体,为走出"自新院"重新投入革命斗争作好准备。

正当党组织准备进一步采取措施营救这些同志的时候,时局发生了重大变化。阎锡山、冯玉祥、汪精卫、李济深等在北平召开国民党中央扩大会议,另立中央和国民政府,反对蒋介石,但张学良

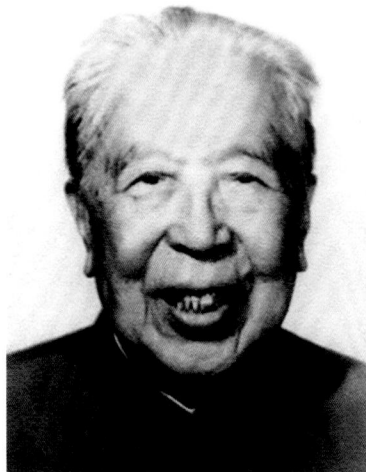

张友渔

1991年张友渔（左二）重返故地，寻访当年临时"自新院"旧址

临时"自新院"旧址现状（河北区平安街）

与蒋介石携手反对阎锡山。阎锡山为保存实力而妥协退让，把平津移交给蒋、张管辖。在紧要关头，张友渔深恐已转移到临时"自新院"的同志遭蒋、张杀害，便机智地利用军阀之间的矛盾，建议撤销临时"自新院"，把这些共产党员放出去跟蒋介石作对。崔廷献同意了张友渔的建议。1930年9月20日，在奉军代表接管天津市政府的前一天，临时"自新院"解散，30多位同志一天内全部撤离，重返革命队伍。奉军进津后，党组织决定让张友渔隐蔽，东渡日本，从事法学研究和日本问题的研究工作。1931年九一八事变后，由于革命工作的需要，张友渔返回北京，继续从事革命工作。

1991年，张友渔曾重返故地，寻访当年临时"自新院"旧址。如今，旧址已拆除，建成宽敞的平安街。

薛明旧居

薛明旧居位于天津市河北区原金家窑街海潮寺胡同 5 号。

薛明(1916—2011),天津人。1933 年至 1937 年在天津女子中学读书。1935 年冬,在天津参加中华民族解放先锋队。1936 年 3 月加入中国共产党,担任党的地下交通员,负责天津学联、民先、妇救会的联络工作。1936 年 5 月 28 日参加天津学生大游行。1938 年夏,奔赴延安。1942 年,薛明与贺龙结婚。新中国成立后,历任全国妇联西南区工委福利部部长,中共北京市委宣传部处长,贺龙办公室主任,中国人民解放军总参谋部军事检察院检察长、政治部顾问等职。1985 年 5 月 9 日,薛明曾重访旧居。薛明旧居已拆除,现为金钟公寓。

薛明旧居现状(金钟公寓)

中共河北省委联络站旧址

中共河北省委联络站旧址位于天津市河北区民主道 23 号(这里原为戏剧家曹禺故居,后为恒顺公货栈,现为天津市曹禺故居纪念馆)。

1937 年七七事变后,宋敏之与吴德受党组织委派,从北京到天津从事党的秘密工作,住在天津特二区意租界二马路恒顺公货栈(河北区民主道 23 号)。当时宋敏之的舅舅宋继华是恒顺公货栈的客商。宋敏之与吴德利用此关系作掩护,将该货栈作为省委直接通信联络点,联络各方面关系。起初党组织准备在货栈建地下电台,曾把一些电台零件和一架收发报机存放在货栈,后来,该联络站承担北宁路工作和省委文件发放工作,受省委直接领导,不久因引起日伪军警怀疑,该联络站转移。

2007 年,该建筑整修为曹禺故居纪念馆。2010 年 9 月举行揭幕仪式并对社会开放。2013 年,天津市委、市政府公布曹禺故居纪念馆为市级爱国主义教育基地。同年,天津市人民政府公布曹禺故居为市级文物保护单位。

中共河北省委联络站旧址

中共河北省委联络站旧址现状(曹禺故居纪念馆)

天津市木斋中学

天津市木斋中学(原天津市第二十四中学)位于天津市河北区建国道民权路 1 号。前身是清末直隶提学使、著名爱国教育家卢靖(字木斋)于 1932 年创办的"私立木斋中学",1952 年底收归国有,命名为天津市第二十四中学,2013 年 7 月,恢复使用"木斋中学"的校名。

卢木斋先生是一位爱国、开明的教育家,办学民主,允许进步师生开展活动,因此在新民主主义革命时期木斋中学的进步力量蓬勃发展,革命活动较为活跃。1938 年,在中国共产党领导下,木斋中学"民先"小组成立。1942 年,秘密抗日团体天津抗日青年救国会在木斋中学建立,一年后改为天津各界抗日救国联合会。1945 年 9 月起,木斋中学建立党的外围组织民主青年联合会。1947 年,木斋中学地下党支部成立,组织开展反对当局迫害师生的反"甄审"斗争,进行反饥饿、反内战、反迫害等革命活动,创办了《曙光》《晓风》等宣传刊物,并团结师生利用课余时间在校内兴办义务小学,免费招收穷人

木斋中学教学楼

卢木斋先生塑像

木斋中学校史馆于敏专题展馆

的孩子入学。天津解放前夕，为完好接管学校，为复课创造条件，中共地下党员何冰组织"民青"成员开展护校运动。1949年1月15日下午，何冰以中国人民解放军天津市军管会代表名义接管木斋中学。

中国科学院院士、著名核物理学家、"两弹一星"元勋于敏曾就读该校，他为新中国氢弹研制做出了杰出贡献，2018年被中共中央、国务院授予改革先锋称号，颁授改革先锋奖章，2019年被授予共和国勋章。

2012年10月，木斋中学校史馆正式开馆。2015年暑期，校史馆二期扩建，增设实物展馆和于敏专题馆，校史馆面积增至200余平方米。馆藏以丰富翔实的史料、图片和实物，充分展示了木斋中学师生探索救国救民之路的奋斗历程和学校80多年的发展成就。

2013年4月，原木斋中学旧址被河北区政府列为区级不可移动文物保护单位。2021年被公布为天津市革命文物。

天津市各界抗日救国联合会活动旧址

天津市各界抗日救国联合会活动旧址位于天津市河北区锦衣卫桥黄家胡同(现已不存在)。

天津市各界抗日救国联合会(简称"天津抗联")建立于20世纪40年代初期。它是党领导的秘密革命团体,活动地点起初在楚云和康力家,后来移至河北锦衣卫桥黄家胡同(贤瑞胡同52号)辛东家。

1943年8月1日,根据冀中军区政治部决定,将究真中学(现天津市第三十中学)进步青年刘树桐(康力)、李家辉(楚云)、李奇(王洋)发起的秘密抗日组织——天津青年抗日救国会(简称"青救会")扩大更名为天津市各界抗日救国联合会。"天津抗联"在中国共产党的领导下逐步发展壮大,为天津工人运动和学生运动培养了一批骨干力量。

1944年秋,晋察冀中央分局城工部先后发展楚云、康力、辛东等入党,随后在"天津抗联"建立党总支,楚云担任总支书记,康力担任总支委员兼"抗联"主任。党总支成立后,即着手在"抗联"会员中发

"天津抗联"部分成员合影
(后排左起:邓迈中、杨昌炎、冯森,前排左起:左建、雷文)

1944年"天津抗联"活动旧址
(原黄纬路福厚里4号,已不存在)

展党员。至 1944 年底,党员发展到 20 余人,建立了 4 个支部。抗日战争胜利前夕,"抗联"中已有党员五六十人。他们分布在学校、工厂、铁路、银行等单位,在中共地下组织的领导下与日本侵略者及汉奸卖国贼进行了艰苦卓绝的斗争。

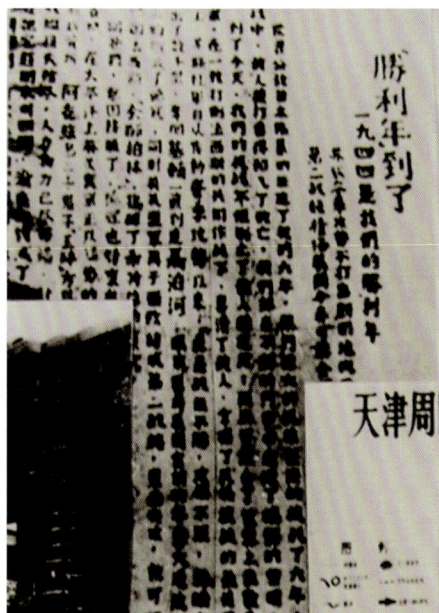

1944 年"天津抗联"印发的抗日传单

天津市各界抗日救国联合会活动旧址现状

中共渤海区天津临时工作委员会旧址

中共渤海区天津临时工作委员会旧址位于天津市河北区昆纬路五经路向兴里6号（原河北区新大路进步里）。

1944年4月，刘格平（土地革命战争时期中共津南特委主要负责人，1934年4月被捕入狱）从北平第一监狱获释，被其二哥刘济安（爱国医生）接到天津。此后，他以广东中学教员身份为掩护，利用社会关系，积极开展抗日宣传工作。他一方面通过在女二中（现天津市第五十七中学）读书的侄女刘琇江在学生中宣传党的抗日主张和发展党员；另一方面利用亲友等社会关系，在社会中上层人士中开展抗日民族统一战线工作。中共渤海区委派人与刘格平取得联系后，决定成立中共渤海区天津临时工作委员会，主要任务是发展党的组织，建立秘密团体，开展隐蔽战线斗争。同年8月，中共渤海区天津临时工作委员会正式成立，刘格平任书记，朱凝（女）任组织部部长。机关设在河北区新大路进步里一座普通的民宅里。

中共渤海区天津临时工作委员会旧址
（已不存在）

中共渤海区天津临时工作委员会旧址现状
（河北区昆石里居民区）

渤海区天津临时工作委员会成立后,即在青年学生和市民中广泛开展工作,组织读书会,发展党员,并选送一批青年学生到区党委青训班学习。刘格平做发展党员工作,建立了女二中党支部。在党组织的领导下,女二中的抗日救亡活动逐渐开展起来。

1945年初,刘格平奉命从天津调回解放区,渤海区天津临时工作委员会书记由胡子炎代理。不久,渤海区天津临时工作委员会的4名成员在天津被捕,胡子炎、刘家玺被日本宪兵队杀害,临时工作委员会被迫停止工作。虽然渤海区天津临时工作委员会开展活动的时间不长,但是为抗日斗争做出了积极贡献。

金汤桥

——解放天津会师纪念地

金汤桥——解放天津会师纪念地位于天津市河北区。金汤桥两端分别连接河北区建国道与南开区水阁大街。

清末年间,在金汤桥这个地方,仅有一座浮桥,称为东浮桥,也称盐关浮桥。1906年,为方便电车过河直达老龙头火车站,便将浮桥改建成一座三孔实墩,其中两孔能够开启、上弦呈曲线形的新式铁桥,名"金汤桥",取固若"金城汤池"之意。

1919年五四运动时,天津市各界爱国人士举行庆"双十"大会及游行,队伍经过金汤桥直奔位于桥西的警察厅示威,抗议军警干涉爱国活动,口号声、演讲声震撼金汤桥两岸,给天津人民留下了深刻的印象。

1949年解放天津战役中,金汤桥是天津战役取得决定性胜利的会师地。

1949年1月15日凌晨,中国人民解放军东西两面主攻部队在金汤桥胜利会师

天津解放纪念雕塑

金汤桥旧貌

金汤桥现状

天津是国民党败退时重点固守的城市之一，凭借水网交错、地势复杂、易守难攻的特点，国民党把它建成一个"环城碉堡工事"保护的城市。早在 1947 年，天津守敌十一战区副司令上官云相就决定环绕城市挖掘一道 5 米宽、3 米深，能防河水和海潮，全长 42 千米的护城河。沿河每隔 3 米修建一个红砖结构的碉堡，连同市内的碉堡共计 1000 多个。碉堡周围用铁丝网电网保护，全城仅开 8 个门供行人车辆来往，城门有重兵把守，并设有吊桥。1948 年陈长捷任国民党天津警备司令后，感到人民解放军已配备现代化武器，红砖结构的工事难以固守，又加筑了几十个钢筋水泥大碉堡。解放天津的枪声打响时，陈长捷属下有各兵种约 13 万人，他以"环城碉堡工事"为主防线分为东北、西北、市中心三个防守区，企图固守天津。

1949 年 1 月，人民解放军前线指挥部根据敌情和市区南北长、东西窄的特点，制定了"东西对进，拦腰斩断，先南后北"的战略方针，集中绝对优势的兵力包围天津的守敌。2 日开始向天津的东北、西北外围进攻，打响了天津战役。6 日进攻东局子，占领了广东墓地，歼敌一个团并击毙敌团长。到 13 日，天津外围战基本结束。14 日上午解放天津城总攻开始，在敌人"环城碉堡工事"阵地上到处是激烈的战斗，解放军东线部队向民权门挺进。民权门有守敌 4 个营，并配备 1 个团的机动兵力，碉堡近百，有电网吊桥，是敌人重点把守的八个门之一，争夺民权门是个极艰巨的战斗。人民解放军两个纵队在密集炮火的掩护下冒着枪林弹雨猛攻城门，经过激烈战斗，终于突破一个缺口。军旗手钟银根冒着硝烟将一面绣有"杀开民权门"的红旗插在城防工事上，却身负重伤，壮烈牺牲。战斗从上午打到下午，敌人几次增兵反扑，终被解放军全歼。部队接着分四路沿着金钟河向西挺进，在金钟河大街上又与一个营的守敌展开激战，直到晚上才歼灭敌人，全面突破东北防线，并乘胜向金汤桥挺进。与此同时，西线解放军也不顾敌人的重炮轰击、飞机乱炸，在西营门一线进行了激烈战斗，突破西北防线，沿着西马路、鼓楼大街向金汤桥挺进，在桥头占领了警察局，活捉局长李汉元。15 日凌晨，黎明即将到来之时，西线解放军与东线解放军在金汤桥胜利会师，宣告天津战役的决定性胜利。到上午 10 时，解放军在国民党天津警备司令部活捉陈长捷，天津终于解放了。

1984 年，金汤桥被公布为市级文物保护单位。1994 年，金汤桥——解放天津会师纪念地被公布为市级爱国主义教育基地。在天津市实施海河综合开发工程中，金汤桥恢复开启功能，并以人民解放军会师群雕为主题，在桥头兴建会师公园。2021 年被公布为天津市革命文物。

中国人民解放军61365部队军史馆

　　中国人民解放军61365部队军史馆位于天津市河北区中山路129号增1号院内，建于1989年，经1993年、2004年、2011年三次修缮，形成现今规模。

　　该馆以"回顾奋斗历史、展示辉煌成就、珍惜崇高荣誉、传承光荣传统、牢记使命责任、再创英雄业绩"为主旨，生动再现了61365部队官兵半个多世纪来走过的艰苦战斗历程，展现了光荣的测绘战士为国家和军队建设发展建立的卓越功勋，彰显了"英雄测绘大队"为祖国奉献、为人民造福、为军队争光的崇高追求和特别能吃苦、特别能战斗、特别能突击完成任务的革命精神，激励着一代又一代测绘官兵忠诚于党、热爱人民、报效国家、献身使命、崇尚荣誉，为"英雄测绘大队"旗帜再添光彩，为军事事业再立新功。

　　整个场馆分上下两层，共计两个展厅（一楼和二楼大厅）、十个展室，内容包括"大地之印""创业之歌""攀登之路""荣誉之光""奋进之声""英雄之魂""发展之要"七个部分。以时间为主线集中展现了

中国人民解放军61365部队军史馆

军史馆展厅

1954年以来广大官兵开拓我国大地测量事业,攀登世界大地测量高峰,勇当信息化建设测绘先锋的光荣事迹。

2003年9月,中国人民解放军61365部队军史馆被天津市国防教育委员会列为国防教育基地。

天津市规划展览馆

天津市规划展览馆位于天津市河北区博爱道 30 号。

展览馆共四层,建筑面积为 1.5 万平方米,其中布展面积为 1 万平方米。第一至第三层为展示区,包括 16 个展区,其中第一层设历史展区、总体规划展区、交通规划展区、中心城区规划模型展区、公示区;第二层设滨海新区规划展区、海河规划展区、名城保护规划展区、旅游规划展区、海河之旅影厅;第三层设住房和公共设施展区、生态规划展区、环境整治展区、重点地区规划展区、城市映像影厅、公众互动参与区等;第四层为办公区。

天津市规划展览馆全景

天津市规划展览馆在采用展板、模型等传统展示手段基础上,大量使用高科技手段,将激光成像、发光地图、电子翻书、多通道投影等现代声光电技术融入展示环节,全面展示天津的过去、现在和未来。同时注重参观者的参与互动,专门设置数字多媒体展示区和动感影厅、多款互动游戏等,让参观者在轻松的心情下认识规划、了解规划、参与规划,将专业性、知识性、互动性、趣味性和艺术性融为一体。

天津市规划展览馆于 2009 年 1 月 23 日正式对外开放。自开馆以来,以广博的展示内容、灵活的

历史展区

海河规划展区

展示方式、新颖的展示理念、科学的互动模式和周到的服务，吸引了国内外宾客和广大市民前往参观，充分发挥其展示城市魅力窗口、对外交流合作和招商引资平台的作用，已成为国内外各界人士走进天津、了解天津的首选之地，更是向世人展示宣传天津城市未来发展宏观蓝图的指南针，得到了国内外各界人士的高度关注和广泛赞誉，在对外开放和国际、国内友好交流中做出了突出贡献。

中心城区规划模型展区

近年来，天津市规划展览馆先后被公布为全国科普教育基地、天津市爱国主义教育基地、天津市科普教育基地、天津市统一战线教育实践基地。

魏士毅女士纪念碑

魏士毅女士纪念碑位于天津市河北区中山公园西侧。纪念碑上镌刻着三一八惨案的罹难者、燕京大学天津籍女学生魏士毅的壮烈事迹。

魏士毅，1904年出生于天津的一个普通商人家庭，自幼聪颖好学。1919年秋，以优异成绩考入当时天津很有名的严氏女学。当时，天津反帝爱国运动正如火如荼地开展，年仅15岁的魏士毅在革命形势的感召下，勇敢地走上街头，积极参加反帝爱国斗争。1922年2月6日，美、英等八国和北洋军阀政府在华盛顿签订侵犯中国主权的《九国公约》，激起全国民众的极大愤慨，魏士毅与天津爱国学生一起走上街头宣传演讲，揭露帝国主义阴谋和北洋政府的卖国行径。

1923年，魏士毅中学毕业后考入燕京大学预科，转年升入理科数学系。她学习非常刻苦，经常为了钻研课题，废寝忘食。由于体质欠佳，紧张的学习使她的胃病经常发作，可她从不肯因病误课，还暗暗加强身体锻炼。魏士毅在沉静的外表下深藏着刚毅的性格。她通过锻炼，"竟以排球健将闻名于校"。1925年11月底，在中国共产党领导下，以北京、天津为中心，掀起反对奉系军阀的革命斗争。魏士毅满怀爱国热情，勇敢地投入这场斗争。为表示为国舍己的决心，她毫不犹豫地剪去心爱的秀美长发，寒假回天津还动员妹妹剪去了长辫。开学后，她以更大的热情参加各种社会公益活动。由于成绩优异、才能超众，魏士毅被公推为燕京大学天津同乡会会长。

1926年3月12日，日本帝国主义为了帮助奉系军阀张作霖镇压国民军，公然出动军舰炮击大沽口，国民军被迫还击。日本借口国民军违反《辛丑条约》，于16日纠集英、美、法、意、荷、比、西等八国，向北洋政府发出最后通牒，限令中国军队撤出大沽口防务。面对帝国主义的挑衅，中共北方区委决定发动大规模的民众示威游行。3月18日，在李大钊、赵世炎等人的领导下，北京工人、学生、市民5000余人，在天安门前举行反对八国通牒国民大会，抗议日舰炮击大沽口的罪行。魏士毅时值胃病复发，但不顾

魏士毅

魏士毅女士纪念碑

同学们的劝阻,毅然加入了游行队伍。她高举校旗,勇敢地走在燕京大学游行队伍的最前头。同学们一边高唱《国民革命歌》,高呼"打倒帝国主义""打倒段政府"等口号,一边散发传单,张贴标语,浩浩荡荡地向东四铁狮子胡同(北洋政府所在地)涌去。此时,北洋政府门前站满了荷枪实弹的军警,段祺瑞竟令军警向手无寸铁的请愿队伍开枪。刹那间,血肉横飞,不少人倒了下去,年仅22岁的魏士毅壮烈牺牲。

为永远铭记烈士事迹,激励和鼓舞后人,1927年3月,燕京大学学生会在校园未名湖畔为魏士毅建立纪念碑。1929年3月,平津各界在魏士毅家乡的中山公园立碑纪念。1937年天津沦陷后,此碑下落不明。1983年经文物部门多方寻找,终于在地下挖掘出土。1986年,在纪念三一八惨案60周年之际,天津市人民政府将魏士毅女士的纪念碑重新树立在中山公园。1994年,天津市委、市政府公布魏士毅女士纪念碑为市级爱国主义教育基地。

天津十五烈士纪念碑

天津十五烈士纪念碑位于天津市河北区中山公园南侧，上面镌刻着大革命时期牺牲的十五位革命英烈的光辉事迹，记载着第一次国共合作时期令人难忘的一段历史。

1924年1月，在中国共产党的帮助下，中国国民党召开了第一次全国代表大会，第一次国共合作正式形成。天津和直隶省代表、共产党员于方舟、江浩、李锡九出席这次大会。会后，他们回到天津，很快在英租界义庆里40号（现南京路义庆里21号）筹建了以共产党员和国民党左派为骨干的国民党直隶省、天津市两个执行委员会机关（简称省、市党部），江浩担任国民党直隶省党部负责人，于方舟任执行委员，共产党员辛璞田、江震寰先后担任国民党天津市党部常委，负责市党部的工作。1925年底，冯玉祥率领国民军进入天津后，国民党由秘密活动转为公开活动，于是将义庆里40号的省、市党部迁至老铁桥大东旅社（现天津解放纪念广场）。1926年3月，国民军在中外反动势力夹击下撤出天津，奉系军阀卷土重来，查封大东旅社，革命活动被迫转入地下。

为利用租界掩护革命活动，义庆里40号作为国民党天津市党部被重新启用，由共产党员、共青团天津地委组织部部长江震寰以国民党天津市党部常委的身份主持机关工作。然而，由于这一机关使用时间较长，重新启用后已无秘密可言。英租界工部局和军阀当局经常派遣暗探，监视和尾随出入人员。11月23日，军阀褚玉璞勾结英租界工部局，突然包围了设在义庆里40号的国民党天津市党部，将正在机关办公的共产党员和国民党左派江震寰、邬集中、王纯善、马增玉4人逮捕，将《国民党党纲》《孙中山演说集》和许多宣传品、文件等，连人带物一起送交英工部局，并派暗探在义庆里卧底，以便逮捕前去机关的革命同志。

江震寰等被捕后，在《华北晚报》工作的共产党员及时发出消息，以使同志们闻讯从速躲避。但由于许多同志没有看报条件，结果又有许凤山、徐建中、孙宝山、王鹤洲、孙一山、倪家志、王建文、马自芳、王益三、赵玉良、韩玉亭等11人先后被捕。他们在狱中与敌人进行了不屈不挠的斗争，表现了革命者的英雄气概。

1927年4月18日，军阀当局下令将江震寰等十五位革命志士以所谓"组织党部，宣传赤化，阴谋暴动"的罪名押赴刑场（今南市食品街）枪杀。这就是半个多世纪以来，一直为人们崇敬的第一次国共

十五烈士临刑前合影

十五烈士纪念碑

合作时期天津的十五位烈士。

1931年,天津各界人士为纪念十五位烈士,在中山公园修建了纪念碑。1984年,天津市人民政府复立此碑,并公布为区级重点文物保护单位,后又公布为市级文物保护单位。1994年,天津市委、市政府公布十五烈士纪念碑为市级爱国主义教育基地。2021年被公布为天津市革命文物。

北宁公园革命烈士纪念碑

北宁公园革命烈士纪念碑位于天津市河北区北宁公园叠翠山。

1949年，为纪念解放天津英勇牺牲的革命烈士建立此碑，1977年重建，碑身刻有郭沫若手书"革命烈士永垂不朽"八个大字。

北宁公园革命烈士纪念碑

碑座说明文字

红 桥 区

北洋大学
——张太雷在津开展革命活动旧址

　　北洋大学始建于 1895 年,旧址位于天津大营门外梁家园村,是我国最早的国立大学。1902 年迁入天津城北八里西沽武库(北运河畔的红桥区光荣道 8 号,现河北工业大学东院)。校区内外环境幽静,风景宜人,一时蔚为名胜。

　　北洋大学是天津早期革命活动的重要领导人、天津第一位共产党员张太雷革命生涯的起点。1917年俄国十月革命给中国送来了马克思主义,当时张太雷(张曾让)正在北洋大学法科班读书,他透过十月革命的"刀光火色"看到了"新世纪的曙光"。1918 年 11 月,李大钊在《新青年》杂志上发表了《庶民的胜利》和《布尔什维主义的胜利》两篇文章,热情赞颂十月革命,更加激发了张太雷的爱国主义和民主革命思想。1919 年 2 月,张太雷不顾学校当局的严格控制,以本校法科学生为骨干,组织发起进步团体——社会改造社,秘密翻译社会主义文献,介绍苏维埃俄国社会主义革命的情况。

　　五四运动爆发后,北洋大学等学校学生积极参加反帝爱国运动。1919 年 5 月 6 日,北洋大学学生

北洋大学旧址

北洋大学堂旧址

河北工业大学校史馆

集会,推举学生代表与各校联络。当天,天津中等以上学校学生代表和北洋大学学生近千人齐聚北洋大学礼堂,召开会议声援和响应北京学生爱国行动,成立天津学生临时联合会,公推北洋大学学生张鉴暄为会长,南开中学学生马骏为副会长,当时的直隶公立工业专门学校学生谌志笃与另外 5 人为干事。5 月 14 日,天津中等以上学校学生联合会正式成立,简称"天津学联",张鉴暄因面临暑期毕业,谌志笃被推选为天津学联首任会长。李之常代表北洋大学出席该会议,报告北洋大学已成立演讲队,在北大关以北地区露天演讲,声讨卖国贼向日本出卖山东权利的罪行,并号召市民抵制日货。随后,张太雷及北洋大学学生会同天津学联举行罢课,并分赴津郊开展演讲活动,向工农商各界宣讲爱国道理。与此同时,直隶公立工业专门学校学生卢绍亭等也参加了天津学联领导工作,组织学生开展示威游行,发动各界人士抵制日货。9月,谌志笃和北洋大学学生谌小岑与周恩来等人发起成立进步青年团体觉悟社。

1920年3月,张太雷与于方舟、韩麟符、安幸生等天津学生参加由李大钊组织的北京大学马克思主义学说研究会,成为通讯会员,并在天津建立了马克思主义研究会。6月,张太雷从北洋大学毕业,但仍以《华北明星报》兼职翻译身份在北洋大学活动。9月至10月间,在李大钊的指导与帮助下,张太雷领导组建了天津社会主义青年团,北洋大学学生谌小岑、吴南如等也参加了建团工作。不久,张太雷加入北京共产党早期组织,成为中国共产党最早的党员之一,也是天津第一名共产党员。

1951年4月,教育部决定,北洋大学与河北工业大学合并,成立天津大学,校址迁至八里台。1958年,教育部决定河北工学院恢复重建,校址在丁字沽一号路。后北洋大学堂旧校址划入河北工业大学院内。2013年,北洋大学堂旧址被公布为全国重点文物保护单位。

坐落于北洋大学堂旧址的河北工业大学前身是始建于1903年的北洋工艺学堂,由时任直隶总督的袁世凯委派天津知府凌福彭创办,著名实业家周学熙任校长。1904年,北洋工业学堂改为直隶高等工业学堂,1913年更名为直隶公立工业专门学校,1929年改称河北省立工业学院。1950年,河北省立工业学院更名为河北工学院,1962年与天津机电学院、天津化工学院、天津建筑工程学院合并,定名为天津工学院,1971年复名河北工学院,1995年更名为河北工业大学。

2013年,河北工业大学以110周年校庆为契机,在北洋大学堂旧址南大楼建立校史展览馆,成为天津市、河北省爱国主义教育基地。河北工业大学校史馆占地面积约1300平方米,以学校发展历史沿革和"工学并举"办学特色为主线,全面反映河北工业大学的发展历程。其中,革命英烈纪念专厅以丰富的展陈翔实记录了广大进步师生投身反帝爱国斗争洪流,为民族独立解放和国家繁荣富强进行英勇斗争的革命事迹,以及其中涌现出的英烈人物,展示了河北工业大学的光荣革命传统和丰富红色历史资源。

天津总商会

——周恩来、马骏在津开展反帝爱国斗争旧址

　　天津总商会旧址位于天津市北马路红桥区一侧,占地面积近 1000 平方米,主体建筑是由中间贯通的 3 座四合院组成,分为前院、议事厅和后院。议事厅是一座典型的清末罩棚式会馆建筑,厅前有走廊,明柱支撑,大厅的上方设置玻璃天窗,光线明丽。总商会成立于 1903 年,最初名称是天津商务公所,后改名天津商务总会,1920 年定名为天津总商会。它是天津商业界的联合团体。

　　1916 年,天津爆发反抗法国侵占老西开地区的斗争。10 月 21 日,天津市维护国权国土公民大会在总商会召开,与会代表一致声讨法国强占老西开地区的恶行。23 日,商务总会又召开大会,通过抵制法货的议案,将斗争推向高潮。1919 年五四运动爆发后,这里更成为天津爱国学生及各界群众集会的场所。天津学联经常在这里开会和活动,许多爱国群众团体,如天津各界联合会、新学联的成立大会和国民大会筹备会议均在这里召开。当时的学联执行科科长周恩来等曾在这里与商会会长共商抵制日货办法。天津各界群众慰劳赴京请愿代表和欢迎周恩来、马千里、马骏、郭隆真、于方舟等 20 余名爱

天津总商会旧址(已不存在)

天津总商会旧址所在地附近街区照片

国志士经斗争胜利出狱的大会也在这里举行。由于总商会地处闹市中心,又是公共建筑,还与省公署及警察厅临近,因此,五四运动期间,总商会成为名副其实的天津各界爱国人士开展反帝爱国运动的中心,在这里展开的反帝爱国集会斗争不计其数。

随着天津城市规划和建设步伐的不断加快,昔日的天津总商会旧址建筑已不复存在,取而代之的是一座座高楼大厦。

天津清真大寺
——回族群众举行爱国集会旧址

　　天津清真大寺坐落在天津市红桥区西北角小伙巷南口，占地面积5000多平方米，建筑面积2200多平方米。大寺坐西朝东，以大殿（礼拜殿）为主体，东边有对厅，两侧有南、北讲堂及耳房，北跨院有沐浴室。整个建筑布局紧凑、结构完美、造型独特、金碧辉煌。五四运动时期，在这里曾发生过震惊津城的革命事件。

　　1919年8月，山东济南镇守使马良媚事日寇，疯狂镇压抗日救国运动，以"扰乱治安"为名，悍然捣毁山东回族救国后援会，逮捕和杀害后援会会长马云亭等人。这一消息经《天津学生联合会报》《益世报》报道后，激起天津回族爱国青年马骏、刘清扬、郭隆真等人的极大愤慨。他们到回族聚居区进行宣传，声讨马良和卖国政府媚外残民的罪行，并于8月10日在清真大寺门前召集回族群众200余人

天津清真大寺

集会,马骏等 3 人都在集会上发表讲演,历数马良在山东的残暴行径。会议决定将马良以前为清真大寺、南寺、北寺所题匾额一律撤掉,以示深恶痛绝之意。此外,他们还决议以天津各界联合会的名义致电大总统和国务院,强烈要求惩办马良以救鲁难。当时发生在天津清真大寺的爱国行动,沉重打击了反动军阀马良的嚣张气焰,有力推动了全国范围内反帝爱国斗争的发展。

2005 年 8 月,天津市人民政府将清真大寺公布为市级文物保护单位。

天津官立中学
——于方舟在津开展革命活动旧址

天津官立中学旧址为现在的铃铛阁中学,坐落在天津市红桥区铃铛阁大街(现芥园道)1 号。铃铛阁系稽古寺内的一座藏经阁,始建于 1579 年,为砖木结构的古老建筑,因在飞檐奇突的阁顶四周屋脊房椽各端系以精制的千余铜铃而得名。1894 年,因受附近木材厂失火殃及,铃铛阁被焚毁,稽古寺和附近的海会寺合并,被称为稽古书院。1901 年,以稽古书院为基础,创办天津普通学堂,起名为天津官立学堂(也称天津官立中学)。随着历史的变迁,多次更名,新中国成立后为天津市第三中学。1960 年第三中学迁出后,铃铛阁中学正式迁入。

五四运动后,天津官立中学学生运动十分活跃。他们倡导建立学联、订立爱国公约、成立演讲队、组织爱国社团、编印《醒》报、编演《爱国潮》剧目、配合商界罢市,有力地推动了天津各界爱国反帝斗争的发展,该校成为天津学生运动颇具影响的学校之一。在新思潮的影响下,该校学生于方舟、安幸生等

天津官立中学旧址

天津市铃铛阁中学（原天津官立中学）

于 1919 年 10 月创建了新生社,在李大钊的指导下,学习和研究马克思主义。1920 年 4 月 1 日,创办《新生》杂志,介绍马克思主义新思潮、讨论在天津建立共产党组织等问题,被誉为"全带社会主义色彩"的刊物,在团结进步青年、传播真理、唤起民众方面起到了积极作用。

　　1924 年 3 月 9 日,中国社会主义青年团天津地方执行委员会成立,该校毕业的于方舟在校内建立了团支部,此外,团地委还在该校召开全体大会。1926 年,国民革命军进驻天津期间,中共天津地委领导下的各群众团体转入公开活动,大中学校的工作也开展起来,该校建立了党支部。抗日战争时期,该校也是天津地下党活动的一个重要据点。青年学生为了寻求真理和出路,秘密阅读进步书刊,一时间各种形式的读书会如雨后春笋般在校内外涌现,其中比较重要的有以王文源等人为成员的斯巴达俱乐部,以郑克庶等人为成员的读书会和以郭华等人为成员的黎明读书会。他们采取隐蔽的方式秘密发展会员,活动内容主要是阅读进步书刊、讨论国内外形势、汇报交流思想、开展社会调查、进行体育锻炼等。正是在这三个进步读书会的影响和地下党组织的帮助教育下,多数参加过读书会的学生后来都分别参加了中华民族解放先锋队、中国青年抗日先锋队和天津市各界抗日救国联合会等进步组织,为民族解放事业做出贡献,有的甚至献出了宝贵生命。1946 年 1 月,该校地下党组织成功领导全校师生开展了反"甄审"斗争。天津解放前夕,该校地下党组织按照党的城市工作方针,积极开展宣传和护校斗争,配合人民解放军使这所久负盛名的学府完好无损地回到人民手中。

刘清扬故居

刘清扬故居位于天津市红桥区西北角严翰林胡同 14 号。

刘清扬生于 1894 年，回族，从少年时期就受到家庭与学校的良好教育。1905 年，她到严范孙创办的严氏女学保姆讲习所读书，受到爱国思想的启迪。1909 年，刘清扬从严氏女学保姆讲习所毕业后，进入天津直隶北洋第一女子师范学校读书，深受同盟会会员、革命党人、史地教员白雅雨的影响，辛亥革命时加入同盟会。

1919 年，五四运动浪潮席卷天津，刘清扬立即投身这一反帝爱国运动的洪流中，成为五四时期具有组织才干、宣传才能和自我牺牲精神的女界代表人物。她和郭隆真等人组建了天津第一个妇女爱国团体天津女界爱国同志会，并被推选为会长；她作为女界代表参加了天津各界联合会，当选为该会的常务理事；她还作为天津的代表参加了在上海成立的全国各界联合会，被推举为调查科理事。刘清扬在五四反帝爱国运动中始终站在斗争最前列。

刘清扬

刘清扬故居（已不存在）

旧城改造后的芥园道(刘清扬故居所在地)

1920年11月,刘清扬与张申府、蔡元培等同船赴法。1921年春,张申府、刘清扬、周恩来、赵世炎、陈公培五人在巴黎发起成立共产党早期组织,在留法的中国学生中开展活动。1923年秋,刘清扬乘火车经莫斯科回国。同年底,她和在津的原觉悟社成员邓颖超、李峙山、谌小岑等创办《妇女日报》,刘清扬任总经理,邓颖超、李峙山等都是该报的编辑。这份被向警予誉为"中国沉沉女界报晓第一声"的《妇女日报》,成为早期宣传马克思主义的重要阵地之一,为马克思主义在天津乃至全国的迅速传播做出了重要贡献。

近年来,随着天津市危陋平房改造和道路拓宽,西北角地区旧貌换新颜,昔日的刘清扬故居已不存在。

大东旅社

——天津党组织活动基地旧址

　　大东旅社旧址位于天津市红桥区东北角附近(今东北角天津解放广场)。这里原是一幢有23间住房的三层楼房,是当年奉系军阀李景林开办的旅社。

　　1925年12月至1926年3月,正处在第一次国共合作时期,这里曾是天津党组织公开的重要活动基地。当时,许多革命组织和群众团体的总部都设在这里。五卅运动期间,天津各界人民轰轰烈烈的反帝爱国斗争,引起帝国主义的极大恐慌和仇视。盘踞在天津的奉系军阀李景林,对工人运动进行疯狂镇压,制造了一次又一次流血事件,使天津城笼罩在白色恐怖之中。1925年冬,全国形势发生变化,冯玉祥发动反奉战争,并于同年底在天津地下党的有力配合下攻占天津。

大东旅社旧址(已不存在)

天津总工会旧址(已不存在)

冯玉祥领导的国民军进驻天津后，以李季达为书记的中共天津地委对革命形势及斗争策略作了认真的分析研究，决定利用国民军对国民革命的同情，广泛宣传和组织群众，积极发展党、团和工会组织，开展群众运动，把革命引向高潮。因此，在国民军驻津期间，中共天津地委领导下的各革命群众团体先后恢复活动，积极开展革命工作。以前遭军阀李景林查封而被迫转入地下坚持革命斗争的天津总工会，也立即在大东旅社建立新会址，并挂牌办公。

1926年元旦下午4点，天津总工会在新会址大东旅社举行隆重的升旗典礼，全市工人派代表参加，表示热烈祝贺和拥护。天津总工会会旗高悬在大东旅社三层楼顶，鲜艳的红色会旗随风飘扬，标志着全市工友们的胜利，到会全体代表脱帽向会旗致敬。会场周围悬挂着中华全国总工会、天津学生联合会、天津妇女协会、天津农民协会、国民党天津市和直隶省党部赠送的牌匾，上边书写着"中国工人阶级万岁""革命先锋""劳工神圣"等标语。1925年底，天津工会会员有17900多人，到1926年发展到32200多人，与各级工会组织有联系的工人达10万多人，占全市工人总数的50%以上。

中共天津地委、青年团天津地委和一些革命团体的总部也在大东旅社办公，这个旅社成为各团体活动的指挥中心。经常出现在这个旅社的有赵世炎、李季达、于方舟、江浩、张兆丰及江震寰、张延瑞、谭雅谊、李岩瑞等党团组织的负责人，还有王醒五、安幸生、李培良、卢绍亭、杨泽轩等工会组织负责人，也有负责妇女、女工工作的郭隆真、马淑娥、赵达等人。于方舟、李季达、江震寰等还曾在这里居住过。

随着天津城市的发展建设，今天已经见不到昔日的大东旅社，能看到的是在大东旅社旧址上新建的解放广场。

解放广场

共产党人领导狱中斗争旧址

共产党人领导狱中斗争旧址位于天津市红桥区西关西(也称小西关)。该地址原为河北省第三监狱,始建于1902年。1949年1月15日天津解放,21日,天津市军管会接管了河北省第三监狱,改名为天津市人民法院监狱。

1929年5月至1930年五一前后,由于"左"倾路线的严重影响以及叛徒的出卖,天津地区党组织遭到极其严重的破坏,一年左右的时间,包括傅茂公(彭真)、金城、詹大权、郭宗鉴、薄一波、齐国桢等在内的一批党员干部被捕,关在天津小西关监狱。在监狱里,"政治犯"与普通犯人关押在一起,生活条件极差,几乎每天都有人死亡。此外,监狱当局还勾结被判死刑和无期徒刑的劫匪、杀人犯(这些犯人被称为"铺头"),向其他犯人进行敲诈勒索。共青团干部(左镇南)因无钱财,在狱中被迫害致死。

傅茂公得知这一消息,极为愤怒,与其他难友组织起来,揭露敌人的罪恶。他们在狱外党组织的支持下,利用社会舆论披露这一事件,国民党当局怕事态扩大,才被迫枪毙了那个行凶的铺头。此后,敌人又修建了一座新监,将"政治犯"与其他犯人分开关押。

河北省第三监狱旧貌

通过这次斗争,狱中建立了秘密党支部,负责人是傅茂公、郭宗鉴、詹大权、叶玉文和卢福坦。1930年6月,中原大战方兴未艾,监狱地下党支部认为利用这个时机开展斗争,以争取某些自由和改善生活待遇是可能的,并提出以下原则:在斗争中要注意有理、有利、有节;提出的要求要顺乎民心,合乎情理,避免过"左"的口号与行动;团结"政治犯",争取狱外党组织的支持等。恰在此时,原津浦铁路工人领袖、共产党员魏振华因遭受狱中恶劣待遇致死。党支部立即决定向狱方提出严正抗议,要求给魏振华开追悼会并提出改善生活的八项要求，限期让监狱当局答复。同时，全体"政治犯"积极准备绝食。当他们的正当要求遭到拒绝后，120多名政治犯于1930年7月2日，展开了第一次绝食斗争。绝食的第一天，他们通过党的地下关系向几家报馆递送了绝食斗争的新闻和呼吁书。

绝食斗争开始后，狱方惊恐万状，立即把傅茂公、李运昌、叶玉文等20多人押往陆军监狱，把他们认为的首要分子郭宗鉴和有可能劝说进食的10多个人押进单人牢房，送去好饭好菜，进行诱骗。但全体"政治犯"在狱中党支部领导下，团结一致，毫不动摇。于是敌人又调来一批军警和铁甲车，组成临时执法处，准备镇压。当荷枪实弹、全副武装的军警站在牢房门口时，绝食的难友们纷纷向士兵宣传绝食真相，以争取他们的同情和理解。

绝食的第三天，报纸上陆续刊载第三监狱"政治犯"绝食的消息。顺直省委也发出《动员广大群众援助被捕战士绝食运动》的紧急通告，动员群众募捐并到监狱里慰问绝食者。绝食的第四天，一些新闻记者到狱中采访，转天各大报刊都作了报道。

当时正值蒋、冯、阎中原大战吃紧之时，阎锡山生怕"政治犯"的绝食会导致后方不稳，遂命令天津当局迅速解决狱中绝食问题。在各方压力下，反动当局被迫屈服。到绝食的第五天，公安局长曾延毅到狱中看望"政治犯"，表示当局对所提条件，除"允许阅读报刊"一条外，其余全部接受，斗争终于取得胜利，郭宗鉴等人当天转回新监。

岁月如梭，现在的河北省第三监狱原址已建成救死扶伤、治病救人的天津市人民医院，但人们永远不会忘记那些曾在狱中与敌人进行顽强斗争的共产党人的英勇事迹。

河北省第三监狱旧址现状（天津市人民医院）

针市街清真巷 7 号
——地下党秘密联络机关旧址

　　针市街清真巷 7 号——地下党秘密联络机关旧址,位于天津市红桥区西北角,原是天津有名的八大家中穆家的一处宅院。穆家从清朝乾隆年间起,以经营粮行生意发迹,逐渐成为天津豪门富户。历经百余年兴衰嬗变,至光绪年间家道败落,唯正兴德茶叶店始终未衰,所以提起穆家,总与正兴德茶庄联系在一起,传至穆芝芳已是第四代。穆芝芳是位有名望的水利工程师,新中国成立后曾任天津市民族事务委员会主任。

　　1944 年 9 月,中共中央晋察冀分局城工部遵照中央的指示精神,派中共党员秦良(原名穆增勤,穆芝芳之子)在天津市内英租界新宜里 11 号设立秘密机关,后又在其住所西北角针市街清真巷 7 号建立秘密工作机关,作为地下党组织领导机关的市内联络站,对外称"复兴源杂货庄"。

　　机关建立后,通过冀东关系运来一批传单,内有 1945 年 8 月 10 日朱德总司令为日军投降向各解放区所有武装部队发布的第一道命令和同年 8 月 25 日中共中央发表的《对目前时局的宣言》等。秦良约王文源等连夜将红色标题、蓝色字体的传单刻印完毕,并组织省一中支部的可靠关系,在同一时间将传单张贴于东马路、金钢桥、罗斯福路(今和平路)和劝业场一带,形成较大的宣传声势。9 月,秦良接到通知后,来到中共天津工作委员会(简称"津委会")宣传部特派员赵琪家中,见到津委会宣传部部长吴砚农,接受在新宜里 11 号建立秘密电台的任务。而后,吴砚农从胜芳镇派来两名译电员杨桂枝和刘骏先、两名报务员李崇培(展青雷)和齐挺军(齐先超)进入天津市内,并任命李崇培担任台长。党的报刊《天津导报》在解放区印刷出版,再向市内运送,而电台进驻天津市内的目的就是准备在市内出版《天津导报》。电台进驻后,由于出版《天津导报》的条件尚不成熟,很快改为出版《新华社电讯稿》。秦良等负责将译电员收录的延安新华社广播稿件转送到复兴源杂货庄,经选编后,再由秦良转送去刻印和分发,分发时用裹鞋布包裹起来伪装。《新华社电讯稿》主要内容是政治形势、上级重要决策以及解放大、小城市等消息,每期印出几百份,通过市内地下交通人员分发到各个系统。这个秘密机关虽然创建时间不长,但发挥了重要的联络作用,成为当时市委一些领导同志进市开展工作的隐蔽点。除娄凝先常住机关领导通讯宣传工作外,吴砚农、张淮三、王奠基等都来过这里,赵琪更是这里的常客。

1945 年 12 月 31 日，秦良在其工作的银行清点封库，回到家已是晚上 11 点，正当他们召开党小组会议时，传来急促的叩门声，一伙警察蜂拥而至，问明谁是刘子敬后便不容分说把他铐起来就要带走。秦良连忙上前解释："他是房客，我是房东，有什么事冲我说！"当时，大家对这突如其来的情况毫无思想准备，不知敌人的来由，秦良在交涉中向同来的派出所熟人打听内情，才知道：警察分局在复

针市街清真巷 7 号旧址现状

兴源杂货庄附近的集义客栈抓土匪时，逮住一个持枪者，审问其枪支来源，那人说是复兴源杂货庄刘子敬给的，还说刘是八路军，所以警察来抓刘子敬。刘子敬在敌工部工作多年，斗争经验丰富，当敌人在里屋盘问秦良等人时，他在屋外故意向敌人嚷道："我是卖胰子的，凭什么铐我？"其实是和屋里人串供对口径。接着，秦良又强调他是房东，刘是房客，大家一块做买卖，有他的股儿。但无论怎么解释，敌人也不放过，最后一起被带去分局。秦良借去后院换衣服的机会，向他的父亲简要告知了情况，并委托其父向有关人员打个招呼。刘子敬、秦良等被敌人拘留审讯，他们趁没人时把随身带的记有地下关系的小折子当即撕碎，大家分着吃了。商量以作买卖的由头应对审讯，刘子敬机智勇敢、应付自如。敌人问他为什么给八路军买东西，刘子敬说他家就在解放区，做买卖的有东西不卖给他们还能卖给谁。后来又得知审讯他们的敌警官是他的同乡，现在还有家人在解放区，便以此相要挟，使敌人有所忌惮。由于他们与敌人巧作周旋，敌人的审讯一无所获，没有得到任何证据。在各方面的营救下，他们很快获释。秦良获释后仍以"穆家少爷"的身份为掩护，联络上层人物开展经济情报和统战工作。针市街清真巷 7 号作为党的地下工作人员往来联络点，为解放战争胜利做出贡献，曾受到市委的肯定和表扬。

随着城市建设步伐的日益加快，这里已经建设为商业街区。

大红桥码头

——中共地下组织领导船员开展反遣散斗争旧址

　　大红桥码头位于天津市红桥区大红桥西侧子牙河北岸，新中国成立前是国民党政府招商局管辖的轮机船（小火轮）码头，也是子牙河、大清河往来物资的集散地。这条航线上游联系着大片解放区，一直是天津地下党组织向解放区运送物资、传递情报和干部往来的重要通道。

　　抗日战争后期，冀中区九地委城工部派遣干部苑兰田到大红桥码头，开展创建党的地下组织工作。到1943年，苑兰田在大红桥码头内河航运船员中先后发展金宝珍、赵福双、傅文善、何继亭、牛德玉为党员，并成立党支部，金宝珍、赵福双先后任书记。1946年五六月间，苑兰田被调往设在市外的天津市委机关工作，相关工作改由左中侠直接负责。同年六七月，由于左中侠工作调动，支部又由赵健负责。1947年秋赵健被捕，支部成员与上级组织失去联系，直至天津解放后才接上组织关系。

　　该党支部组织领导的最激烈的一次斗争是船员反遣散斗争。日本投降后，国民党当局为了断绝解放区的物资来源，决定将97%的船工予以遣散，遣散费一文不发。这一决定激怒了广大船工，苑兰田经

大红桥码头旧貌

上级领导同意后,决定抓住时机发动船工同反动当局进行斗争。1946年1月的一天,在党支部的发动下,六七百名身着破旧棉衣、满怀一腔愤怒的船工,在凛冽的寒风中,包围了天津招商局办公楼,提出"复工发薪,不遣散工人"的要求。反动当局派出四五十名荷枪实弹的警察包围了示威工人。船工们面对恐吓,高呼"不答应条件绝不罢休"等口号。国民党接收专员迫于压力抛出了"向示威工人表示道歉,每条船留一人复工看守船只,发给工人少量遣散费"的答复。苑兰田和地下党支部成员识破了国民党当局的缓兵之计,决定扩大斗争规模,动员船工家属参加斗争。转天,船工们带着妻儿老小,冲进招商局大楼走道。国民党当局派来大批警察,包围了招商局大楼,并朝天鸣枪恫吓示威工人和家属。船工们更加义愤填膺,毫不退缩。最后,招商局被迫答应船工们提出的发给每人两个月的薪金作为遣散费的条件,罢工斗争取得胜利。

1946年5月5日,天津市委发出紧急通知,指出内战有一触即发之势,保全组织为第一,各项工作可以缓进;一些重要岗位的干部隐蔽不动,不能隐蔽的撤离市区。7月8日,市委又通知将已知被列入黑名单的学生撤出。根据市委指示,从6月中旬开始,各系统已暴露的工作人员逐步撤出市区,其中有相当一部分人就是利用大红桥码头这条水路转移出去的。

大红桥码头现状

大众摄影社

——天津党组织秘密活动联络站旧址

大众摄影社旧址位于天津市红桥区西北角大伙巷南口49号(新中国成立前为185号),是一所坐东朝西的高台阶宅院。1941年,贫苦青年康俊山和他的母亲、妻子租住这里后,为了谋生,利用院北的一间堂屋和西头的两间套房办起一家照相馆,即大众摄影社。

大众摄影社附近有一所远近闻名的省立第一中学,这所学校的学生刘铁錞等经常到摄影社联系毕业照相业务,结识了康俊山,日久便成了好友,经常帮助康俊山洗印照片,有时还在康俊山的家里吃住,关系十分密切。他亲热地称康俊山为康四哥(康俊山在家行四),称他爱人康四嫂。刘铁錞毕业后,仍与康家保持着密切的关系。

当时,处在日本帝国主义统治下的天津青年,不堪忍受民族压迫,纷纷寻找抗日途径。刘铁錞、郭华等秘密组织黎明读书会,阅读进步书籍,探索革命真理。不久,他们与地下党组织取得联系,参加了党的外围组织"天津抗联"。抗战胜利后,刘铁錞利用与康家保持多年的密切关系,并经康俊山同意,在大众摄影社组织了一个读书会,大家将搜集到的进步书籍集中在一起互相传阅。受读书会的影响,康俊山逐渐产生参加革命的想法。1946年初,康俊山化名孟兴,由刘铁錞介绍参加天津民主青年联合会(简称"民青"),转年7月,由刘铁錞介绍加入中国共产党。

大众摄影社旧址(已不存在)

大众摄影社设在深宅大院内,地点比较隐蔽。大院里住着十几户人家,多是老住户,康和邻居相处比较和睦。因大院里居住人家多,还有个照相馆,每天从早到晚出入大院的人络绎不绝,不易引人注意,便于隐蔽开展工作。自从康俊山参加党的外围组织以后,大众摄影社便成为地下党组织的秘密活动联络站。

大众摄影社旧址现状

党的地下工作者王文源(化名老郑),经常来大众摄影社和刘铁錞等人接头开会。为了保证同志们的安全,开会时康四嫂负责放哨。康俊山还在暗室的隔板墙上,镶上一个小摄像镜头,地下工作者在暗室里开会时,便利用这个设备,随时观察外边的动态,遇有敌人搜查,大家便拿起相纸开机洗印,不露马脚。由于他们认真细致的工作,这个联络点从未出现过意外。

天津解放前夕,在大众摄影社秘密活动的同志,遵照地下党组织的指示,对国民党军政人员展开政治攻势,以信件和传单的形式规劝他们放下武器,弃暗投明。当时,警校毕业生也常来这个照相馆照相留念,康俊山平时留意把每期警校毕业生同学录保存一份,按同学录提供的地址向他们逐一发信,有时他和刘铁錞等携带信件挨户投放,这些信件对国民党军政人员产生了一定的震慑作用。

大众摄影社作为地下党组织的秘密活动站,在解放战争时期为党的工作做出了贡献。成功缩印天津国民党军城防图,是大众摄影社为天津解放做出的一项重大贡献。城防图图纸较大,内容复杂,敌碉堡、电网、通信和照明设施数量很多,错落交织。康俊山连夜操作,把原图纸分解成4块,各缩拍成8寸照片,又经化学处理,隐藏了表面的图像,裱糊在两张老年夫妇12寸大照片的后面,由党的交通员赵岩越过封锁线,安全送到华北局城工部。

现在,随着天津城市建设发展,大众摄影社原建筑已不存在了,这里成为繁华的街区。

天津市烈士陵园旧址

　　天津市烈士陵园旧址位于天津市红桥区西青道南侧,北辛庄附近。这里原是中国人民解放军解放天津战斗最激烈的西营门突破口旧址。陵园内建有一座十多米高的白色花岗岩纪念碑,碑上刻有:"解放战争英雄纪念碑"9个镏金大字。解放天津战役中光荣牺牲的中国人民解放军第39军115师500多名将士就曾安葬在这里。

　　1949年1月,天津战役即将打响。当时,陵园西南是原鲁西颐园,西北是原安徽义地。这两处是天津守敌外围重要据点之一,也是人民解放军第39军115师的主攻方向。东墙外50米处是守敌城防工事和护城河。两处据点南北长250米,东西宽200米,各筑有配备重火器的永久性和半永久性的子母地堡群。城防四周是堑壕,壕外设置路障、绊马索和铁丝网。担任扫清外围据点任务的是人民解放军344团3营、1营和警卫连。3营攻打安徽义地,1营和警卫连攻打鲁西颐园。

　　1月9日16时5分,师炮兵营和纵队炮兵团对两处实施破坏性轰击,刹那间,敌人阵地一片火

解放战争英雄纪念碑

"浴血津城"雕塑

海。3营9连1排和1营2连2排、警卫连在机枪火力掩护下,分别对安徽义地和鲁西颐园实施强行突破。9连在连长带领下,仅用16分钟结束战斗,占领安徽义地。2连和警卫连进攻途中遭到敌人顽强抵抗。经过一个多小时的激战,占领鲁西颐园。

敌人意识到失去外围据点就将失去屏障,连续3次反扑企图夺回据点,都遭到2连和警卫连的迎头痛击。1月10日,8连接替2连继续与敌人战斗。11日拂晓,300多敌人再次扑向解放军阵地,并趁8连机枪手孙海山负伤火力减弱之机,突入3班阵地,在千钧一发之际,身负重伤的战士王和拉响手榴弹与敌人同归于尽。8连和警卫连部分指战员奋不顾身增援3班,与敌人展开肉搏战。在这危急时刻,机枪手孙海山苏醒过来,抓起机枪向敌人猛烈扫射,打退敌人一次次反扑,牢牢地守住了鲁西颐园阵地,为解放军总攻赢得了时间。

天津战役总攻于1月14日上午10时正式发起,1月15日下午15时以全歼13万国民党军守敌而宣告胜利结束。

2006年4月,天津市委、市政府将烈士陵园迁移至北辰区北仓铁东路1号新址。天津市烈士陵园原址修建为街区花园。

平津战役纪念馆

　　平津战役纪念馆位于天津市红桥区子牙河畔,是一座全面展现平津战役伟大胜利的专题性纪念馆。1995年11月29日奠基,1997年7月23日建成开馆,2020年12月10日进行全面提升改造,在中国共产党成立100周年之际重新开展,聂荣臻元帅生前为平津战役纪念馆题写馆名。

　　平津战役纪念馆占地面积4.7万平方米,建筑面积1.4万平方米,由胜利广场、主展馆、多维演示馆和军威园四部分组成。

馆内铸铜雕像《走向胜利》

　　主展馆为高22米的三层建筑,展陈面积为6400平方米,陈列内容分为:序厅、战役决策、战役实施、人民支前、英烈业绩、伟大胜利六个部分,展线总长790米,通过3500多件珍贵文物及图表、雕塑、绘画等辅助展品,全面客观地反映了平津战役全过程,热情讴歌了毛泽东战略决战思想和高超军事指

纪念馆广场的兵器布列

平津战役纪念馆外景

挥艺术,讴歌了人民解放军灵活机动的战略战术和英勇顽强的战斗作风,讴歌了广大人民群众踊跃参战支前的感人事迹和无私奉献精神。

多维演示馆是亚洲第一大球体建筑,高 45 米,直径 50 米,运用声、光、电高科技与多元化视听艺术手段,把全景式超大银幕环球电影及战场景观结合起来,创造出新颖、独特的视听艺术形式,气势恢宏地演示了平津战役多维空间画面。

军威园坐落在平津战役纪念馆西侧胜利花园内,占地面积 7000 平方米,总体呈长方形,四周护栏按船舷形式设计制作,远远望去好似一艘大型航空母舰。园内陈列人民解放军捐赠的大型兵器 16 件,包括 62 丙型护卫艇、轰五飞机、歼五、歼六飞机、HY-2 导弹、HQ-2 导弹、HQ-61 导弹、双联 57、37、30、25 舰炮、1200 深水发射炮及深水炸弹、鱼-1 鱼雷、锚-1 水雷等,其中 62 丙型护卫艇和轰五飞机是海军首次捐赠。此外,园内还展出了第五届中国天津直博会"超级大白鲨"直升机概念模型和在新中国成立 70 周年阅兵式惊艳亮相的天津彩车,集中展示了我国先进的国防科技和新时代天津精神,是市民群众热爱祖国、热爱天津、热爱家乡的心怡载体。

平津战役纪念馆主题思想鲜明,陈列内容翔实,是缅怀革命先烈、牢记初心使命的生动课堂,是开展爱国主义教育和革命传统教育的红色场所,是弘扬社会主义核心价值观的重要阵地。截至目前,共接待国内外各界观众 2600 多万人次,50 多位党和国家领导人先后莅临平津战役纪念馆参观视察。与国防大学、天津大学、南开大学、中共天津市委党校等 260 多个单位结成共建关系。先后被授予全国爱国主义教育示范基地、全国国防教育示范基地、全国青少年教育基地、全国文明单位、全国红色旅游经典景区、国家一级博物馆、国家 AAAA 级旅游景区等 60 多项荣誉称号。

东 丽 区

中共河北支部范庄小学活动旧址

中共河北支部范庄小学活动旧址位于天津市东丽区京津塘高速公路天津出口东北侧。

早在 1927 年,东丽区范庄子村就有了党的活动。共产党员许云阶在位于该村的天津县公立第六十二小学(简称范庄小学),以教师身份为掩护从事革命工作。

大革命失败后,全国革命形势转入低潮,党在天津的活动也被迫转入地下。中共天津市委下属河北支部,选调共产党员孙振武(原名孙静洲)到范庄小学,接替被党组织派出学习的许云阶。

1927 年 7 月下旬,孙振武来到范庄,按照党的指示以教书为掩护秘密开展革命工作。孙振武开始直接和市委的靳子涛(化名金城)联系,后改为同河北支部联系。

孙振武在范庄小学经常给学生讲一些简单的革命道理,并以家访作掩护深入田间农户访贫问苦,宣传党的主张,揭露国民党反动本质。他秘密做当地警察所副所长、仁慈庄(现向阳村)刘某某等人的争取工作,激发他们的进步思想,使这些人增强了爱国心和正义感。

为了和党组织保持联系,孙振武坚持每周去市内一次,参加党的集体活动。1929 年 7 月,河北支部调孙振武到天津县公立第六小学工作,同时派共产党员王俊英到范庄小学接替孙振武的工作,同时接受孙振武直接领导。按当时的规定,没有师范学校的毕业文凭不能担任小学教员,为此,党组织设法让其顶用"王文兴"的名字上任,"王文兴"就成了王俊英的化名。

王俊英在范庄的主要任务是发动群众,扩大党的组织,在舆论上同国民党反动派作斗争。王俊英以学校为阵地向学生、教员及当地贫苦农民宣传革命道理和党的主张,揭露国民党反共反人民的本质。王俊英时常对学生们讲,长大了要参加革命,将来全国都要解放,穷人要翻身,分土地,组织合作社、集体农庄等,以启迪学生的思想觉悟。王俊英平易近人,深

范庄小学(天津县公立第六十二小学)旧址(已不存在)

受范庄及周围群众的爱戴,因他身材矮小,人们亲切地称他"小王先生"。经过一段时间的工作,王俊英发展本村私塾教员孙恩瀛、储某某为中共党员,为东丽播下了最早的两颗革命火种。

1930年3月8日,王俊英带领孙恩瀛、储某某在市内参加了省委组织的三八游行示威。同期还参加了一些飞行集会,王俊英多次在集会上发表演说。4月,中共顺直省委根据中央指示成立纪念五一劳动节总行动委员会,同时决定发动北宁路、开滦五矿工人举行罢工。根据省委指示,中共天津河北支部积极开展罢工游行准备工作,孙振武来范庄向王俊英等3名党员传达了省委和河北支部关于进行纪念五一罢工游行的指示精神和具体部署。

5月1日上午,孙振武和范庄王俊英、孙恩瀛、储某某等党员按时来到三条石兴记铁庄等候,准备参加罢工游行。一直等到9点半未见河北支部来人联系,孙振武前去探听消息,不幸被捕。原来河北支部已被破坏。王俊英等3名党员因此与组织失去了联系。

此后,王俊英等3人因参加罢工游行而受到校方怀疑,王俊英被辞退,到盐警总署工作,与组织接上关系后,被派到部队做军运工作。孙恩瀛仍以教书为职业做些对革命有益的宣传工作。

随着城市建设发展,范庄小学支部活动旧址已不复存在,但党在范庄的活动将永留史册。

解放军粮城战斗指挥部旧址

解放军粮城战斗指挥部旧址位于天津市东丽区军粮城镇东金路。

军粮城是一座具有千年历史的古镇，历来是兵家必争之地。1948年11月，平津战役开始。12月13日傍晚，东北野战军第46军(9纵队)第136师过金钟河进驻赤土村。次日，该师攻占了贯庄、排地(四合庄、中河一带)等据点，准备实施对津塘地区的分割任务。46军军部研究认为，军粮城具有重要战略地位，切断津塘联系，必先占领重镇军粮城。为此，人民解放军对攻打军粮城作了周密部署，令136师、137师立即赶赴军粮城，切断津塘联系。为策应攻打军粮城，军部令140师包围塘沽新河守敌，堵住敌人西援；令138师配合136师一部警戒天津守敌，防止其支援。12月18日，137师即由北塘向军粮城东侧移动；136师某营在团参谋长带领下由武委会主任魏国亮带路，亦于当日傍晚经山岭子进入兴农村与137师对军粮城形成合围之势。当晚，解放军各部队向军粮城发动总攻，经过激战，19日晨，137师、136师攻克军粮城。军粮城军民于当天上午在试验站召开庆祝大会，欢庆军粮城解放，并进行清理残敌、收缴零散枪支工作。第46军军部移驻军粮城，主力于12月30日起向天津市区逼近，集结于津东李明庄、程林庄、贯庄地区，为天津战役胜利打下基础。

而今，解放军粮城战斗指挥部旧址已被改建为东丽区苗街小学。

东丽区苗街小学(东北野战军第46军指挥部旧址所在地)

赤土惨案遗址

赤土惨案遗址位于天津市东丽区华明街道东丽湖旅游区西部。

1946年,国民党94军121师363团进驻大毕庄、赵庄子、么六桥村及张贵庄机场。汉奸吴世奎等人纠集地痞流氓建立"义勇壮丁队",公开向中国共产党领导的农会和村政权反扑。革命形势日益严峻。

4月20日,天津县一区区委在金钟河北赵温庄村召开会议,研究部署团结群众坚持对敌斗争工作。21日凌晨,全区干部分两路,到金钟河南落实区委会议精神。区委书记齐翔带领区小队及部分区干部去于堡村;区长张建夫带领李愚、王秀臣等12人到赤土村开展工作。不久,吴世奎武装200多人包围赤土村。张建夫等人被困。因敌众我寡,张建夫当即决定全体分散,各自寻机突围。在突围中,张建夫、李愚先后中弹牺牲,王秀臣被捕。残忍的敌人将张建夫的头颅和李愚的耳朵割下来沿街示众。当天晚上,赤土村村民含泪把烈士尸骨掩埋在金钟河畔。

赤土惨案发生后的第二天,天津县委组织部部长张扩赶到一区,代表县委在田辛庄主持召开张建夫、李愚烈士追悼会。为加强一区武装力量,县委调县支队一部配合一区开展工作。县支队同区小队合力袭击吴世奎老巢,给敌人以沉重打击,使一区工作得到恢复。

张建夫(左三)在旅津北中读书时与同学合影　　　　　赤土惨案遗址现状(天津滨海国际花卉科技园区)

西 青 区

疙瘩村地下党活动地旧址

疙瘩村地下党活动地旧址位于天津市西青区中北镇四新村。

1945 年 8 月,日本宣布无条件投降。9 月,中共冀中区天津工作委员会深入天津西郊地区开展革命斗争,运河两岸村庄被划为天津县第六区,经常在运河沿村开展革命斗争的主要领导人有天津县第六区区长张镜、区委书记程玉、区财政助理马炎。

疙瘩村,位于南运河南 1.5 千米处,是运河两岸最小的村,全村只有 40 户人家。村北是中北斜村、西北斜村,东到天津 7.5 千米,西到杨柳青 5 千米,南到张家窝 10 千米的范围内无村无户,便于地下党组织隐蔽和开展革命工作。如被村北运河两岸的国民党驻军发现,等他们赶到疙瘩村,党的工作人员也有足够时间撤离或隐蔽。国民党在疙瘩村的政治势力相对比较薄弱,全村没有国民党员,只有 1 名三青团员,这也是开展革命斗争的有利条件。来运河沿村开展革命斗争的共产党员和八路军部队经常在疙瘩村相聚,分别住在村民姚存山、杜学宽、曹文奎家中。此外,疙瘩村村东至东北斜村南的李家

疙瘩村地下党活动地旧址现状

坟地里的一所四合院瓦房,也是地下党经常活动的地方。

　　1945年12月3日拂晓,由于大梢直口村的国民党线人告密,国民党军队100余人来到疙瘩村,在村外抓捕了第六区财政助理马炎,并带至村东三教堂严刑拷打,逼问第六区区长张镜下落,马炎始终未向敌人吐露实情。当时正在三教堂庙内隐蔽的张镜在看庙人徐庆盛掩护下得以脱险。马炎被带回国民党军驻地大觉庵(现西营门街前园村)后,遭受各种酷刑,被敌人削去一只耳朵、砍去一只手臂,始终坚贞不屈,直至壮烈牺牲。

　　在近年来的旧城改造中,疙瘩村地下党活动地旧址建筑及村东的那所四合院瓦房和三教堂庙均被拆除,现开发为住宅区。

杨柳青市军事管制委员会旧址

杨柳青市军事管制委员会旧址位于天津市西青区杨柳青镇估衣街 47 号石家大院内,现为天津杨柳青博物馆。2019 年,西青区文化和旅游局将石家大院交由杨柳青镇人民政府管理使用。

石家大院位于杨柳青镇御河桥西,门前是京杭大运河流经天津的南运河,原系清末天津八大家之一石元仕的住宅,主体建筑始建于 1875 年,有 200 余间房屋,1925 年石家后代全部迁往天津市内居住,1945 年后为国民党军队占用,先后驻扎国民党 92 军、94 军、62 军的指挥部。

1948 年,解放战争的形势迅速发展。东北野战军在取得辽沈战役胜利后,于 11 月 23 日挥师入关,实施对天津的战略包围,准备发起平津战役。12 月 20 日,津西重镇杨柳青解放。12 月 23 日,中共冀中区八地委前委派许海涛、董成彬、李轩等工作人员进驻杨柳青,成立杨柳青市军事管制委员会,办公地点设在杨柳青石家大院,由许海涛任军管会主任,董成彬任副主任,李轩任市长。军管会设秘书,并设组织股、宣传股、治安股、工商股、后勤股。军管会成立后,大力宣传党的政策,维持社会治安,安定民心,收缴反动分子暗藏的武器,共缴获长短枪 391 支、子弹 18753 发,接收修械所 1 座,军服(鞋)3810 件,接收杂粮 187845 斤,小麦 17828 斤。军管会建立了支前委员会,就地筹粮 205673 斤,组织民夫 10763 名,动员大车 512 辆,征集器材 42 种、4033 件,有力地支援了天津战役。

杨柳青市军事管制委员会旧址(石家大院)

杨柳青市军管会部分委员合影

西青地区解放初期,由于群众不了解党的方针、政策,加之天津尚未解放,敌人造谣破坏,敌机不时轰炸,致使群众思想动荡不安,社会秩序极端混乱。为稳定群众情绪,军管会张贴布告,召开各种会议,向群众宣传解放战争的胜利形势和中国共产党的城市政策,及时消除了群众的思想顾虑。随着人民解放军大量进驻,防空力量不断加强,群众情绪日趋稳定。

为建立良好的社会秩序,军管会宣布敌伪组织为非法组织,对反革命分子的活动采取坚决镇压方针,对敌伪人员采取争取和教育改造的方针。在党的政策感召下,外逃的敌伪人员纷纷归来主动登记。为加强社会治安管理,根据依靠多数人管制少数人的原则,发动群众进行管理,以治安股为主组织登记人员学习,对他们进行教育,号召其从事生产劳动,认真改造,重新做人。同时,对破坏社会稳定的抢劫、贩毒、赌博等案件及时进行打击与处理。由于采取了上述措施,社会秩序趋于稳定。

1949年4月,经中共冀中地区八地委与天津县商定,杨柳青镇结束军管,划归天津县管辖,并成立天津县杨柳青镇人民政府。1949年8月1日,河北省人民政府成立,杨柳青镇划归河北省,为县级镇,由河北省天津专署领导。8月7日,中国共产党河北省天津地方委员会由永清县迁至杨柳青镇石家大院内。

1991年,石家大院被天津市政府公布为市级重点文物保护单位,由天津市文化局命名为"天津杨柳青博物馆",同年12月31日正式开馆。1994年,杨柳青博物馆被天津市委、市政府公布为天津市爱国主义教育基地。2006年6月,石家大院被国务院公布为全国重点文物保护单位。

天津一二·九抗日救亡运动纪念馆

天津一二·九抗日救亡运动纪念馆位于天津市西青区李七庄街道王兰庄村,原为天津学生抗日救亡义务教学点陈列馆。1935年一二·九抗日救亡运动中,天津学生在中国共产党领导下,以李七庄街道王兰庄村为基地,在天津市郊和周边地区开展了大规模的抗日救亡义务教育运动,培养了一批抗日骨干。

1985年12月9日,天津市委、市政府在王兰庄义教点旧址树立了天津学生抗日救亡义务教学点旧址纪念碑。1986年天津市委、市政府确定其为市级文物保护单位和天津市青少年爱国主义教育基地。1987年又在该村修建了天津学生抗日救亡义务教学点陈列馆。2003年11月,经市文物局批准,陈列馆更名为天津一二·九抗日救亡运动纪念馆,并于12月9日正式揭牌。

纪念馆包括纪念广场和展馆两部分,总占地面积2000平方米。展馆建筑面积400平方米,是一座砖混结构的厅堂建筑,环境清幽雅致,展馆庄严肃静。展馆内容陈列分为"一二·九和一二一八大示威""五二八运动""到农村去开展义务教育进行抗日救亡宣传""进步学生在斗争中成长""王兰庄党支部在抗日救亡浪潮中诞生""发扬革命传统振兴中华"共六个单元。馆内陈列品包括历史照片、报刊资料、老同志回忆文章和音像资料等,真实生动地再现了当年进步学生在农村开展义务教育、进行抗日救亡

天津学生抗日救亡义务教学点旧址纪念碑

天津一二·九抗日救亡运动纪念馆

宣传、发展革命力量的历程,以此教育广大党员干部群众特别是青少年铭记奋斗历史,珍惜幸福生活,开创美好未来。

天津一二·九抗日救亡运动纪念馆的落成填补了天津市乃至全国无一二·九运动室内纪念馆的空白,受到社会各界的普遍关注。2010年被评为国家 AA 级旅游景区。2017 年,纪念馆又进行了升级改造,于 2019 年正式对外开放,年均接待游客上万人。2021 年王兰庄天津学生抗日救亡义务教育纪念地被公布为天津市革命文物。

平津战役天津前线指挥部旧址陈列馆

平津战役天津前线指挥部旧址陈列馆,位于天津市西青区杨柳青镇药王庙东大街4号,原为一座四合院式民宅,总面积为384平方米。

1948年12月至1949年1月解放天津战役期间,中国人民解放军平津战役天津前线指挥部设在这里。总指挥刘亚楼曾在这里多次召开高级军事会议,部署作战方案。1949年1月14日上午10时,刘亚楼在这里发布总攻命令,打响天津战役,经过29个小时的激战,全歼守敌13万余人。1月15日,天津获得解放。

陈列馆展览分为四个部分:"警卫室""陈列室""参谋室""作战指挥室"。其中,陈列室以图文展板及影像资料展示的形式对平津战役作了简要介绍。作战指挥室实景复原了刘亚楼司令员指挥攻打天津的历史场景,陈列着刘亚楼当年指挥作战的大型照片以及平津战役地形图,黑色牛皮壳步兵电话机,华北地下武工队攻城前向指挥部呈送的《天津敌碉堡栅栏城防图》,刘亚楼使用过的牛皮革文件

平津战役天津前线指挥部旧址陈列馆外景

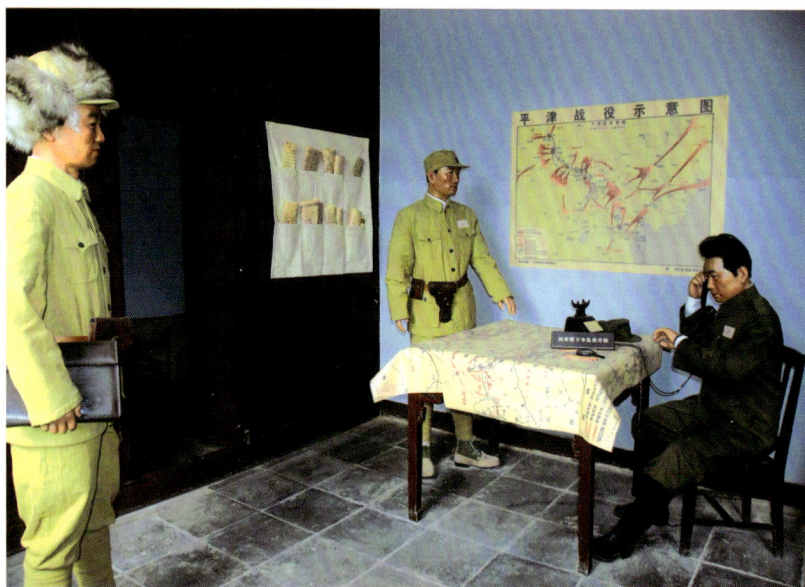

刘亚楼办公室实景还原及蜡像展室

箱、文件夹,警卫员的通信背包以及行军床、马褡子、毛毯等生活用具。

1962年,河北省政府将指挥部旧址公布为河北省文物保护单位。1982年天津市政府重新公布为市级文物保护单位,1983年修缮后建立平津战役天津前线指挥部旧址陈列馆,于当年12月对外开放。此后,陈列馆被确定为天津市爱国主义教育基地、国防教育基地、西青区青少年爱国主义教育基地、国家AA级景区、天津市历史风貌建筑。2021年平津战役天津前线指挥部旧址被公布为天津市革命文物。

新中国反腐败第一大案展览馆

由中共天津市纪委扩建的天津市反腐倡廉教育基地暨新中国反腐败第一大案展览馆位于原中共天津地委书记刘青山、行署专员张子善的办公地点——天津市西青区杨柳青镇石家大院内。

新中国反腐败第一大案是原中共天津地委书记刘青山、行署专员张子善腐败案。1951年11月，原天津地委书记、石家庄市委副书记刘青山，原天津地区行署专员张子善的巨大贪污案，被揭发查处。经查，1950年到1951年短短一年时间里，刘青山、张子善利用职权，盗用、贪污的钱款总计达1716272万元(旧币)，相当于1955年币制改革后人民币171万余元。

1951年11月30日，毛泽东在为转发这一案件报告的批语中指出，这件事给中央、中央局、分局、省市区党委提出了警告，必须注意干部被资产阶级腐蚀发生严重贪污行为这一事实，注意发现、揭露和惩处，并须当作一场大斗争来处理。在公审大会召开之前，曾有高级干部考虑到刘、张两人在战争年代有过功劳，向毛泽东说情。毛泽东说，正因为他们两人的地位高，功劳大、影响大，所以才下决心处决

新中国反腐败第一大案展览馆外景

他们;只有处决他们,才能挽救 20 个、200 个、2000 个、20000 个犯有各种不同程度错误的干部。

1952 年 2 月 10 日,刘青山、张子善贪污案公审大会在保定市体育场举行。下午 1 时 30 分,河北省人民法院院长宋志毅宣读审判书,刘青山、张子善被押赴刑场,执行枪决。

新中国反腐败第一大案展览馆包括 6 间展厅和 1 间按原样复原的刘、张办公室。展览馆展出照片上百幅,展品数十件,并配有若干影像资料。

"惊天大案"部分由"历史背景"、"投身革命"、"走向深渊"三部分内容组成,以翔实的史料讲述刘青山、张子善因为经受不住执政的考验,背弃共产主义理想信念,最终由革命功臣堕落成历史罪人的触目惊心的过程。

"警钟长鸣"部分由"查处大案""世界现象"两部分内容组成。"查处大案"主要展示新中国成立后特别是改革开放以来,党中央查处的一批大案要案。"世界现象"主要展示印尼、菲律宾、韩国、尼日利亚、秘鲁等国家政府官员贪污腐败事例,并以图片、多媒体形式介绍苏联解体、东欧剧变的历史过程。

"任重道远"部分由"历史回顾""高瞻远瞩""艰辛探索""开拓创新""继往开来"等内容组成。以大量图片、文献、文字说明,展示改革开放以来党和国家领导人的反腐倡廉思想和历届中央纪委领导对反腐倡廉工作的艰辛探索,以及党领导中国特色反腐倡廉事业取得的巨大成效。

李大钊烈士纪念室

李大钊烈士纪念室位于天津市西青区精武镇天津公安警官职业学院院内，是天津市唯一一处以李大钊探索、追求、传播、实践马克思主义为主题的陈列纪念展室。1991年7月，李大钊烈士纪念室建于天津市政法管理干部学院。2017年迁址至天津公安警官职业学院。

李大钊是中国共产主义运动的先驱，伟大的马克思主义者，杰出的无产阶级革命家，中国共产党的主要创始人之一。李大钊与天津有着密切联系。青年时代在天津北洋法政专门学堂求学，参加爱国民主运动。五四运动以后，他把天津作为传播革命思想和开展革命活动的重要地区，多次返回天津进行演讲和座谈，宣传马克思主义，引导天津进步青年走上革命道路，为推动天津党团组织创建和革命运动开展做出了重要贡献。

李大钊烈士纪念室展陈场所主要由纪念室和烈士雕像广场两部分组成。纪念室匾额由彭真题写，展室面积为540平方米，展陈以"信仰的力量——李大钊的光辉一生"为主题，包括"求学探索、矢志救

李大钊烈士纪念室展陈局部

李大钊烈士雕像广场

国""坚定信仰、投身建党""领导革命、血沃中华"3 个部分,全面系统地展现了李大钊波澜壮阔的一生及其对中国革命做出的丰功伟绩,集中反映了李大钊的革命思想、崇高精神、伟大人格,特别是详尽介绍了李大钊在天津刻苦求知、深研政理的求学经历,以及推进马克思主义在天津早期传播,指导天津革命运动发展的主要历程和重要贡献。

雕像广场占地 2300 平方米,南北宽约 40 米,东西长约 60 米。广场中间敬立李大钊烈士雕像。雕像为汉白玉材质,高约 2.4 米,基座为红色花岗岩材质,长 1.28 米、宽 2.6 米、高 1.4 米。广场入口两侧用钢制板材镶嵌着李大钊烈士手书"铁肩担道义、妙手著文章"的著名诗句。

纪念室自建成以来,充分发挥爱国主义教育基地作用,彭真、谭绍文、聂璧初等领导同志,李大钊长子李葆华,以及社会各界万余人到纪念室参观瞻仰或题字题词。迁址到天津公安警官职业学院后,纪念室展陈内容更新调整,展室设施改造升级,面向周边高校学生和社会各界群众开放,教育辐射作用进一步扩大。学院把"铁肩担道义、妙手著文章"诗句作为校训,以纪念室为依托,加强对李大钊生平思想和革命实践研究宣传,定期举办李大钊诞辰纪念活动和学术研讨会,将李大钊烈士光辉事迹、革命精神作为在校师生和全市政法公安系统民警政治培训的必修课,引导党员干部不断增强党性修养,厚植爱国情怀,努力创造新时代光辉业绩。

1994 年,李大钊烈士纪念室被天津市委、市政府公布为市级爱国主义教育基地。

西青区革命烈士陵园

西青区革命烈士陵园始建于 1949 年,原坐落于天津市西青区杨柳青镇十六街,文昌阁东侧,南运河畔。1973 年,迁建至杨柳青镇新华道 76 号,后经多次扩建。现园区面积 2 万平方米,建筑面积 700 平方米,建有烈士骨灰存放室、烈士纪念馆和烈士纪念碑等主体建筑。现主管单位为天津市西青区退役军人事务局。

烈士陵园布局合理,环境幽雅,植有雪松、紫薇、碧桃、西府海棠等 20 多个品种的绿化苗木 2 万余株,草皮 3000 余平方米。园内标志性建筑为烈士纪念碑,高 24.13 米,雄伟挺拔、庄严肃穆,碑体镌刻"人民英雄永垂不朽"八个大字。陵园中部为纪念广场,可容纳 3000 人开展活动。陵园烈士骨灰存放室存放着 892 名烈士骨灰。陵园还建有面积为 400 平方米的烈士纪念馆,展馆内展出有关历史事件、烈士事迹、教育活动等内容图片 200 余幅,陈列各类证书、钢笔、子弹等烈士遗物 384 件,并设有天津战役仿真场景,生动展现人民解放战争辉煌历程和革命烈士英雄壮举。

2002 年,西青区革命烈士陵园被天津市委、市政府公布为天津市爱国主义教育基地。

西青区革命烈士陵园纪念碑

曹庄革命烈士陵园

　　曹庄革命烈士陵园先后建于天津市西青区中北镇曹庄子村西和南运河北侧御河道曹庄欣苑南500米处，现已停止使用。

　　曹庄子村位于解放天津战役西路突破口附近。解放天津战斗打响后，曹庄支前村民于维和、郭得祥等人从战场上运回99位攻城牺牲的烈士遗体，分别停放在曹庄子村民院内。1949年1月15日，天津解放，部队派人与村干部联系，将烈士遗体安葬于曹庄子村西，并修建简易陵园。陵园坐西朝东，筑土坟，土围墙。东西长20米，南北宽10米，墓前立一块4米高的木制纪念碑。碑身通体红色，顶端有一颗红色五角星，正面黑色楷书："天津战役牺牲烈士永垂不朽"。落款为："东北人民解放军一一五师，公元一九四九年一月建。"

　　从天津解放到1971年，曹庄子村先后在1950年、1958年、1964年三次对烈士陵园进行修缮。1971年，烈士陵园由"九一九人民公社"（中北镇前身）迁址重建。此后，在2004年、2007年、2012年又进行了修缮和改扩建，形成了开放式红色革命景观。

　　2019年3月，根据有关规定，西青区退役军人事务局筹备组将曹庄烈士陵园99具烈士遗体迁往西青区革命烈士陵园，进行规范化保存。

2008年曹庄革命烈士陵园

曹庄革命烈士陵园现状

津 南 区

中共小站特别支部旧址

中共小站特别支部旧址位于天津市津南区小站镇中山路南侧，其东西两侧均与砖混结构房屋相连。小站地处天津市东南，是津南重镇，是"小站稻"的故乡，地理位置非常重要，历来是兵家必争之地。

中共小站特别支部创建于 1937 年春。1935 年春，中共山东省宁津县委机关遭到敌人破坏，县委书记和两位委员被捕。时任县委委员的王见新为躲避通缉来到他少年时学徒的小站镇兴隆街德兴厚布店，在店主刘松泉等人的帮助下隐蔽起来。后在布店斜对面租了间房子，招了几个学生，以教书先生的身份继续进行革命工作。王见新先后结识王广顺、王晓等青年知识分子，通过读书谈心，开展革命宣传活动。5 月初，与王见新同被敌人通缉的县委委员王锡珍，按照党组织的指示，找到王见新接上关系，并通知将其组织关系转接到中共天津地下组织，与一位叫"王子政"的人保持单线联系。年底，"王子政"从市内来到小站与王见新接上头，并给他带来党内刊物《火线》。

中共小站特别支部旧址现状

此后，又一个叫"王子政"的人，与王见新取得联系，明确王见新的工作要在中共天津市委的直接领导下，把活动的重点转到发展党员与筹建党的组织方面来。为了发展和培养积极分子，王见新通过王晓结识了张里仁、孙明怀、徐国忠、于水村等人。王见新帮助王晓在小站东北角的王家大院招收 30 多名学生开班授课，编写具有革命内容的教材，同时成立读书会，创办油印刊物《烈火烧》。为办好读书会，王晓收集图书上千册，在西门里路北租房两间，聘请徐国忠、孙明怀、刘庆德、孙瑞生、王兆生等为董事，开办启智图书馆。在此过程中，大家经常聚在一起，共同学习马列主义革命书刊，更加坚定了对革命真理的追求。经过一年多的了解与考察，王见新经请示"王子政"同意，于 1936 年 5 月，介绍王晓加入中国共产党，成为小站最早发展的党员。

王见新与王晓通过"读书会"与"图书馆"的公开活动，广泛接触群众，多次组织学生到农村开展社会调查，了解农民疾苦，进行革命宣传。1936 年 8 月，王见新与王晓两位党员，还有"图书馆"的几位董事，组织当地稻农开展了反对重利盘剥的斗争。他们分赴各村串联宣传，进行思想动员；在王晓的学校里召开各村骨干会议，推举贫苦稻农周学文和孙明怀、王兆学等三人为代表，共同研究斗争方法，制定斗争策略，做好组织发动。这场斗争持续数月，最终取得胜利。1936 年冬，孙明怀在斗争中表现突出，经王见新介绍，"王子政"批准，成为小站第三名中共党员。1937 年春，经中共天津市委批准，中共小站特别支部正式成立，王见新任党支部书记。五六月间，小站特别支部又发展张里仁、刘庆德入党，扩大了党的组织，增强了党的战斗力。同年夏，小站"特支"领导农民进行向地主富农"夺水"的斗争，并取得胜利。

小站特支是中共天津市委在津南地区的重要堡垒，为推动津南地区革命活动的开展做出重要贡献。

小站大有桥战斗遗址

小站大有桥战斗遗址位于天津市津南区小站镇津岐公路上,原址距现小站桥约100米。

抗日战争全面爆发后,日军侵入津南。当时,小站一带土匪团伙活动猖獗,窦同义部是其中之一。日军为达到"用中国人打中国人"的目的,试图对当地土匪进行"招安"。为了团结一切抗日力量,建立最广泛的抗日民族统一战线,中共天津市委根据小站阶级关系状况,指示小站党支部做争取土匪抗日工作。小站党支部按照市委"寻找时机,选好对象,继续争取"的指示,派中共党员孙明怀打入土匪内部。孙明怀通过交谈、聚会等方式,告诉土匪们"不能忘记自己是中国人""不做对不起中国人的事",通过开展抗日爱国宣传教育,把一些土匪争取到自己身边。他所做的争取工作,对窦同义部产生很大影响。最终,窦同义部没有接受日军"招安"。日本侵略者恼羞成怒。1938年9月11日,日军出动3辆战车,满载全副武装的日本士兵和伪清乡团,由天津市区向小站进发,窦同义得知后,在小站北门外大有桥设下埋伏。日军进入包围圈后,即遭迎头痛击,未及还击就全军覆没。此役在小站地区被称为"日窦之战",共击毁兵车3辆,全歼日本侵略军73人,缴获大量武器弹药。这一胜利极大鼓舞了小站地区抗日军民的士气。

小站大有桥旧址(已不存在)

小站大有桥战斗遗址现状(小站医院附近)

火烧日军小站粮库旧址

火烧日军小站粮库旧址位于天津市津南区小站镇东南角马厂减河北岸,距小站桥 1200 米。

天津津南地区历来有"北国江南"之称,所产小站稻誉满中外。日本发动全面侵华战争后,津南地区沦陷在日本帝国主义统治下。日军在对津南地区进行残酷武装侵略的同时,还进行疯狂的经济掠夺。特别是日本侵略者把津南特产小站稻列为军粮。当地农民只准种水稻,却被禁止吃稻米。日军从津南掠夺来的稻谷,全部存放在小站镇东南角减河北岸的大粮仓里,储存量在几百万斤以上。津南工委根据情报反复研究,决定烧毁日军囤积在小站的军粮,狠狠打击侵略者的嚣张气焰。

1944 年 12 月的一天,冀中九分区武工队队长周继发带领战士行军到达小站日军粮库外围隐蔽位置,深夜乘伪军换岗之机猛扑上去,活捉哨兵后,冲进粮库,把煤油洒在装有稻谷的麻袋上,各处同时点火。火起后,周继发率队迅速撤离。由于河床封冻,无水可取,赶来救火的日伪军只好眼睁睁望着大火烧了一夜,几百万斤军粮全部化为灰烬。这次战斗给日军以沉重的打击。

马厂减河旧貌,左侧为火烧日军小站粮库旧址所在地

火烧日军小站粮库旧址现状

大孙庄党支部旧址

大孙庄党支部旧址位于天津市津南区大孙庄村西南角,与养鱼池、芦苇地相连,东侧及北侧均与民房相连。

大孙庄是天津市津南区八里台镇一个行政村。抗日战争时期,全村仅有 300 户左右人家,人口不足千人,绝大多数贫苦农民居住在破旧的土坯房里。日军和伪军勾结在一起,在村里推行伪保甲制,维持反动统治。

1944 年底,中共晋察冀分局党委根据党中央"挺进敌后""扩大解放区,缩小敌占区"的指示精神,要求冀中第九地委立即派出干部,武装挺进津南敌占区,变津南沦陷区为解放区或游击区。大孙庄村便是津南工委第三工作组经常活动的地方。

津南工委第三工作组副组长傅书楷同组织委员张昆经常到大孙庄一带活动。为了能在敌占区站住脚,在群众中扎根,他们深入群众,团结和依靠贫苦群众,使贫苦群众了解八路军是人民的队伍。工作组到大孙庄后接触较多的就是贫苦农民温德林。当时,温德林 20 多岁,家境贫寒,在工作组教育影响下,他坚决要求跟着共产党、八路军干革命。通过温德林,工作组又接触到更多的贫苦农民。在此基础上,工作组组织农民开展哄抢日军农场稻谷的斗争,在斗争中涌现出一批积极分子和骨干分子。1945 年初,工作组发展温德林加入中国共产党。同年 5 月,津南县建立后,大孙庄村归属津南县三区。大孙庄村群众在中共津南县委第三区委领导下,深入开展合理负担、征收公粮、传递情报、开挖地道、成立村政权、建立民兵武装、打击敌人等多种活动。日本投降后不久,三区干部组织大孙庄村全体村民进行公开选举,产生了基层政权

大孙庄支部旧址现状(津南区八里湾生态驿站)

组织。在对敌斗争中,工作组又先后发展崔长生、李玉保、崔玉才等人入党,建立了大孙庄党支部,温德林任党支部书记。大孙庄党支部成为津南区历史上建立时间较早的基层党组织之一。

北闸口阻击战遗址

北闸口阻击战遗址位于天津市津南区月牙河西侧,距月牙河约 500 米。

1948 年 1 月 8 日,人民解放军渤海军区一分区 20 团、21 团及津南县大队在一分区 17 团、18 团等兄弟部队配合下,攻克津南重镇小站,进入北闸口村,构筑临时工事,准备阻击天津增援之敌。9 日下午,国民党将原计划调往东北战场的 92 军 142 师、62 军 95 师改调津南地区,以图夺回失去的小站等地。142 师 3 个团数千人扑向北闸口村。储国恩率领的 20 团、曾良辉率领的 21 团及佟泽民指挥的县大队沿途进行阻击,战斗十分激烈。国民党军队在距村 600 多米的高丽桥(现大芦庄桥),安放六〇炮,连续向村内狂轰滥炸。由于敌众己寡,阻击部队于下午 4 时撤退。敌军占领该村后,将师部设在日军侵华时期修建的仓库大院里,并强占民房,在墙壁上挖出两排射击孔,还封锁道路,砍伐树木构筑三道防线;在村西农家院内部署 3 个机枪连,枪口对准四丈河沿线。暂时撤退的人民军队指战员继续执行阻击任务。至夜,积雪遍野,战士们反穿棉衣,把白色棉衣里朝外作掩护,从东、西和西北方向沿四丈

北闸口阻击战遗址现状

河向北闸口运动包抄。东路的 21 团 3 营 2 排为突击排，经后营、西右营、大芦庄等村，通过四丈河，从月牙河西岸绕到北闸口村北，突然向村内攻击，杀伤若干敌人，由于支援的第二梯队途中受阻，无法接应，激战 1 小时后撤退。西路和西北路部队经西右营沿教堂沟、四丈河向北闸口进攻。此路人多战线长，战士们喊着"缴枪不杀"，拼死冲锋。布防农家院内的敌军 3 个机枪连、两门小炮不断射击，照明弹把战场照得如同白昼。是夜激战，双方伤亡甚重。人民武装 3 次包围、攻入敌阵地，又 3 次退出，拉锯战中 30 名战士牺牲。

1 月 10 日拂晓，阻击部队撤出战斗，敌人趁机呈扇状由北闸口村至四丈河沿岸包抄而来。部队奉命在义和庄至传字营间的开阔地上继续阻击敌人，掩护主力撤退。敌人倚仗民房、水车房等有利地形和美式装备进攻，战士们趴在稻地沟的冰雪地上顽强阻击。佟泽民等前线指挥员根据敌强我弱的形势，决定将子弹、机枪集中使用。黄昏前一声令下，向敌人猛烈射击，声震雪野，敌人误认为解放军援军已到，恐再次受挫，急忙撤出义和庄。夜间，阻击部队再次组织兵力，从北闸口村南、小白庄附近发起攻击，遭敌强大火力抵抗。战士们进入公路两侧的干沟内，与敌人展开殊死搏斗，消灭大量敌人。11 日拂晓，国民党军出动飞机、坦克、装甲车，疯狂反扑。人民武装完成了阻击任务后主动撤离。

北 辰 区

安幸生烈士故居

安幸生烈士故居位于天津市北辰区中河头村富强大街海福巷，占地面积 1016 平方米，其中外院公园占地 500 平方米。故居内院有房屋 15 间，总建筑面积 304 平方米。故居主厅主要展示安幸生烈士生前起居生活的家庭陈设及日常用品；西厅集中展示安幸生烈士从学生时代到英勇就义的光辉一生，并配有录音讲解资料。故居内建有北辰区党史展馆，展示新民主主义革命时期北辰区党组织的创建和发展历程。内院正中屹立着安幸生烈士汉白玉半身雕像，雕像基座嵌有邓颖超题字。

安幸生烈士故居

安幸生（1902—1927），1902 年 9 月 9 日出生，天津市北辰区中河头村人，是天津早期农、工、学运动的组织者和领导者之一。1918 年以优异成绩考入天津直隶省立第一中学（现天津三中）。1919 年 10 月，与学友于方舟等组织新生社，之后在李大钊的指导下，创办《新生》杂志并任主编。1921 年冬，安幸生在家乡领导了反对当局无理收缴"烧炭税"和"割头税"（杀猪税）的斗争。1922 年加入中国共产党，负责中国劳动组合书记部天津支部工作。1924 年 8 月 14 日，任天津反帝国主义大同盟负责人。1925 年五卅运动期间领导了天津海员大罢工。同年 8 月任天津总工会负责人。1927 年任中共北京市委委员兼组织部负责人。同年 11 月在北京遭奉系军阀逮捕、杀害。

安幸生烈士故居在 1938 年 7 月被日本侵略军焚毁。1940 年,安氏族人重建故居,占地 3333.35 平方米,为青砖瓦木结构。1997 年,安幸生烈士故居被天津市委、市政府公布为市级爱国主义教育基地。2006 年,北辰区委、区政府对安幸生烈士故居进行全面维修,对部分原貌进行修复并扩大活动场地。2021 年被公布为天津市革命文物。

安幸生烈士故居外景

安幸生烈士故居内的书房

北辰区党史展馆

　　北辰区党史展馆建成于2006年,位于天津市北辰区中河头村富强大街海福巷,设在安幸生烈士故居的5间东厢房内,共两个展厅,占地面积为100平方米。

　　展馆内以展牌形式图文并貌地展示了北辰区新民主主义革命时期党组织的创建和发展史,包括"党组织的创建和发展""领导发动武装斗争""组织开展群众运动""党史人物革命英烈简介"四个部分,配有46幅图片、3个图表和16000余字的说明文字,采用大型彩色喷绘画面形式并配有录音讲解和背景音乐。

　　第一部分"党组织创建和发展"包括"创建第一个农民党支部""组织群众斗争""党组织在东中西部蓬勃兴起""北辰区民主革命时期党政建设之最"等内容。还配有新民主主义革命时期北辰区党建情况示意图、民主(人民)政权属地区划和北辰各乡村发展党员统计表。

　　第二部分"领导发动武装斗争"包括"建立革命武装联合抗日""在敌占区开展游击战""到处摆战场痛歼顽敌""北辰区的抗日根据地村镇"等内容。

北辰区党史展馆外景

展馆内一角

展馆内一角

第三部分"组织开展群众运动"包括"一面战斗一面搞土改""减租减息增资运动""全民动员支援前线""痛歼敌人的革命斗争故事"等内容。

第四部分"党史人物革命英烈"展示了北辰区党史人物和革命英烈事迹。北辰区从 1932 年建立第一个党支部至新中国成立,数十个村党支部和数百名党员在中共天津市、县、区委领导下,带领人民群众与日本帝国主义、国民党反动派和封建反动势力进行了不屈不挠的斗争,为中国人民的解放事业做出了贡献。先后有天津县公安局侦察队黄根、县政府通讯员苏炳毅、天津县四区区委书记王志新、区长李介平等共产党员、干部、战士和民兵光荣牺牲。

杨连弟烈士纪念馆

杨连弟烈士纪念馆位于天津市北辰区高峰路与北辰道交口杨连弟烈士公园内,占地面积9985平方米,建筑面积320平方米,展厅面积229.2平方米。

杨连弟(1919—1952),北辰区北仓人。1949年参加中国人民解放军,1951年加入中国共产党。1949年8月,带领18名勇士用4个小时,胜利完成抢修陇海铁路8号桥任务,荣立大功一次,获得"登高英雄"称号。1950年10月,被评为铁道兵团劳动模范,出席全国工农兵英模代表大会,被选为大会主席团成员,受到毛泽东、朱德等党和国家领导人亲切接见。抗美援朝战争爆发后,主动报名加入中国人民志愿军赴朝参战,先后承担鸭绿江、大同江等数十座铁路大桥的战时抢修任务,屡立战功。1951年9月,出席中国人民志愿军铁道兵团首届英模代表大会,并选为主席团成员,再次受到毛泽东、朱德的亲切接见。10月,作为特邀代表,出席全国政协一届三次会议。1952年5月15日,在抢修清川江大桥时英勇牺牲,年仅33岁。中国人民志愿军司令部、政治部为杨连弟追记"特等功",授予"一级人民英雄"光荣称号,朝鲜民主主义人民共和国最高人民会议常任委员会追赠杨连弟烈士为"朝鲜民主主义人民共和国英雄",并授予"一级国旗勋章""金星奖章"和英雄奖状。

1995年,北辰区在区少年宫建立杨连弟纪念馆,在高峰路西侧建立杨连弟公园和杨连弟塑像,被评定为天津市爱国主义教育基地。2007年,杨连弟纪念馆迁址到北辰区文化中心。2012年,在杨连弟烈士牺牲60周年之时,区委、区政府启动杨连弟烈士纪念馆重建工程,2013年建成并正式对外开放。

重建后的杨连弟烈士纪念馆为中式风格,坐西向东。"杨连弟烈士纪念馆"馆名由时任中央军委副主席洪学智于1995年题写。纪念馆包括艺术大厅、事迹陈列厅和多媒体演播厅三个部分,以大量图片、实物和音像资料全面展示杨连弟烈士的英雄事迹。杨连弟烈士纪念馆与烈士雕像合建于杨连弟公园内,使原来

杨连弟

363

杨连弟烈士雕像

杨连弟烈士纪念馆

分散的红色资源得到有效整合,为全区广大党员、干部、群众和青少年祭扫英烈、开展爱国主义教育活动提供了新的基地。

天津市烈士陵园

天津市烈士陵园位于天津市北辰区铁东北路5998号,位于外环线与北辰区铁东北路交口处。

陵园占地6.67万平方米,建筑面积8000平方米。主要纪念建筑有烈士纪念碑、烈士纪念馆、革命烈士骨灰馆、抗日殉难烈士·劳工纪念馆和天津战役无名烈士墓区、在日殉难烈士·劳工名录墙、雕塑等。纪念碑前有1.2万平方米的纪念广场和可举办大型活动的近6000平方米的高层平台。整个烈士陵园风格古朴庄重,气势恢弘。其中标志性建筑纪念碑总高度为32.64米,三个紧密相连的纪念馆全部采用古建筑设计,起脊屋从檐底到屋脊高度达15米,全部采用挂瓦工艺。陵园主建筑物外檐全部为石材镶贴,大平台、大广场均由石材铺砌。园内假山掩映,苍松翠柏,绿树繁花,绿化面积2.85万平方米。

陵园安放着天津战役中牺牲的4190名烈士的骨灰(2994位无名烈士的骨灰已在无名烈墓下葬),2316名在日殉难烈士和劳工的骨灰以及新中国成立后牺牲的300多名烈士的骨灰。革命烈士纪念馆内陈列着名为"血染的丰碑"的主题展览。展览分"鏖战津门""浩气长存""献身理想"和"继往开来"四部分,集中展示了天津战役的全过程和部分革命烈士的感人事迹。序厅有高4.5米、长22米的青铜浮雕墙,正面镌刻着1840年以来各个不同历史时期的英烈形象,浮雕墙以海河为背景,贯通整个画面。在日殉难烈士·劳工纪念馆,建筑面积1352平方米,分为两层。一层为骨灰馆,存放骨灰2316盒;二层为展馆,主要展示了从1943年至1945年间,日本侵略者将4万余名中国战俘和普通百姓掳往日本,致使6800多人命丧东瀛的有关史料和照片。

天津市烈士陵园

革命烈士纪念碑

天津战役无名烈士墓

在日殉难烈士·劳工名录墙、雕塑

烈士纪念馆内一角

在日殉难烈士·劳工纪念馆内一角

天津市烈士陵园始建于1955年,初址建于北辰区北仓。1973年迁至水上公园西北侧。2005年,市委、市政府决定在北辰区新建天津市烈士陵园。2006年4月5日,新建的天津市烈士陵园正式启用并对外开放。2009年,天津市烈士陵园被中共中央宣传部公布为全国爱国主义教育示范基地。

武 清 区

庆生堂药店秘密联络点旧址

庆生堂药店秘密联络点旧址位于天津市武清区大良镇十字街。大良镇坐落在武清区北部,地处京津之间,地理位置非常重要,历来是兵家必争之地。

抗日战争时期,日伪军对大良镇实行严酷统治。1942年12月,开辟香(河)武(清)宝(坻)工作团的成员葛天民、鲁夫、杨秋文(马炳华)三人来武清县后巷乡南线亳村,住在鲁夫的四舅高廷一家中,收集各联络点的情报,分析研究形势。1943年2月19日,由鲁夫出资,在大良镇十字街南边路西(与大良伪警察所对门)开设庆生堂药店,高廷一担任坐堂先生,鲁夫任司药,葛天民管账,杨秋文(当时化名姓王)跑外,以经营药店为掩护,秘密进行革命活动。3月,开辟香武宝工作团团长李尚武和工作团成员林江,到武清县下伍旗乡东王庄小学任教,以教书为掩护秘密进行革命活动。5月,开辟香武宝工作团成员刘瑞亭在蓟县叛变,派其义子惠民来香河一带寻找李尚武。李尚武发现这一情况后,即以回唐山为父奔丧为由,转移到武清县聂庄子乡东梁庄,以行医为掩护,秘密与在大良镇庆生堂药店的鲁夫、葛天民和纪心泉互通情报。6月,香武宝工作团香河县大何各庄秘密联络点人员张化兴(张志远)叛变,被敌人派到武清县寻找李尚武,在大良镇庆生堂药店附近窥探时,被药店内鲁夫发现后引进屋内看管起来,当夜由纪心泉、葛大民二人对张进行控制教育并晓以利害,发给路费后放回。为了安全,庆生堂药店秘密联络点停止使用。

随着城市建设发展,庆生堂药店秘密联络点旧址建筑已经拆除。

庆生堂药店秘密联络点旧址现状

武清区第一个农村党支部旧址

武清区第一个农村党支部旧址位于天津市武清区黄花店镇西后庄村。1945年7月21日，后辛庄党支部建立，成为武清区第一个农村党支部。

1945年7月，冀中军区发动大清河北战役。第九军分区与区内各县大队迅速扩大抗日根据地，进入黄花店以南地区，在武清境内建立三区（王庆坨周围村庄）、四区（汉沽港、石各庄、陈嘴一带）和五区（黄花店周围村庄）等新区。新建的各区区委抓紧开展党组织在新区的工作。三区在大刘堡、小刘堡、冷家堡等9个村，四区在汉沽港、石各庄、定子务等14个村，五区在后辛庄（今西后庄）、马营、西田庄等10个村发展了一批党员。五区后辛庄李德宽等12人经区委书记朱俊杰介绍加入中国共产党，并于7月21日建立了由李德宽任支部书记、董殿广任组织委员、王树华任宣传委员的党支部，成为武清境内建立的第一个农村党支部。

党支部发动群众进行减租减息运动成效显著，成为先进典型。后辛庄村作为当时区干部办公所在地，被称为"小莫斯科"。1945年12月，村党支部领导群众支援人民军队，由支部书记李德宽组织并担任排长的五区大车团，往返于王庆坨与新镇50余天，圆满完成支前运输任务。

武清区第一个农村党支部旧址

武清区第一个农村党支部现状

攻占武清国民党政府机关所在地旧址

　　攻占武清国民党政府机关所在地旧址位于天津市武清区城关镇。武清县城国民党政府机关旧址现已不存在,原位置已盖成民房。

　　1946年8月,国民党反动派向冀东解放区大举进攻,并吹嘘"冀东八路军即将肃清",反动气焰十分嚣张。冀东军区第十四军分区司令部决定采取长途奔袭的方式,插入敌后,出奇制胜打击敌人。经过侦察和分析研究,奇袭目标确定为武清县城。

　　1947年1月10日,司令员曾雍雅率领冀东军区第十四军分区主力部队由平谷县出发长途奔袭,拔除了距武清县城(城关)50里的永乐店敌军据点,傍晚突袭武清县城。经过激战,歼灭敌县自卫队总队两个中队、一个炮兵连和保警大队两个中队,正在城内的国民党16军、92军军官队121人也一并被歼。摧毁敌县公署,焚烧城防岗楼,炸毁敌兵工厂,救出监狱中被捕的干部20余名,有力地配合了冀东军民反击国民党反动派斗争。

　　1947年11月12日,团长武宏带领冀东军区第十五军分区警备一团奔袭武清县城。敌县长带领

武清国民党政府机关所在地旧貌

武清国民党政府机关旧址现状

卫队逃到附近寺庙内负隅顽抗。因庙宇坚固,周围都是开阔地,加上敌机和驻落垡敌人的支援,部队撤出战斗。此次战斗毙伤敌军数十人,俘敌百余人,救出被押干部群众 83 人,给敌人以很大打击。

1948 年 7 月 17 日,华北野战军发动平保线攻势,第二兵团三纵队临时 24 师,从迁安、遵化县驻地出发,20 日攻克香河县城。21 日,临时 24 师四旅十一团、十二团分别占领北宁铁路豆张庄、落垡车站,切断北宁铁路交通。七旅及四旅十团攻克武清县城,活捉敌保警大队第三中队长及两名副中队长,全歼守敌 361 人,缴机枪 15 挺、长短枪 248 支、子弹 1.6 万余发、手榴弹 143 枚。

1948 年 12 月 14 日,东北野战军为准备平津战役,奔袭平津外围。东北野战军十纵队从宝坻县出发奔袭武清县城,城内国民党守军及县公署人员闻风而逃,武清县城获得解放。

武清区博物馆

武清区博物馆位于天津市武清区泉旺路 52 号,是一座集文化遗产保护、收藏、展示、教育、欣赏与研究功能于一体的历史艺术类综合性博物馆。该馆于 2014 年 11 月建成并对外开放,是一座地下一层、地上五层,层叠错落,空间感极强的现代化建筑。展馆总建筑面积 10000 平方米,布展面积 4610 平方米,共设五个展厅以及一个综合展品修复室。

馆内藏品丰富,涵盖武清出土的各个历史时期的文物珍品及各界人士捐赠的文物,包括古代青铜器、陶瓷器、货币、碑刻、佛教造像以及近现代书画作品等各类藏品,以及《津武县地图(1946 年)》《为纯洁党的组织而奋斗(中共冀东区党委)》《学习文件(冀东区党委 1948 年)》等珍贵革命文物。

武清区博物馆先后被授予天津市对台交流基地、天津市爱国主义教育基地、武清区中小学实践课堂合作单位、武清区学雷锋志愿服务站、2018—2019 年度天津市优秀青年志愿服务集体等荣誉称号。开馆以来,武清区博物馆充分发挥博物馆"第二课堂"和爱国主义教育基地作用,为丰富群众文化生活、弘扬中华优秀传统文化做出了很大贡献。

武清区博物馆

武清区博物馆室内展厅

崔黄口"九二二"惨案展馆

崔黄口"九二二"惨案展馆建于 1994 年,位于天津市武清区崔黄口成人学校内,是武清区爱国主义教育基地。

崔黄口"九二二"惨案展馆内景

　　1937年9月,卢沟桥事变后已经自行解散的国民党武清县保安队第六分队,由队长郭某某重新召集武装起来,驻扎在崔黄口镇北3千米处的大庄药王庙内,负责维持当地社会治安。武清县齐庄人庞某某纠集一伙地痞流氓投靠盘踞在武清县杨村的守备队,被编入侦缉队,庞某某为队长。庞受宠若惊,为向日军邀功请赏,派侦缉队员四处敲诈勒索,强收民间枪支。庞某某获悉崔黄口一带尚有武清县保安队残部存在,三次派出6名侦缉队员及庞某某的舅舅宋某某,以"兴亚挺进军"的名义到崔黄口镇联络收缴这部分人的枪支,均被队长郭某某率部逮捕后枪决。庞某某获悉后,即向驻杨村日军堂腰部队小队长堀武谎报说:"崔黄口有抗日的红军。"日军小队长堀武听后,立即打电话请求堂腰部队派兵增援,一起去崔黄口"讨伐"。1937年10月25日(农历九月二十二日)凌晨,日军堂腰部队在汉奸侦缉队队长庞某某等人带领下来到崔黄口镇西。这天正是崔黄口大集日,又下大雾,镇内商团以为是武装土匪来抢劫,即向城外开枪,日军也开始还击。驻在镇北大庄药王庙里的郭某某听到崔黄口镇方向有枪声,率部赶来支援商团,行至镇西小树林处遭到阻击。这时太阳升起,浓雾渐散。镇内商团看到镇外的队伍打着日本旗,方知是日军到来,即撤到东城角跳城墙出逃,郭某某也率部撤往宝坻。日军进城后见人就抓,将商店的商人和村民300余人用枪逼到西门里北大街西头一块土坡地上,由汉奸侦缉队逐人验手,凡手上有茧者,被认为是农民,推到东边;手上没茧者被认为是拿过枪的人,绑上分三批用枪逼到西门外路南大坑边,用刺刀挑和机枪扫射等残忍手段进行集体屠杀。接着日军又对手上有茧的人进行复查,将替人顶班在商团打更的韩某挑出来,单独绑上,推到西门外大坑边枪杀。韩某被打中一枪,子弹从后胛骨处射入,从前锁骨处穿出,当时昏死过去,滚到大坑水里,后又苏醒过来。此人是这次惨案的唯一幸存者。这次惨案,日军在镇内镇外共打死和屠杀无辜百姓128人。而这位死里逃生的唯一幸存者,成为这一惨案的直接见证人。

武清区烈士陵园

武清区烈士陵园始建于 1956 年，最初位于天津市武清区杨村镇塔园路，1958 年迁到杨村镇机场道。2002 年，被天津市委、市政府公布为市级爱国主义教育基地。2008 年 9 月，在杨村镇大桥道延长线西侧选址重建，现位于杨村街育才南里育红巷七条南。重建后的烈士陵园占地 2.67 万平方米，其中建筑面积 2600 平方米，绿化面积 1.2 万平方米，广场、道路、院区硬化面积 12100 平方米。

陵园中央是革命烈士纪念碑，碑高 22.2 米。纪念碑前是近 5000 平方米可容纳几千人的纪念广场，碑后是烈士墓区，安葬着 143 位烈士（包括 62 位无名烈士）的遗骨。无名烈士墓上立有圆形汉白玉花圈式墓碑，墓碑正中是由 62 朵花环绕着的五角星，四周是松枝柏叶，象征 62 位烈士生前紧紧团结在党的周围，他们的崇高品德像苍松翠柏一样万年长青。

纪念碑南侧建有武清革命史展览馆，分别展示土地革命战争、抗日战争、解放战争、抗美援朝战争时期，党领导人民军队不怕牺牲、英勇战斗的场景，展览内容反映了中国共产党领导武清人民进行革命、建设、改革的奋斗历程，以及推进现代化建设所取得的成就。

革命烈士纪念碑

无名烈士墓

宝 坻 区

东走线窝村抗日地下联络站旧址

东走线窝村抗日地下联络站旧址,位于蓟运河畔的天津市宝坻区八门城镇东走线窝村。

1936 年 8 月,在宝坻芝麻窝教书的地下党员曾乃向党组织提议,在蓟运河马架子一带组建抗日联络站。1937 年,地下党员李佐青受党组织委派,多次考察联络站选址。最终,抗日地下联络站建在东走线窝村李兆桐的木匠铺,李佐青任党代表,张富华任地下联络员。抗日地下联络站在木匠铺的掩护下,传递情报、救治伤员、运送武器,在宝坻及周边地区抗战中发挥了重要作用。1939 年春,李左青接到截击日军汽艇的任务后,组织地下工作小组成员和村里民兵,利用东走线窝村紧临蓟运河、周边有千米芦苇荡的地理优势,在马架子修筑工事进行伏击,成功击沉日军汽艇,击毙敌人 3 人,缴获日军指挥刀和军刺刀。这就是著名的马架子伏击战。

抗日地下联络站建立后,东走线窝村的敌后抗日斗争轰轰烈烈开展起来,涌现出一批抗日英雄,有因掩护地下联络员被捕、宁死不屈的小英雄"四春",有在村内唱抗日歌曲的儿童团团员李树桩、吴丙喜,有为前线运送军粮被日本飞机炸伤的候补党员吴贺第、吴焕章等。

2019 年,东走线窝村抗日地下联络站旧址被公布为天津市爱国主义教育基地。

抗日地下联络站旧址

地下联络员召开会议场景

东走线窝村史馆

东走线窝村史馆位于天津市宝坻区八门城镇东走线窝村。

2015年,宝坻区八门城镇为弘扬革命老区精神,在东走线窝村青龙庵旧址修建宝坻区第一家村史馆——东走线窝村史馆。村史馆包括一座主馆和两座分馆,主馆内的展品记录了以东走线窝村为代表的宝坻区农村奋斗历程,两座分馆内展陈按照东走线窝历史沿革、相关历史人物及领导关怀等11个板块进行展出。

抗日战争爆发后,宝坻人民在党的领导下,奋勇抗战,保家卫国,打响了丁家套伏击战、梁家沽战斗、攻打尔王庄、二打大钟庄等战斗,并取得胜利。解放战争时期,在辽沈战役中,东走线窝村有15名青年参军入伍,有3名民兵参加宝坻"随军远征担架团",开赴东北战场;在平津战役中,村民自发送军粮、运子弹、救伤员、抬担架、搭浮桥,为天津解放做出贡献。东走线窝村因此被授予"红色根据地""支前模范村"等荣誉称号。新中国成立后,东走线窝村村民同全国人民一道投身社会主义革命和建设。改革开放以来,东走线窝村发生着翻天覆地的变化,在经济、文化、社会保障等领域取得了巨大成就。

2019年,东走线窝村史馆被公布为天津市爱国主义教育基地。

东走线窝村史馆外景

抗战浮雕

冯家庄村党支部、村委会旧址

冯家庄村党支部、村委会旧址位于天津市宝坻区尔王庄镇冯家庄村。冯家庄村党支部、村委会旧址建于1943年，占地12平方米。

冯家庄村是冀东平原上一个普通的村庄。1942年，冀东党组织以蓟北山区为根据地，向南发展，在宝坻建立抗日民主政权，到1943年相继建立武宝宁、蓟玉宝、香武宝三个联合县，党的工作随之展开。1943年2月，武宝宁联合县二区组织干事子华，介绍冯家庄村于广茂加入中国共产党。同年秋，冯家庄村于启祥、刘广柱经二区区委书记鲁民介绍加入中国共产党。这样，冯家庄村就有了3名党员，具备成立党支部的条件。1944年1月，冯家庄村党支部成立，成为宝坻境内诞生的第一个党支部。

冯家庄村党支部成立后，严格遵从党的指示，积极开展抗日活动和党的各项工作，发动群众扰乱敌人通讯，破坏敌人交通，不向日伪交粮，在家中挖地道以掩护地下党员。还负责周边景家庄、刘万庄、潘套、李家河、黄金庄、程四淀、四棵树等8个村庄的发展党员工作，组织政权建设。

冯家庄村党支部是中国共产党在宝坻点燃的第一盏革命灯火。在党组织的领导下，宝坻革命形势迅猛发展起来。

冯家庄村党支部、村委会旧址

冯家庄村党史馆

　　冯家庄村党史馆位于天津市宝坻区最南端的尔王庄镇，紧邻引滦入津最后一道枢纽工程尔王庄水库。

　　冯家庄村党支部于1944年1月成立，是宝坻区第一个党支部。在冯家庄村党支部带动下，周边村庄党员队伍和革命力量不断发展壮大，为宝坻人民最终夺取抗战胜利发挥了重要作用。2016年底，在天津市委组织部和宝坻区委组织部的支持帮助下，冯家庄村党史馆建成。这是天津市第一个村建党史馆，也是宝坻区第一个党支部纪念馆。

　　冯家庄村党史馆占地面积8000平方米，其中初心广场7000平方米、展馆650平方米、党员培训教室350平方米。初心广场建有党员宣誓雕塑和党的精神大型浮雕。展馆由形象大厅和四大展区组成。形象大厅的正面是以"不忘初心，牢记使命"为主题的大型雕塑。中间是延安时期的"五大书记"（1945年中共七届一中全会选举毛泽东、朱德、刘少奇、周恩来、任弼时为中央书记处书记）全身像雕塑。雕塑两侧的浅浮雕表现了党在各个历史时期与人民群众的血肉联系。四大展区分别为："红色基因，薪火相传""堡垒核心，组织保证""优良作风，制胜法宝"和"纪律规矩，挺在前面"。党员培训教室可

冯家庄村党史馆初心广场的党旗雕塑

延安时期"五大书记"的全身像雕塑

冯家庄村党史展馆内部

冯家庄村党支部成立时的场景

容纳约 200 人，与天津市党员干部现代远程教育系统联网，共享教育资源。

作为天津市宝坻区基层党员干部教育基地，冯家庄村党史馆通过组织参观展览、重温入党誓词、观看红色主题影片、专家授课等多种方式，让广大党员干部在这里更好地开展党史、党风、党纪学习教育。2019 年 2 月，冯家庄村党史馆被公布为天津市爱国主义教育基地。

赵各庄战斗遗址

赵各庄战斗遗址位于天津市宝坻区赵各庄镇赵各庄村北龙潭寺附近。1945年,中国人民抗日战争进入反攻阶段,但是驻津的日本侵略者不甘心接受失败的命运,仍在作最后的垂死挣扎。为对付抗日武装,日军从天津海光寺大本营精选130多名剽悍士兵,组成所谓宝武蓟"剔抉队",于1945年2月21日,由少佐队长堀内文夫带领向津北奔袭,沿途纠集大批特务、伪军,兵力达1500余人。

当时,八路军冀热辽军区第18军分区部队正在武宝宁联合县的潘庄一带活动,摸清敌人企图后,决定将其引至宝坻西北部予以全歼。为诱敌上钩,八路军主动撤退到赵各庄一带。2月21日晚,日伪军进入宝坻县城,随后又以县城为中心向新集(现属河北省三河市)和香河县的渠口等地"进剿"。此时,集结在宝坻一带的八路军冀热辽军区第18军分区10区队、特务连、警卫连,八路军13团一部及香武宝支队共1000多人,已埋伏在日伪军必经之地的史各庄、赵各庄、牛道口一线,待机歼敌。24日夜,八路军出动小股部队到日伪驻地渠口附近侦察敌情,并作试探性射击,日伪军怕中埋伏,未敢轻举妄动。25日凌晨,浓雾茫茫。敌人见有机可乘,便从渠口出发,直奔宜城、李三店而来。其先头部队到达李三店村南时,八路军发现敌情,当即鸣枪报警。枪声过后,双方展开战斗队形,开始激战。由于八路军准备充分,日伪军先头部队被击溃。眼见大势不妙,敌军急命后续部队一部分从李三店奔赵各庄村东龙塘寺和李家深村东大庙;另一部分抢占李三店村南的商家坟、钱家坟、王家坟和村西南的窑坑。跟在日军后面的伪军,胆小如鼠,听到枪响,尽数龟缩在宜城村南不敢前进。八路军连续作战,很快占领李三店、赵各庄,包围龙潭寺和李家深村东大庙,击毙日军30多人、日伪特务数人,随即转向占领商家坟、钱家坟、王家坟等处的日军发动猛攻,使日军遭到重创。为集中力量消灭日军,八路军对停留在宜城村南的伪军发动政治

在赵各庄中学(现为牛道口第二中学)重修的爱国主义
教育基地纪念碑

攻势,迫使伪军不战自退,撤至宝坻县城。占据三处坟地的日军凭借武器优势,负隅顽抗,八路军连续几次冲锋,均未成功。正值此时,日伪军拉运弹药的骡车被截获,使八路军指战员精神大振,勇气倍增。为尽快消灭敌人,八路军采取正面强攻与两翼迂回进攻相结合的战术,当两翼部队从敌后包抄上来时,日军呆若木鸡,已来不及调动火力。八路军战士趁机奋力冲杀,对敌展开白刃战,使敌难以招架,相继攻下了商家坟、钱家坟。此时,占据王家坟的日军少佐堀内文夫及其所率残部已陷入孤立无援的境地,很快就被彻底消灭。

宝坻烈士陵园展厅内的赵各庄战斗遗址沙盘

战斗中,当地群众冒死送弹药、抬伤员,赵各庄一带家家户户烙大饼,车拉人背送到前线阵地,支持八路军子弟兵英勇杀敌。整个战斗持续 14 个小时,击毙堀内文夫和日军官兵共 120 余人。战斗中八路军有 146 名指战员壮烈牺牲。赵各庄战斗沉重打击了日本侵略者在冀东乃至华北的嚣张气焰,极大地鼓舞了中国人民夺取抗战最后胜利的勇气和信心。

1945 年 4 月 10 日,香武宝联合县民主政府和广大民众为在赵各庄战斗中牺牲的 146 名八路军指战员修墓立碑,以示褒扬和纪念。1990 年,宝坻烈士陵园建成后,将安葬在赵各庄的 146 名革命烈士的忠骨和纪念碑一并迁至陵园。2005 年,中共宝坻区委、区人民政府决定,在赵各庄中学建立烈士纪念碑墙,将赵各庄战斗遗址公布为宝坻区爱国主义教育基地。2021 年,该遗址被公布为天津市革命文物。

工部爱国主义教育园区

工部爱国主义教育园区位于天津市宝坻区工部村南新安镇中学院内。1944年12月,在这里发生过激烈的工部抗日战斗,使新安镇日伪据点全军覆没,极大打击敌人的嚣张气焰。

2005年8月,工部爱国主义教育园区在工部抗日战斗遗址基础上建成,占地面积435平方米,建筑面积105平方米,由碑墙和展室两部分组成。碑墙长12米、高2.5米,顶部用琉璃瓦出檐,墙体中间部分镶嵌红色大理石,刻有金色碑文"工部爱国主义教育园区"。展室通过86张图片,集中展示宝坻人民在抗日战争和解放战争中做出的巨大贡献。

2021年,新安镇工部抗日战斗遗址被公布为天津市革命文物。

工部爱国主义教育园区碑墙正面

展室一角

大米庄村红色文化展厅

大米庄村红色文化展厅位于天津市宝坻区大钟庄镇大米庄村南的旅游接待中心院内。

抗日战争时期和解放战争时期，大米庄一带是冀东有名的水上游击区和革命队伍积草屯粮、休整练兵、伤员疗养地区。敌人曾妄图用"三光政策"摧毁这块红色根据地，制造了骇人听闻的"火烧北大洼"惨案。

2016年10月，大米庄村旅游接待中心在抗日战争时期毁于战火的寺院朝阳庵原址上建立，内设红色文化展厅。展厅内设有"火烧北大洼"纪念片放映室1间、展厅2间，共150余平方米。展陈包括"解放前夕的血色黎明""火烧北大洼的惨痛记忆""漫漫长夜中的希望之光""中国共产党领导下的对敌斗争""和平年代的前进历程""改革开放后的康乐年华"六个部分，全面展示大米庄村民在党的领导下进行革命、建设、改革的奋斗历程。

大米村红色文化展厅长期开放，是村五爱教育阵地、村新时代文明实践站活动场所。

大米庄村旅游接待中心（红色文化展厅在其院内）

宝坻烈士陵园

宝坻烈士陵园位于天津市宝坻区宝平街进京路 71 号。1995 年 9 月建成,1996 年 4 月正式对外开放。

陵园占地面积 3 万平方米,总体呈中轴对称格局展开,从北向南,在中轴线上分别为革命事迹展厅、仿古牌楼、革命烈士纪念碑、烈士墓区四大建筑物。

革命事迹展厅包括"革命烽火""家乡血泪""前仆后继"三部分内容,展示了宝坻人民在党的领导下为民族独立、人民解放和国家富强努力拼搏、不懈奋斗的光辉历程及不同时期宝坻革命烈士的英雄事迹。仿古牌楼为仿古式四筑七楼建筑,高 7.5 米,长 15.8 米,正面刻有"英灵千古",背面刻有"芳名永存"。革命烈士纪念碑占地面积 900 平方米,碑高 24.6 米。碑身四面镶嵌樱花红石板,碑体的北南两面嵌刻着彭真题写的"革命烈士永垂不朽"、李运昌题写的"缅怀先烈启迪后人"。墓区占地面积 2200 平方米,现安葬有 257 名烈士。其中革命烈士集体墓 1 座,安葬着 1945 年 2 月 25 日在赵各庄战斗中牺牲的 146 名革命烈士,革命烈士墓 111 座,安葬着各个时期牺牲的烈士。

1997 年 5 月,宝坻烈士陵园被天津市委、市政府公布为天津市爱国主义教育基地。

宝坻烈士陵园

革命烈士集体墓

革命烈士纪念碑

静 海 区

静海区第一个党支部旧址

静海区第一个党支部旧址位于天津市静海区王口镇鄜里村。

1937年七七事变爆发后，王口地区被日军侵占，并作为战略要地严加防守。王口镇是八路军冀中军区通向天津市和津郊地下交通线的必经之地，当地党的工作由隶属中共冀中第九地委的大城县负责。1938年初，冀中军区党的地下工作者打入驻王口镇的郝宝祥自治联军指挥部，劝说动员郝宝祥率部下六百多人，投奔冀中军区所在地肃宁县，在那里接受改编成为八路军。同时，冀中军区九分区不断派小部队经王口镇袭击静海县城的日伪军，并开始秘密在边缘村庄建党建政。王口镇当时属于中共大城县第七区领导，区委书记程毅、区长刘惠民经常在王口镇西部一带村庄活动，他们深入群众，宣传中国共产党的抗日救国主张，号召"工农兵学商，一起来救亡，有人出人，有枪出枪，有钱出钱，团结起来，抗战到底"。同时，加强党的组织建设，把具备入党条件的积极分子，培养吸收到党内。

在区委领导下，鄜里村的党组织发展工作取得很大进展，经过物色培养和抗日斗争的锻炼考验，

天津市静海区第一个党支部纪念馆

苑培芝、苑正春、申秀英、王文谦(高志杰)4人先后被发展为中共党员。1942年底,中共鄮里村党支部建立,由苑培芝任书记。这是静海最早成立的党支部。

鄮里村党支部建立后,积极领导抗日斗争,广泛宣传动员群众,深挖地道,掩护抗日干部,捐款献粮支援抗战,各项工作开展有序,受到区委的称赞。鄮里村党支部所在的七区经过艰辛努力,工作呈现新局面,抗日力量不断壮大,游击根据地不断扩大,社会治安比较稳定,县委一些重要会议安排在七区召开。七区不仅成为大城县的游击根据地,后来也成为津浦支队向静海敌占区发展的后方依托地。

静海第一个党支部在王口镇鄮里村建立,是静海党史上具有里程碑意义的重大事件。为纪念和宣传静海人民在党的领导下走过的奋斗历程,充分发挥党史以史鉴今、资政育人作用,中共天津市静海区委决定在王口镇鄮里村建立纪念馆。天津市静海区第一个党支部纪念馆于2019年9月建成,分上下两层,面积为400平方米。展区分为五个部分,展陈照片238张,实物40余件,通过图文并茂、实物展陈等方式,全方位讲述静海革命、建设和改革的历程,是广大党员干部群众和青少年学生进行革命传统教育、爱国主义教育、思想道德教育、廉政文化教育的重要阵地。

子牙战役遗址

子牙战役遗址位于天津市静海区子牙镇。

1945年6月10日晚，冀中军区9分区42区队及任丘县大队包围了盘踞子牙镇的伪军张耀勋部。静海县武委会主任李惠民在大黄洼村集结700名民兵参战。激战中，连续突破敌外围据点，伪军收缩进司令部和手枪队两院中，据岗楼顽抗。11日拂晓，王口镇日伪军100余人向子牙镇增援，中途被击退。此时，民兵挖掘地道已达敌司令部岗楼下面，遂用炸药将其炸飞。夜晚，伪军向东突围，在王二庄遭38区队截击，大部被歼。伪参谋长带残兵窜奔静海镇，子牙镇遂被攻克。此战毙日、伪军30余人，俘伪副司令以下400余人，缴获重机枪1挺、掷弹筒2个、长短枪365支、子弹3万余发，汽车2辆，军火工厂1座。

子牙战役发生地现状

青沧战役遗址

青沧战役遗址位于天津市静海县城以南地区。

1947年6月12日至16日,人民解放军某部发起青(县)沧(州)战役。14日,歼灭静海县城以南18处据点的国民党军,解放了南起沧州、北至陈官屯的大片村庄。22日,津南支队和津沽、津郊武工队在大邱庄阻击国民党警备队500余人,激战15分钟,毙伤敌29人,俘获25人,缴重机枪3挺、子弹3900余发、炮弹5箱。24日,晋察冀边区第5旅、第4旅12团包围东子牙镇,激战一夜后攻克,歼国民党守军一个美械营和邢良臣还乡团共600余人,俘获还乡团首领孙亚清、崔纪安、萧连荣。10月,县城国民党军600余人向双窑进犯。津南支队和武工队对其进行袭击,歼灭100余人,缴枪100余支。29日,驻独流的国民党新二军151师452团配合地方武装1000余人,向湾头区进犯。津南支队和渤海分区19团在土河村进行伏击,激战5小时,击毙80余人,俘249人,缴炮9门、轻重机枪4挺、步枪115支、炮弹114箱、子弹11万余发、美式手榴弹19箱,以及战马、电台等多种物资。

青沧战役发生地现状

减北战役遗址

减北战役遗址位于天津市静海区唐官屯镇马厂减河以北地区。

1948年1月8日,渤海军区人民武装发起减北(马厂减河以北)战役。由军区副司令员周彪和一分区副司令员贾乾瑞指挥,参战部队有静海基干团,分区17、18、20、21团与津南县大队、海防支队,以及津郊、津沽武工队共5000余人。下午,部队向陈官屯、西小站、小站敌军发起猛攻,先后攻克陈官屯及静海外的大小村庄共200多个,歼敌300余人。缴获大小炮20余门、轻机枪29挺、长短枪600余支、骡马100余匹、汽车3辆、炮弹子弹数万发。3月15日,国民党军95师248团两个营、285团和286团各一个营到湾头"扫荡"。驻小王庄的人民武装两个团进行阻击,毙敌40余人,伤敌70余人。6月1日,津南县地方武装与渤海区21团、24团联合攻打惠丰桥、湾头西小闸子等处敌军据点,共进行战斗3次,摧毁从湾头到中塘25千米的敌军天津外围第三防线。此后,津南县武工队深入马厂减河以北进行活动。敌军被迫撤出大泊、大孙庄、蔡公庄、大屯4个据点。

减北战役发生地现状

文化部静海"五七"干校旧址

文化部静海"五七"干校旧址位于天津市静海区团泊镇薛家房子西侧。

文化部静海"五七"干校,1969年9月建于河北省怀来县,1970年1月迁址到当时属于河北省管辖的宝坻县,1970年9月迁至静海团泊洼,直到1975年底全部学员离校。文化部静海"五七"干校,由文化部8个协会和戏曲研究室、电影剧本创研室、音乐出版社、音乐研究所等12个文艺单位的700余人组成,有学员627名,知识青年57名,建有房屋100余间。

众多文化界知名人士,如郭小川、屠岸、张光年、贾霁、吴祖光、张庚、华君武、石湾、丁聪等曾在此劳动、学习。在这里,诗人郭小川创作了著名诗歌《团泊洼的秋天》,被人们吟诵至今。戏剧家吴祖光为县业余作者修改剧本,画家卢开祥为县京剧团排练现代京剧《智取威虎山》。

文化部静海"五七"干校旧址,至今还保留着南校舍、北校舍、礼堂、宿舍、门柱、水塔等建筑和设施。

2013年1月,文化部静海"五七"干校旧址被天津市人民政府公布为天津市第四批文物保护单位。

文化部静海"五七"干校旧址

良王庄烈士陵园

良王庄烈士陵园曾位于天津市静海区良王庄乡人民政府南侧 50 米处，现已迁址至静海区烈士陵园。

良王庄烈士陵园始建于 1955 年 6 月，1968 年复修，2007 年 6 月重建。陵园坐北向南，四周为高 1.6 米的红砖花墙。陵园大门上方书"静海县烈士陵园"，门两侧书"誓歼天津蒋匪壮烈牺牲"和"踏着烈士血迹勇往直前"的楹联。园内松柏青翠，环境幽静、肃穆，陵园纪念碑镌刻"革命烈士永垂不朽"，陵园凉亭内立有高 1.5 米石碑 1 块，上书"永垂不朽"。

1948 年底至 1949 年初，人民解放军后方医院分散设于良王庄、当城、小沙窝等地。战斗中负伤的指战员在战地医院紧急处理后，分别送到以上各村救治，医治无效而牺牲的人员就地掩埋。在良王庄牺牲的烈士均葬于村西南铁路北侧。时有 123 名烈士，后有 56 名烈士遗骨陆续被家属移回原籍安葬。

1955 年 6 月，陵园建成后，良王庄所葬烈士遗骨 67 具与当城、小沙窝两村所葬烈士遗骨 23 具，均安葬于此。2012 年，良王庄烈士陵园内烈士遗骨迁往静海区烈士陵园重新安葬。

良王庄烈士陵园纪念碑

宫家屯村烈士陵园

宫家屯村烈士陵园位于天津市静海区杨成庄乡宫家屯村东 200 米处。

1965 年,原管铺头公社宫家屯大队的干部群众,将位于该村东南 500 米处的张宝林、郭同起烈士墓迁移至此,并增建刘云阁、赵凤会烈士墓。1990 年,由县、乡、村三级投资,将四位烈士墓地修建成烈士陵园,并增建张良、张相龙烈士墓。

烈士陵园坐北朝南,东西长 101 米,南北宽 76 米,占地面积为 7676 平方米。陵园大门两侧墙上悬挂着一副木质竖匾,上面书写着"为有牺牲多壮志,敢叫日月换新天",木质竖匾外侧是仿古宣传栏,营造出一种令人肃然起敬的庄严肃穆氛围。

陵园内部主要由烈士纪念碑、烈士墓地、烈士纪念馆和陵园绿化区四部分组成。进入陵园,一条笔直的纵向砖砌甬路直通烈士纪念碑,甬路两旁是一株株挺拔高耸的苍松翠柏。纪念碑基座高 1.1 米,由方石砌成;碑身高 5.6 米,由汉白玉砌成。烈士纪念碑正面刻有"革命烈士永垂不朽"八个金色大字,背面刻有张宝林、郭同起、刘云阁、赵凤会四位烈士生平事迹简介。纪念碑的后方,自东向西依次排列

宫家屯村烈士陵园

着张良、郭同起、张宝林、赵凤会、刘云阁、张相龙烈士墓。

烈士纪念馆建在陵园南部,高 5 米,建筑面积 800 平方米。馆内展陈烈士生平、遗物画像。纪念馆外墙上,刻有反映静海人民进行英勇斗争的浮雕;门前悬挂"勿忘国耻,振兴中华""不忘初心、牢记使命"的匾额。

2009 年 6 月,宫家屯村烈士陵园被公布为县级爱国主义教育基地。

静海区烈士陵园

天津市静海区烈士陵园位于天津市静海区静丰路 5 号。2019 年 4 月,由天津市静海区民政局转隶到天津市静海区退役军人事务局。

静海区烈士陵园始建于 1981 年,1999 年重建,2000 年落成。陵园内安葬烈士 1050 名,其中包括无名烈士 312 名;静海籍烈士 708 名,非静海籍烈士 342 名。烈士陵园内建有烈士墓 15 座,老红军墓 1 座,无名烈士墓 1 座。陵园现存 306 名烈士的骨灰,包括无名烈士 180 位。

烈士陵园坐北朝南,占地总面积 16023 平方米,建筑面积 1148 平方米,其中烈士纪念馆建筑面积 728 平方米。正门中央是烈士纪念碑广场,广场中央矗立着烈士纪念碑,碑身高 13 米,座高 2.35 米,正面镌刻着"人民英雄永垂不朽"八个镏金大字,背面书写着"革命烈士纪念碑",纪念碑是烈士陵园最突出、醒目的建筑。每逢清明、烈士公祭日前后,来这里敬献花圈、缅怀先烈的人络绎不绝。

烈士纪念碑北侧是烈士纪念馆。纪念馆分为两层,首层分为两个展厅。第一展厅展示了静海区抗日战争、解放战争的历史事件和抗日战争、解放战争中静海籍烈士的事迹。第二展厅介绍了平津战役、

静海区烈士陵园革命烈士纪念碑

静海区烈士陵园纪念馆馆内情景

抗美援朝战争、中印边境自卫反击战、和平建设时期的静海籍英烈事迹。

陈列室中收藏了大量革命文物,包括近现代革命烈士遗物及荣誉证书等82件、八路军抗战遗物及照片等22件、国民党抗战遗物14件、日军物品4件,共122件。这些物品与革命烈士共同经历了时代的风雨,凝聚着革命志士的崇高品德和高尚情操。

2002年12月,静海区烈士陵园被天津市委、市政府公布为市级爱国主义教育基地。2003年9月,被天津市国防教育委员会公布为国防教育基地。

府君庙惨案遗址

府君庙惨案遗址位于天津市静海区独流镇府君庙村。

1937年8月,撤出天津的国民党二十九军三十七师派出1个排在此驻守。当时,该村有村民600余人,民房100余间,村内百姓大都已躲避,留下未走的便协助守军防守。3日,侵华日军派出小股部队进犯府君庙村。守军与村民在村北挖下战壕,英勇抵抗日军进犯,战斗异常激烈,守军跃出战壕,在肉搏战中砍死日军13人,杀退敌军。不久大队日军又至,以掷弹筒、迫击炮猛轰,守军退入村内抵抗。在日军猛烈的炮火下,村庄30多间民房被炸毁,村民被炸死炸伤。日军4辆装甲车从北面疯狂进攻,守军冲出阵地,将4辆装甲车全部炸毁。战至5日,日军进犯良王庄的宫岐部队、进犯独流镇和县城的首下部队及赤柴部队齐来围攻,守军孤军奋战,再加上武器装备落后,伤亡惨重,最终南撤。日军进村后,逐户搜查,屠杀村民、强奸妇女,多名村民死于刺刀之下,共37人丧生。

府君庙惨案遗址现状

王口惨案遗址

王口惨案遗址位于天津市静海区王口镇。

1937年8月3日,日军第二军矶谷师团沿津浦路东侧,中岛师团沿津浦路西侧,大举进犯静海,9月12日侵占全境。1938年5月7日凌晨,附近日军分三路突袭王口镇。北路由独流乘汽车顺子牙河堤南下,南路由大城县南赵扶乘汽艇北上,东路由静海县城出发,在贾口洼坐汽艇西进,共300余人分进合击,来势汹汹。当时镇内有法国人办的天主教堂,日、法两国尚未宣战,日军不能入内,部分村民涌入教堂躲避。东路日军一到王口镇东侧的大瓦头便行凶杀人。长春号商店少掌柜李士贤、李士奎与张贵忠之弟首遭杀害。王德山、张傻老、尹寿昌、杨新泉、李友明、岳家林次子等被刺刀挑死。北路日军到王口北侧的东岳庄后也开始杀人,村民于连第、岳世田、东振起等均惨死于刺刀之下。南路日军则在子牙河码头残杀村民。三路日军在王口镇会合后,把合成银号抢劫一空,并挑死二掌柜、推磨工人和柜头岳树合,又枪杀村民岳家林长子、尹小峰之子、王德林之弟等多人。一时间,镇北官道、西大坑、村边、街头、稻地到处是死难者的遗体。傍晚,日军撤回后,天主教堂妇孺救济会人员与村民合力寻找,共计找到死难者遗体108具,另有数十人失踪。王口惨案是日军在静海制造的最大惨案。

王口惨案遗址现状

东边庄惨案遗址

东边庄惨案遗址位于天津市静海区静海镇东边庄村。

1937 年 8 月 18 日下午两点多钟,日军占领东边庄,开始挨家挨户地搜查未逃走的群众,并对手无寸铁的乡亲进行野蛮屠杀。凶残的日军将最先搜到张文成、郑祥珂等 7 人。

日军抓到刘永田、郑黑猪等 7 名青年后,用绳子捆绑起来,强令他们跪在朱立庭家的门口,然后押着这 7 个人到战场上,让他们搬运、焚烧日军尸体,一直干到第二天中午,连续 20 多个小时没给他们一口饭吃、一口水喝。烧完尸体后,又把他们 7 个人重新捆起来,残忍地枪杀。

村民郑治文与刘金文在惨案中侥幸逃脱,成为日军暴行的见证人。东边庄惨案中 21 名群众遇害。乡亲们陆续回村后,掩埋尸体,全村人人都穿孝,家家有哭声,悲苦之痛,难以表述。

东边庄惨案遗址现状

小郝庄惨案遗址

小郝庄惨案遗址位于天津市静海区唐官屯镇小郝庄村。

1937 年 8 月 18 日拂晓,日军第二军矶谷师团赤柴部队一小股五六十人,突然向小郝庄村进犯。小郝庄村位于唐官屯镇以东 7.5 千米,马厂减河以北 2 千米,有村民百十户。从天津退出的国民党第二十九军第二十五旅一个排在此设防,在村庄周边民房的墙上掏好射击孔严阵以待。日军进攻时,中国守军当即猛烈还击,击毙日军一二十人。因兵力、武器都处于明显劣势,数小时后即被日军的猛烈炮火突破,中国守军被迫南撤。此时,大多数村民早已外逃,留村看家的村民大部分集中到胡家大院内,并用土坯将大门垒死,伪装成无人居住的样子,少数村民分散隐藏。日军进村后便到处搜人残杀。村民胡万玉向村外奔跑,迎面遇到日军,被日军开枪打死。村民张建山、李玉峰、张庆哲、张庆记、张择邻等被日军搜出后用刺刀挑死。日军每搜出一人,还同时将其房屋点燃,发现有带射击孔的房屋也一并点燃。转眼间,七八户村民的 20 多间住房被熊熊大火吞噬。房屋被焚的村民,因无家可归,大部分流落异乡。

小郝庄惨案遗址现状

花园惨案遗址

花园惨案遗址位于天津市静海区静海镇花园村。

1937年8月24日,日军第二军矾谷师团侵占静海县城。在紧傍城南运河西岸的花园村,多数村民沿运河南逃,留下看家的村民担心日军来村杀人,白天潜藏在庄稼地里,夜深后悄悄回家做饭,天不亮又急忙下洼躲藏。城内伪维持会人员不断到花园村为日军抓夫要物,搜刮土豆、青菜,并抓走两名村民。9月7日整日大雨,直到黄昏才停。潜藏在洼里的村民们全身淋透,饥寒交迫,大家商议每家回去一人取些食物、干衣应急,根据经验,这时日军是不出城的。于是凑集40多名男人,听听村上没有动静,便各自回家操办。备妥后,迅速按约定在村西麦场上集合。正要回洼,忽然从西北方向驰来一队骑马的日军,举枪将村民包围,绑成一串,架起机枪扫射起来。转眼间,村民血染麦场。除黄天佩等4人受伤未死被救走外,其余村民全部丧生。经事后核实,此次惨案花园村共32人被杀害,外村村民10余人遇害身亡。

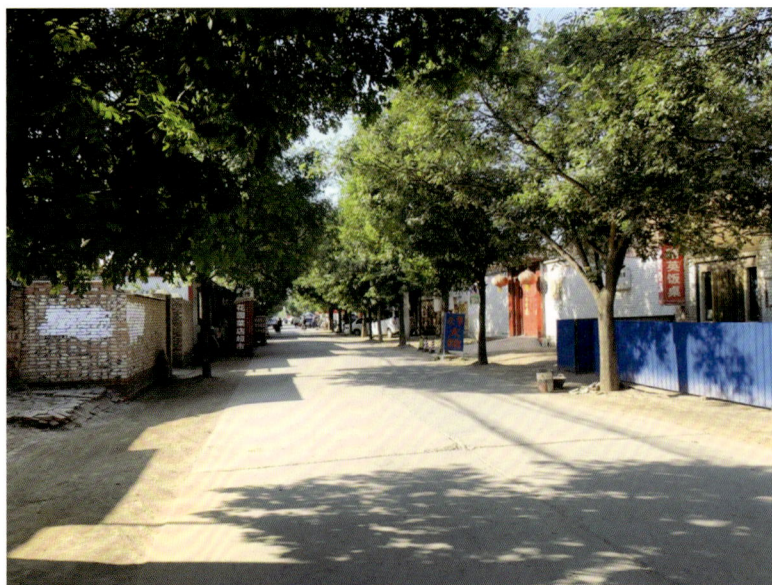

花园惨案遗址现状

五美城惨案遗址

五美城惨案遗址位于天津市静海区大邱庄镇五美城村。

1938 年 7 月 29 日,日军在炮火掩护下沿津盐公路由北向南进犯五美城村。村里没有逃走的村民被日军包围,驱赶到村内的南墙根下。日军用机枪向群众扫射,村民们纷纷中弹倒下。

日军撤走后,外逃避难的乡亲们才三三两两地扶老携幼回到村里。进村后,他们看到村口沟边的水已被鲜血染红,被日军杀害的亲人尸体腐烂难辨,村内房屋被日军焚烧,缺窗少门,一片狼藉。乡亲们怀着万分悲痛的心情,依据服装辨认死难者遗体,一齐动手掩埋。在这次惨案中,这个 40 多户的村庄有 58 人被日军屠杀。

五美城惨案遗址现状

宁 河 区

于方舟故居

于方舟故居位于天津市宁河区俵口镇解放村。

故居坐南朝北,占地194平方米,其中有正房4间,西厢房2间及院墙、门楼。粉墙青瓦,门楣上高悬着彭真题写的"于方舟故居"金字牌匾。堂屋东壁上镶刻着李瑞环题写的"津门之光"四个大字。西屋是卧室,于方舟少年时期就在这间屋子里读书学习。投身革命后,也是在这间屋子里与周恩来共商革命大事,切磋诗文。东屋现已改成于方舟事迹陈列室,两间相连,墙壁上挂着邓颖超题写的"于方舟纪念碑"手迹及李运昌等同志的亲笔题词。橱窗内陈列着于方舟的多幅历史照片和生前读过的书籍、撰写的文章和诗词,还陈列着多幅反映于方舟从事革命活动的连环画。

于方舟(1900—1927),1900年9月15日生于宁河县俵口村(现宁河区俵口镇解放村)一个农民家庭。1917年秋考入天津直隶省立第一中学。五四运动时期参加反帝爱国斗争,参与组织领导了天津学生五七国耻纪念日示威游行,被选为天津学生联合会评议委员,后组织新生社,团结进步青年,开展革命活动。1920年1月29日,在赴直隶省公署请愿时,于方舟与周恩来等4人一起被捕。他们在狱中坚持斗争,同年7月获释。后于方舟在天津组织马克思主义研究会和社会主义青年团。1922年秋于方舟考入南开大学,被选为天津学生联合会执行部部长。1923年,经李大钊介绍加入中国共产党。1924年1月,根据党的指示,于方舟、江浩代表直隶省参加在广州召开的国民党第一次全国代表大会,当选

于方舟故居外景

于方舟故居陈列室

为国民党执行委员会候补执行委员。1924 年春,参与筹建天津党组织,并在 9 月召开的中共天津地方执行委员会成立大会上当选为委员长。1925 年后任中共顺直省委组织部部长。大革命失败后,中共顺直省委根据八七会议确定的土地革命和武装反抗国民党反动派的方针,在京东玉田县举行武装暴动。1927 年 10 月,第一次暴动受挫后,顺直省委派于方舟领导第二次玉田暴动,组织成立京东人民革命军,制订三项攻打玉田城的计划。10 月底起义部队攻占平安镇,在向玉田城进军途中遭反动民团和地方联防武装包围,于方舟率部突围行至丰润县沙流河附近被捕。在狱中,于方舟面对敌人的威逼利诱和种种酷刑坚贞不屈,1927 年 12 月 30 日在玉田县城南门外刑场英勇就义,年仅 27 岁。

1946 年 5 月 21 日,为表彰于方舟烈士的光辉业绩,玉田县地方党组织在于方舟烈士遇难地建立纪念碑,碑文是:"精神不死,革命的浩气长存。"党的十一届三中全会后,党和政府在于方舟烈士出生地俵口村修复了于方舟故居。1991 年 8 月,于方舟故居被公布为天津市重点文物保护单位。2019 年被公布为市级爱国主义教育基地。2021 年被公布为天津市革命文物。

宁河区地下党支部旧址

宁河区地下党支部旧址位于天津市宁河区芦台镇新华道西侧。

1934 年夏末,陈荻受中共京东特委指派,到芦台与先期到达的共产党员张家庆等人建立秘密联络站和党支部,任联络站负责人兼党支部书记,公开身份为邮政局职员。按照京东特委指示,陈荻先后开办芦台"新生医院"和丰台"柏林医院",以医院作为秘密联络点,掩护抗日人员过境;筹措资金,购置药品,转送抗日部队;开展抗日民族统一战线宣传和组织工作,团结各界人士一致抗日;秘密发展党员,建立和扩大党的组织。其间,陈荻深入宁河中学、商会、绸缎庄、书店等处开展抗日宣传,通过地下党员、教员刘亚夫团结进步学生,组织宁河中学读书演讲会,开展对敌斗争。1937 年秋至 1938 年,在冀东抗日武装斗争特别是冀东抗日大暴动酝酿组织期间,陈荻先后任冀东军分区宣传科长、部长,冀东抗日联军第 5 队政治部主任等职,领导开辟冀东抗日根据地,团结率领干部、战士浴血奋战。1940年 6 月 14 日,在部队渡河突围中,陈荻为抢救战友被卷入漩涡遇难,时年 31 岁。

由于 1976 年地震等原因,宁河区地下党支部旧址已不复存在。

新生医院旧址所在地

陈 荻

寒松烈士牺牲地

寒松烈士牺牲地位于天津市宁河区淮淀镇乐善庄,地处七里海国家级古海岸与湿地自然保护区内。

寒松(1909—1943),原名张喆,1909年出生于河北省玉田县杨家套乡丁官屯村一个贫苦农民家庭。1937年,寒松怀着对日本侵略者的满腔仇恨,积极投入抗日斗争,担任村第一任抗日救国联合会主任,号召村民参加和支持冀东抗日武装暴动。1939年起,先后在丰(润)玉(田)遵(化)联合县任股长、区长等职。1943年春,寒松与云龙等人受党的派遣深入宁河西部,与先期到达的佐天、铁峰、陆英等会合,扩大抗日武装工作队,开辟新的抗日游击区。

寒松等人在开辟新区的斗争中,严格执行党的指示,采取了由秘密活动到半公开活动,由上层到下层,由少数人到多数人的方式,使新区斗争由点到面,逐步发展。他们在群众中广泛开展以抗日救国为中心的宣传教育工作,注意减轻农民负担,注意对伪军、伪组织的争取。随着工作的开展和抗日游击地区的扩大,建立抗日政权的条件日益成熟。1943年7月,中共中央晋察冀分局和晋察冀边区行政委员会决定,建立中共武(清)宝(坻)宁(河)工作委员会和武宝宁联合县办事处,寒松任工作委员会委员、联合县办事处主任。

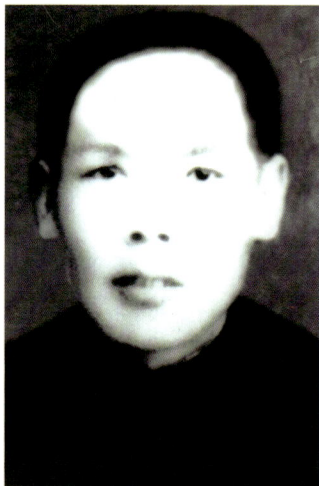

寒 松

国家级古海岸与湿地自然保护区——七里海

1943 年 12 月 18 日,中共武宝宁工委和武宝宁联合县办事处在宁河县(现宁河区)境内乐善庄召开扩大会议,总结和研究发展党的组织和政权建设等事项。12 月 21 日凌晨,驻芦台的日本守备队、伪警备队共 300 余人包围乐善庄,他们先在村的四周安放岗哨,随即大肆搜捕共产党员。寒松得到消息后,迅速带领警卫员云朋、交通员志英冲出村,越过东引河堤(现潮白河故道),穿过苇地,朝七里海(大洼淀)方向突围。由于村子南北两面均有日伪军严密把守,寒松等人刚一出村即被敌人发现。敌人向他们疯狂射击,并且派遣骑兵包抄。突围到离村约 1.5 千米的黄家围时,寒松不幸中弹牺牲,年仅 34 岁。

宁河区第一个农村党支部旧址

宁河区第一个农村党支部旧址位于天津市宁河区岳龙镇褚家庄村。

1941年10月，随着武装力量加强，游击区不断扩大，党组织在宁河的发展已具备条件，丰玉宁联合县六区区委遵照上级指示，结合实际制订了发展党员计划。建党工作首先从佃户村抓起，主要采取以下方式：一是区委秘密吸收个别新党员，区委组织干部深入村庄，亲自培养入党对象，对那些出身好，抗日工作积极的，经考验后，由区委讨论批准。二是通过做群众工作的党员，在群众中发现积极分子，推荐给区委，经过培养，由区委讨论批准。三是通过吸收的新党员，在本村或邻村进行组织发展工作，由区委讨论批准。

六区干部宇光、赵云山等秘密进入褚家庄，开展抗日宣传和发展党员工作，建立以高维藩、刘全福、段寿海为主体的先进青年组织，为党在褚家庄的发展工作奠定了基础。1942年6月，赵云山秘密发展褚家庄的张炳恒、张宝珍入党。入党后，张炳恒接受党组织分配的任务，为传递党的情报，经常奔走于各个情报点之间，多次经历生死危险，出色地完成了任务。同年8月，赵云山发展高维藩为党员。8月中旬，全县农村第一个党支部——褚家庄党支部光荣诞生，支部书记高维藩，支委张炳恒、张宝珍。根据上级指示，党支部适时建立了秘密情报站，站长为高维藩（兼），成员有良士桐等，负责传递信件、搜集情报等工作，为游击区的开辟和发展做出了贡献。

宁河区第一个农村党支部旧址建筑在1976年地震时被损毁。

宁河区第一个农村党支部旧址现状（岳龙镇褚家庄村）

宁河区烈士陵园

宁河区烈士陵园位于天津市宁河区芦台镇芦汉公路东侧，始建于1969年，2005年底完成重建，现隶属于宁河区退役军人事务局。陵园占地面积15730平方米，是市级爱国主义教育基地、市志愿服务基地和市级文物保护单位。2016年被国务院评为第六批国家级烈士纪念设施。中国共产党天津党团组织创建人、天津五四运动的青年领袖于方舟烈士就长眠于园内。陵园内建有于方舟烈士纪念馆、纪念广场、革命烈士墓区等。

烈士纪念广场占地2755平方米，位于广场正前方的是于方舟烈士墓及其半身雕像，雕像的黑色大理石底座正面是由李瑞环为于方舟烈士题写的"津门之光"碑刻，两侧分别为邓颖超题写的"于方舟烈士纪念碑"和李运昌题写的"革命烈士永垂不朽"碑刻。于方舟烈士墓后方是北方地区最大的黑色大理石革命烈士幕墙，幕墙长48.12米，高2.7米，这两个数字的寓意为1948年12月宁河全境解放时间和于方舟烈士牺牲时的年龄。

于方舟烈士纪念馆的建筑面积为802平方米，为钢筋混凝土仿古式结构建筑，邓颖超题写馆名。该馆陈列厅面积为700平方米，主展馆分为两部分：第一部分为宁河人民革命斗争史，第二部分为于方舟烈士生平事迹。展厅陈列了战争年代的战斗纪念章、水壶、纺车、手枪、子弹、烈士牺牲证明书等革

宁河区烈士陵园外景

宁河区烈士陵园的烈士幕墙与于方舟烈士墓

宁河区烈士陵园内于方舟烈士纪念馆

命文物及资料 125 件,藏品来源于烈士家属捐献和迁移烈士墓时挖掘所得。

目前陵园管理的烈士总数为 977 名,陵园内共安葬着 306 名烈士,墓区安葬烈士 214 名(其中无名烈士 99 位),骨灰堂安放着 92 名烈士的骨灰(其中无名烈士 70 名)。

幕墙上镌刻着 671 名革命烈士英名,其中抗日战争时期 40 名,解放战争时期 433 名,抗美援朝时期 64 名,外埠烈士 80 名(其中包括 3 名外国籍革命烈士),无名烈士 54 名。

每年清明节前后来陵园缅怀和悼念革命烈士的中小学生及社会各界人士络绎不绝。特别是于方舟纪念馆建成后,社会各界人士及党政机关的党员干部经常到纪念馆参观学习,缅怀先烈。

李麻疃惨案旧址

李麻疃惨案旧址位于天津市宁河区岳龙镇李麻疃村。

抗日战争时期，李麻疃村群众基础好，抗日民主政权虽几经挫折但始终没有被敌人破坏，县区工作人员时常出入该村，进行各种抗日活动，引起日军的极大不安。1943年1月23日，驻丰润县城关新军屯、三女河等地日伪军1000多人，在日军头目佐佐木的带领下，突然闯进李麻疃村，进行了以抓捕屠杀八路军和抗日工作人员、摧毁抗日民主政权为目的的罪恶活动。他们控制住村口，不让任何人出入，然后挨户搜查抓捕可疑人员。当天夜里，日伪军强行住进在村民家中，全体村民受惊扰，一夜无眠。24日凌晨5点多，日伪军大部分开往外村讨伐。留下的日伪军将村里男女老幼全部驱赶到学校操场，逼问共产党、八路军干部的情况。见人们默不作声，特务们就从人群中揪出李厚民、李福林、李国林3人进行毒打，逼问共产党、八路军的下落，3人宁死不说，特务们就用毛笔在3人的后背上分别写上"办事员"3个字（"办事员"指为八路军办事的人），继续进行毒打。敌人在3人口中没有得到什么，又

李麻疃惨案旧址现状

421

从人群里揪出李忠由、李忠宪、李忠文、李思华、李银华、李占起、李忠元、吕凤桐等8人,继续毒打拷问八路军的下落,同样没问出什么。去外村的敌人回村后,将李麻酀村大部分村民放回,但仍将李厚民等11人扣留。

24日,日伪军从东魏甸、西魏甸、岳会庄等三十多个村庄抓捕数十名村民带到李麻酀村,分十几处关押拷问,被折磨残害致死的有18人之多。25日,日伪军继续进行拷问。李麻酀村村民和被抓来的外村人,未透露任何抗日干部情况。26日凌晨,敌人撤离李麻酀村,带走李厚民等11人及被抓的外村人,打伤数十名村民,并把各家的年货和牲畜抢劫一空。6天后,经各村出人保释,被抓走的村民陆续放回。

李麻酀惨案旧址建筑在1976年地震时损毁。

南涧沽惨案旧址

南涧沽惨案又称薄台村惨案或五区惨案,旧址位于天津市宁河区七里海镇薄台村。

1946 年 8 月 14 日晚,宁河县五区区长李健在薄台村薄桂盖家紧急召开区干部联席会议,通报敌情,研究防范驻芦台之敌下乡抢粮。五区干部开会的消息,被国民党宁河县政府联合秘书处获知。8 月 15 日凌晨 3 点多,国民党宁河县政府派兵包围了薄台村。区长李健、组织干事鲁愚、妇女主任玉芳、财粮助理高志忠、青年委员兰祥、伙食员刘作廷以及前来探亲的李健妻子守竺等 7 人被包围在村里。李健命令大家立即分散突围,他拉着守竺冲出屋潜入苇塘里。看到搜索的敌人越来越多,为不被俘虏,他打倒几个敌人后自杀,守竺被敌人抓捕(后被释放)。敌人继续挨家挨户搜查,青年委员兰祥藏在一家草垛里,被搜出后当场遇害,伙食员刘作廷在厨房被杀害,组织干事鲁愚、妇女主任玉芳、财粮助理高志忠先后被捕。天亮后,村农会主席张大牛被搜出后活活打死。敌人当天将鲁愚、玉芳、高志忠押往芦台,关押在县警察局后院的平房里,多次对他们进行刑讯,他们始终不肯向敌人低头。当年深冬,敌人

南涧沽惨案旧址现状

李健(前右一)、高志忠(前右二)、
刘作廷(后左一)、玉芳(后左二)、兰祥(后左三)
等五位在惨案中牺牲的区干部生前合影

将鲁愚、高志忠杀害于蓟运河冰面上，每人被刺几十刀，死后尸体被抛进蓟运河冰窟里，玉芳在芦台西大道旁被杀害。

南涧沽惨案旧址建筑在 1976 年地震时被损毁。

蓟 州 区

蓟州区第一个党支部旧址

蓟州区第一个党支部旧址位于天津市蓟州区上仓镇河西地区。

蓟州区第一个党的组织是在 1927 年建立的。1927 年春,玉田县委委员张洪以教书为掩护,经常利用节假日到别山和上仓附近的小学联系进步教员,秘密开展党的活动。在他的帮助下,十几所小学相继办起夜校,传播马克思主义。三、四月间,张洪在上仓镇河西地区发展几名小学教员和进步青年加入中国共产党,并建立了蓟州区第一个党支部。

蓟州区第一个党支部成立(美术作品)

中共蓟县县委诞生地旧址

中共蓟县县委诞生地旧址位于天津市蓟州区别山镇西山北头二村(原西山北头村)。

1926年,李子光在西北实业日报社工作期间加入了中国共产党。1929年冬,李子光返回家乡蓟县西山北头村积极发动群众,宣传进步思想,组织成立马列主义读书小组。1930年4月,经京东特委批准,马列主义读书小组转为共产主义小组,李子光任组长。同年6月中旬,经京东特委批准,西山北头村党小组扩建为特别支部,李子光任特支书记。接着,他先后在段甲岭、穿芳峪、马圈头、门庄子、白马泉、瓦岔庄建立了党支部,在县城和泅溜建立了党小组,在全县发展共产党员60余人。

1930年9月,为了便于开展工作,西山北头村特别支部改建为中共蓟县临时县委,李子光任临时县委书记。10月下旬,中共蓟县县委正式成立。从此,蓟县人民的革命斗争,在蓟县县委的领导下,进入了一个崭新的历史阶段。

中共蓟县县委诞生地旧址(原西山北头村)

　　为牢记革命先辈的丰功伟绩,2005 年 8 月 15 日,中共蓟县县委、蓟县人民政府在西山北头二村修建李子光事迹展览馆。展览馆院内立有蓟县党的早期建设纪念碑 4 座,分别为"建立马列主义读书小组纪念碑""中共特别支部成立纪念碑""中共蓟县委员会成立纪念碑""翠屏山党的秘密会议纪念碑"。目前,这些设施因新城建设已损毁。

　　2020 年 5 月,中共蓟县县委诞生地旧址被公布为区级爱国主义教育基地。

"一分利"文具店旧址

　　"一分利"文具店位于天津市蓟州区第一中学南侧鲁班庙内,是市级文物保护单位。这里原是一座小巧别致、雕梁画栋的古庙,是古代尊祀土木工匠祖师鲁班的地方。1933年10月,李子光在鲁班庙西配殿创办了"一分利"文具店,作为蓟县党组织开展活动的秘密联络点。

　　1933年春夏之际,在王明"左"倾路线的错误影响下,京东特委强令组织的迁西暴动失败,共产党人和反帝大同盟人员名单被公布在天津《大公报》上。被暴露人员接连遭到敌人逮捕,党组织损失严重,革命陷入低潮。面对这种状况,上级党组织决定把工作重点转移到蓟县,并派迁(安)遵(化)蓟(县)中心县县委书记李子光秘密到蓟县开展工作,恢复和发展党的组织。李子光到达白色恐怖笼罩的蓟县县城后,为便于掩护革命活动,于1933年10月与共产党员何云台、王坤载共同筹资,在鲁班庙的西配殿开设了一家文具店,取名为"一分利"文具店。由于"一分利"文具店位置好,又有照相业务,一时顾客云集,买卖兴隆,同时也为开展党的活动提供了十分有利的条件。李子光以店老板的身份,经常与县城

"一分利"文具店

鲁班庙

内的商号、士绅接触,了解掌握社会动向,伙计们借教师、学生来店购买学习用品之机,向他们传播革命思想,物色积极分子。店里几位同志还借外出采购之机到天津、北平寻找党组织,保持同上级党组织的联系。

从 1933 年 10 月到 1938 年秋,"一分利"文具店一直是蓟县党组织进行秘密活动和对外联络的中心,培养了 30 多名党的各级领导骨干和革命志士,为开展武装抗日斗争积蓄了力量,奠定了基础。

"一分利"文具店在天津解放后曾被拆除。1986 年,为纪念革命先辈的光辉业绩,蓟县政府拨款重建"一分利"文具店,并将其公布为蓟县重点文物保护单位。1991 年 8 月,"一分利"文具店旧址被公布为天津市重点文物保护单位。2021 年被公布为天津市革命文物。

李子光故居

李子光故居位于天津市蓟州区别山镇西山北头二村。

李子光(1902—1967),原名贾一中,天津蓟州区别山镇西山北头二村人,蓟州区党组织创建者之一。1926年加入中国共产党。历任绥远《西北农业日报》、宁夏《中山日报》中共支部书记,冀东抗日联军第16总队政治部主任,中共冀东西部地分委书记、第14地委书记,冀热辽区党委委员、热河省委委员、热河省政府第一副主席、中共冀察热辽分局秘书长等职务。曾长期从事党的地下工作,抗日战争时期为开辟蓟县、平谷等地区的抗日根据地做出了重要贡献。新中国成立后,任中共河北省委常委、河北省副省长、河北省政协副主席、第三届全国人大代表。1967年3月1日去世。

1960年,因修建于桥水库,李子光故居被淹没。

李子光事迹陈列馆(原址位于蓟州区别山镇西山北头村,已不存在)　　李子光

蓟县简易师范旧址

蓟县简易师范(简称"简师")旧址位于天津市蓟州区第一小学南侧文庙内。蓟县简易师范的前身是蓟县乡村师范,20世纪30年代是蓟县的最高学府,专门培养小学教师。在"简师"任教的老师大都来自北平、天津等地,多数教师和学生思想进步。因其在蓟县的特殊社会地位,党的地下组织对在"简师"开展工作中非常重视。

1932年春,在日本侵略者不断扩大侵略情况下,河北省保定第二师范师生发起大规模的抗日护校运动。6月,"简师"为声援保定二师学生的爱国斗争,举行罢课,动员同胞团结起来抗日救国,并要求释放保定二师被捕师生。

1935年11月,为反对"冀东防共自治政府"推行的奴化教育,"简师"进步师生自觉组织起来,以逃课、拒绝学习日文等方式,表达对反动当局推行奴化教育的强烈不满。1936年秋,受党组织委派,共产党员吕瑛、赵迪之从北平来到"简师"任教,她们向学生介绍进步书刊和文学作品,宣传革命思想。在进步思想的影响下,许多师生对时局和学校的现状表示不满,对封建家庭的约束非常反感,要求自由、解放的意愿愈加强烈。

1935年一二·九运动后,"简师"党组织采用多种形式宣传抗日救国思想,通过成立"落叶社",编写《落叶刊》等,抒发抗日爱国激情,团结进步同学。1937年,在蓟县地下党的领导下,"简师"成立了党

蓟县简易师范旧址

文庙("简师")正门

支部。1938 年 7 月,蓟县发动抗日武装暴动时,"简师"学生深入农村,参加抗日武装,掩护革命同志,部分进步学生还参加了游击队,战斗在抗日的最前线,甚至在抗战中英勇牺牲,为保家卫国献出了宝贵生命。

1973 年,"简师"旧址被蓟县革命委员会公布为县级文物保护单位。1986 年,被公布为县级重点文物保护单位。1991 年 8 月,被公布为天津市重点文物保护单位。2007 年春重修,竣工后对外开放。

板桥诊疗所旧址

板桥诊疗所旧址位于天津市蓟州区新城,渔阳镇原板桥村。

1936年6月,共产党员卜荣久(板桥村人)、王少奇(河北香河人)按照党组织要把学生运动同工农群众的武装自卫斗争结合起来的指示精神,来到蓟县板桥村。1937年2月,他们在卜荣久家的西厢房合伙开办了一个诊疗所,以医生身份作掩护,走村串户,积极开展抗日救国活动。他们采取"穷人看病、富人花钱"的办法,有钱人看病,加倍收费,穷人看病少收或免收药费,深得广大贫苦群众的信任和拥护。

1937年8月洛川会议后,蓟县县委在冀热边特委的领导下,开始了抗日武装大暴动的组织发动和武装准备工作,其主要组织形式就是建立抗日救国会。1937年10月12日,各地党组织负责人以登山为名,在蓟县城南翠屏山秘密举行会议,决定在全县各地建立抗日救国会,动员、争取各阶层人民组织起来一致抗日。会后,卜荣久、王少奇以诊疗所为依托,以医生身份作掩护,每日身背药箱,四处奔

卜荣久

王少奇

走，一方面为群众解除病痛，一方面积极开展工作。仅半年多时间，就在以板桥为中心的20多个村里建立了抗日救国会组织。他们以日军在中国的侵略暴行、东北和冀东人民的悲惨遭遇、八路军在敌后战场的胜利消息和党的抗日救国十大纲领为内容，向人民群众广泛进行宣传教育，号召人民群众在救国会的带领下，迅速觉悟起来、组织起来，坚决把日本帝国主义赶出中国。在他们的影响下，板桥周围各村涌现出一大批抗日积极分子，"坚决抗战到底，誓死不当亡国奴"成为广大人民群众的共同心声。救国会组织如雨后春笋般遍及城乡，会员不断增加。抗日救国会作为党团结、组织各阶层人民参加抗日救亡的重要形式，成为团结抗战的摇篮。

板桥诊疗所旧址（已不存在）

翠屏山秘密会议遗址

翠屏山秘密会议遗址位于天津市蓟州区别山镇翠屏山。

1937年七七事变后,根据冀热边特委的指示,蓟县县委进行了抗日武装大暴动的组织发动和武装准备工作。主要组织形式是在全县各地建立"抗日救国会",动员争取各阶层群众组织起来一致抗日。

1937年10月12日,蓟县各地党组织负责人张筱蓬、卜荣久、王少奇、徐智甫、王磊、铁华等同志以登山为名,在城南翠屏山秘密举行会议。会议提出党的工作重心是,加强宣传动员,积极组织力量,准备武装暴动。会议决定在全县各地建立抗日救国会,动员、争取各阶层人民组织起来一致抗日。会后,各地党组织很快以原有党小组、反帝同盟小组、抗日救亡小组为基础,吸收抗日积极分子组建救国会。同年冬,陈富轩、徐智甫等在二区太平庄一带建立救国会;张筱蓬、廖益之、周华庭、蒋之洲在二区州河南岸一带建立救国会。1938年初,白砥中、郝希武在七区建立救国会;卜荣久、王少奇在城南一带建立救国会;王学黎、高才在四区建立救国会;卜静安、李友梅在五区建立救国会;王崇实在六区别山镇一带建立救国会。其他各地救国会也积极筹建起来。

翠屏山秘密会议遗址现状

盘山千像寺会议旧址

　　盘山千像寺会议旧址位于天津市蓟州区盘山。千像寺是盘山72座寺庙之一,这里是冀东西部抗日大暴动的策源地。

　　1937年全民族抗战爆发后,蓟县县委在冀热边特委的领导下,积极开展抗日武装大暴动的组织发动和武装准备工作。1938年4月4日,根据冀热边特委关于全面发动抗日武装大暴动的指示和蓟县抗日斗争形势的发展,蓟县县委在盘山千像寺召开扩大会议。会议总结了建立抗日救国会工作的成绩,对进一步组织发动武装暴动作出重要决议。为加强对各地抗日救国会的统一领导,会上成立了蓟县抗日救国总会,总会下设分会,分会下设支会,支会下设小组。会议还对全面争取民团工作作了具体分工。此外,会议还宣布了河北省委决定,由王崇实任县委书记,李子光专门负责军事工作。

千像寺碑

　　千像寺会议后,武装暴动准备工作全面展开,救国会在农村迅速发展壮大。各地纷纷建立分会、支会等组织,广泛发展会员。救国会的会员大多苦大仇深,是抗日的中坚力量。以小学教员为主体的知识分子纷纷投身抗日活动。地下党员王济川在龙山小学和道古峪分校的师生中发展了50多人参加救国会。以张子丰为校长的龙王庙完小全体教师和部分学生在救国会领导下秘密组织起来。蓟县简易师范学校校长李化度、教师李维廉和学生共10余人参加了救国会。其余各地小学教员,也有一部分参加了救国会。一些商会职员、医生等知识分子也在党的领导下走上了抗日道路。这些知识分子在蓟县武装暴动的宣传组织发动中,发挥了重要作用。

　　在发展救国会的同时,各地党组织和救国会还积极开展对保甲长及当地民团首领的争取工作。蓟县二、四、六区的保甲长和民团首领,经过教育,有的接受了抗日主张;有的虽然不愿接受党的领导,但也改变了对共产党的敌视态度,有的直接参加抗日,有的

千像寺会议旧址

暗中支持抗日。

　　千像寺会议是蓟县抗日武装大暴动前期的准备工作会议，为以后全县万余名各阶层人士参加抗日大暴动夯实了基础。1940年，晋察冀军区第13军分区司令部在千像寺内设立。

　　1973年2月12日，蓟县革命委员会将千像寺会议旧址公布为县级文物保护单位。1982年7月9日，天津市人民政府将其公布为市级文物保护单位。

贾各庄战斗遗址

贾各庄战斗遗址位于天津市蓟州区官庄镇贾各庄村西。

1938年4月5日上午,李子光、王崇实、卜荣久等在盘山千像寺研究实施抗日武装暴动等事项。临近中午,突然接到情报,有一股日伪军从蓟县县城乘车向邦均进发。为保证暴动如期进行,李子光等研究决定,一定要挡住这股敌人,命令救国会会员带上刚做好的午饭,急行军赶赴邦喜公路上的贾各庄地桥(漫水桥)附近伏击敌人。战士们一边赶路一边吃饭,终于赶在敌人之前到达地桥,做好埋伏工作。下午3时许,敌人一辆卡车刚到地桥,即遭我军迎头痛击,卡车被烧毁。敌人见势不妙,弃车而逃,溃退县城。

贾各庄战斗遗址现状

马伸桥事变遗址

马伸桥事变遗址位于天津市蓟州区马伸桥镇。

1938年6月初,八路军第四纵队挺进冀东,中旬到达蓟县北部的靠山集、将军关、下营一带。喜讯不翼而飞,人们奔走相告,欢欣鼓舞。相反,日伪汉奸一扫平时的威风,躲进城里,惶惶不可终日。一些伪军政人员开始向抗日组织靠拢以求出路。在这种形势下,各地的抗日武装暴动准备工作几乎在公开进行。

面对即将到来的抗日风暴,汉奸政府慌忙下令各区民团赶到长城各口,堵截八路军南下,并对各地抗日活动实行严厉镇压。就在各地区民团赶赴长城口布防时,经过日军训练的汉奸、二区伪公安分局局长王术森发觉了六甲民团队长夏德元、九甲民团队长赵合的抗日活动。他立即命令两甲民团从前线撤回待命,阴谋解除民团武装,将夏、赵二人拘押审讯。夏德元、赵合接到命令后,看出事情蹊跷,当夜找到二区救国会负责人徐智甫、廖益之商议对策。大家一致认为,事情紧急,必须做好充分的准备,只要风头不对立即宣布起义。

6月20日,夏德元、赵合带两甲民团返回分局所在地马伸桥镇。夏德元带队在局外"恭候",以防不测。赵合一人进局"请示"任务。此时,王术森正与县公安局局长郭永年通电话。当他说到"民团不可靠……"时,见赵合走进院内,便迅速放下电话去摸腰间手枪。赵合见势头不妙,立即开枪,隔窗将王术森击毙。院内户籍警察刚要动手,又被赵合一枪打倒。听到枪声,门外两甲民团蜂拥而入,大喊:"不许动!缴枪不杀!"其他8名伪警乖乖缴械投降。夏德元、赵合当即集合民团队伍,宣布起义抗日。

六甲、九甲民团200余人在夏德元、赵合的领导下,首先砸毁了设在马伸桥镇的"白面馆",打死表面充当"白面馆"的掌柜,实为日本特务的朝鲜浪人大金、二金。这时,从兴隆县

马伸桥老街,远处的右侧为马伸桥伪警察分局

倒流水金矿开来一辆日本小汽车,夏德元、赵合令部下关好城门,全力围堵。结果将车内日方华北矿业公司经理铃木隆方及其2名随行人员俘获。押解途中,他们伺机逃跑,被就地处死。霎时间,附近九庄一镇,群情振奋,一片沸腾,人们奔走相告民团胜利的喜讯。

马伸桥事变,揭开了冀东抗日武装大暴动的序幕。

塔院会议遗址

塔院会议遗址位于天津市蓟州区官庄镇塔院村。

1938 年 7 月 14 日,李子光等人在此召开会议,准备在蓟县发动抗日武装暴动。

塔院会议遗址现状

冀东西部抗日武装大暴动
第一枪战斗遗址

冀东西部抗日武装大暴动第一枪战斗遗址位于天津市蓟州区邦均粮库南院南侧。

1938年7月发动的冀东抗日武装大暴动,沉重打击了日本帝国主义在冀东的殖民统治,扩大了党和军队的政治影响,为建立冀热辽抗日根据地,配合全面抗战,创造了有利条件。

以蓟县为中心的冀东西部地区,是这次大暴动的重要组成部分。1937年卢沟桥事变后不久,蓟县县委在冀热边特委的领导下,开始了武装大暴动的组织发动工作。1937年10月12日,蓟县县委召开了翠屏山秘密会议,会后各地以原有的党小组、反帝同盟小组、抗日救国小组为基础吸收抗日积极分子,组建了救国会。1938年4月4日,蓟县县委在盘山千像寺召开了扩大会议,成立了抗日救国总会,卜荣久任总会主任、王少奇任宣传部部长、王坤载任组织部部长、李子光任武装部长。暴动前,在短时间里,救国会就发展成一支由中小学教师、青年学生、农民等上千人参加的抗日组织。广大人民群众抗日热情极其高涨,暴动条件已经成熟。

"邦均打响第一枪"纪念碑

1938 年 7 月 5 日,蓟县县委在塔院村北栗树沟召开紧急会议,李子光、王崇实、卜荣久、王少奇、徐智甫、白砥中、苏甦(四纵参谋)、铁华等出席会议。冀热边特委丁振军传达了特委田家湾会议精神,"拟定 7 月 16 日全冀东举行武装大暴动"。但随着形势变化,蓟县县委在盘山天成寺和板桥村连续召开紧急军事会议,决定提前两天举行暴动。

1938 年 7 月 14 日,王建国、苏甦领导的三区救国会会员在邦均镇打响了冀东西部抗日武装大暴动的第一枪,攻克了邦均镇伪警察分局。

邦均镇是由 18 个村庄密集组成的一个大镇。敌人对这里控制严密,驻有伪警察分局和地方民团训练队数百人。为了保证战斗成功,王建国、苏甦召集抗日骨干纪凯、白秀江、张克增、白秀峰、白崇武、

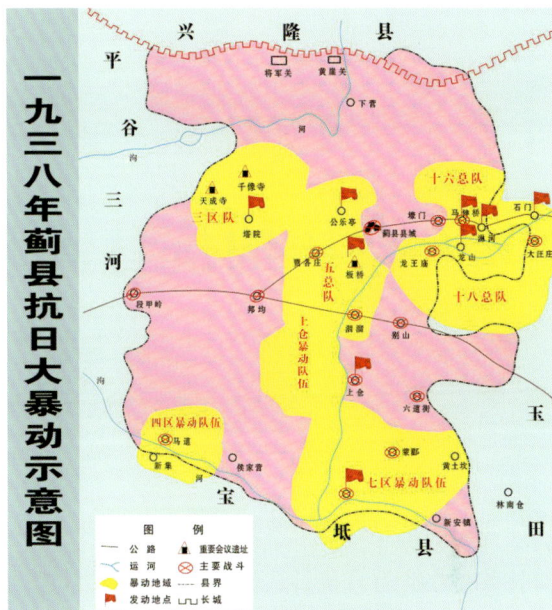

蓟县抗日大暴动示意图

白子成、白荣华等同志,细致地分析了敌情,制定突然袭击、速战速决的战术方案。大枪组负责把住道口,防止敌人逃跑,阻击前来增援之敌;喊话组登房向敌伪人员喊话,宣传抗日道理,实行政治攻势,分化瓦解敌人;战斗组全力攻打伪警察分局。14 日,暴动队伍派人到警察分局作了进一步侦察,获取了当晚的口令。晚 8 时许,王建国、苏甦带领队员 14 人拿着刚从敌人缴获的四支大枪、两支手枪、十几枚手榴弹趁夜幕绕开大道向邦均进发。晚 9 点冲进伪警察分局。张克增瞄准敌人甩出第一颗手榴弹。敌人在手榴弹爆炸声中乱作一团,丢下武器,拼命而逃。民团训练队在"我们是抗日的队伍,不愿当亡国奴的拿起枪来抗日,中国人不打中国人"的强大政治攻势下,停止抵抗。整个战斗用时 30 分钟,并取得胜利,打死伪警 1 人,伤 5 人,缴枪 32 支、子弹 7000 多发、电话机 1 部和一些其他物资。救国会员无一人伤亡。在胜利归途中,同志们心情激动,斗志昂扬,又一鼓作气突袭了大孙各庄的戒毒所和钨钢矿伪据点,缴获大枪 9 支。县委领导李子光等亲自迎接,并命名这支暴动队伍为蓟县抗联三区队。

2005 年 8 月 5 日,蓟县县委、县人民政府在邦均镇第三小学北建立"邦均打响第一枪"纪念碑。

栗树沟抗日武装大暴动会议旧址

　　栗树沟抗日武装大暴动会议旧址位于天津市蓟州区官庄镇塔院村北栗树沟。1938年7月5日，蓟县县委在此召开抗日武装大暴动紧急会议。会议指出，蓟县抗日武装暴动的条件已经成熟，决定尽快发动暴动，配合八路军第四纵队创建抗日根据地。

栗树沟抗日武装大暴动会议旧址现状

蓟县抗日民主政府成立旧址

蓟县抗日民主政府成立旧址位于天津市蓟州区第一中学北操场。

1938年4月4日,中共蓟县县委根据冀热边特委关于全面发动抗日武装暴动的指示精神,在盘山千像寺召开扩大会议,就抗日武装暴动作出一系列重要决议。6月20日,蓟县二区马伸桥镇爆发六甲、九甲民团起义,从而揭开了蓟县抗日武装暴动的序幕。7月5日,蓟县县委根据上级指示,在栗树沟召开紧急会议,指出蓟县抗日武装暴动的条件已经成熟,决定尽快发动暴动,配合八路军第四纵队创建根据地。

7月14日,在中共蓟县县委的号召下,邦均镇打响了冀东西部抗日武装暴动的第一枪。随后,蓟县各地纷纷向日伪军进攻,抗日烽火燃遍蓟县大地。7月底,四纵一部和蓟县暴动队伍开始进攻蓟县县城。抗日军民采取围而不打、孤立敌人的战术。汉奸政府在外无援兵、联系中断的情况下,坐卧不宁,心惊胆战,于7月30日晨,仓皇逃往北平,蓟县县城不攻自破。

蓟县抗日民主政府成立旧址现状

7月31日,蓟县抗日军民召开大会,会上宣布蓟县抗日民主政府成立,四纵民运部长王巍(又名朴一禹,朝鲜人)被任命为县长。抗日民主政府宣布取消一切苛捐杂税,没收汉奸特务的一切财产。学校开学上课,集市照常营业。

别山战斗遗址

别山战斗遗址位于天津市蓟州区别山镇北山。

1938 年 8 月 16 日，中共蓟县县委书记王崇实率领的暴动队伍配合冀东东部抗联洪麟阁部一举攻克玉田县城后，挥师蓟县，在别山镇与日军石川部队展开激战。17 日，抗联一部被日本石川部队围困。当日夜，王崇实率队支援被困部队突围，次日晨与敌发生激战。王崇实身先士卒，勇猛冲杀，吸引敌人火力，使被围部队安全突围。王崇实在战斗中壮烈牺牲，年仅 23 岁。

别山战斗遗址现状

六道街战斗遗址

六道街战斗遗址位于天津市蓟州区杨津庄镇六道街村。

1938 年 8 月下旬,抗联 30 余人,在班长王宝带领下,到六区征收粮款,在六道街遭上仓、别山的日伪军合围。抗联队员沉着应战,从早晨一直战斗到黄昏。抗联战士在子弹打完后,与敌展开肉搏,直至全部壮烈牺牲。

六道街战斗遗址现状

大汪庄伏击战旧址

大汪庄伏击战旧址位于天津市蓟州区出头岭镇大汪庄村。

1938年7月31日,八路军第四纵队一部和抗联队伍攻克蓟县城。日军慌忙从外地调来包括关东军、蒙古骑兵队、满洲队、伪军在内的优势兵力,对抗日军民进行疯狂反扑。他们先以重兵压向县城及各镇,打开交通线,建立据点,然后对抗联实行分割、扫荡。8月3日清晨,在日军顾问指挥下,蒙古队一百余人从遵化向马伸桥进犯。县委负责军事工作的李子光和十六总队总队长刘卓群率队迎敌,于石门镇西的公路两侧设伏。敌军遭袭击后,夺路逃向路南大汪庄。十六总队将大汪庄团团围住,向敌猛攻。战斗进行了一天,黄昏时敌军突围溃逃。此战毙敌30余人(其中日军3人),俘虏日军2人,缴获枪支、弹药等若干。

2020年5月,大汪庄伏击战旧址被列为区级爱国主义教育基地。

大汪庄伏击战纪念碑

大汪庄村现状

上仓阻击战遗址

上仓阻击战遗址位于天津市蓟州区上仓镇。

1938年8月25日,杀人成性的日军石川部队奔袭上仓,以枪杀、刺挑、刀铡、水溺等残忍手段,杀害当地群众374人。上仓抗联暴动队伍满怀仇恨,与敌战斗,誓为乡亲报仇。敌人计划强渡州河到西岸扫荡。抗联暴动队伍凭河固守,用土造的大抬杆炮炮击敌人,阻击敌人西进,最终使敌人西岸扫荡计划落空。

上仓阻击战遗址现状

后秦各庄和西龙虎峪会议遗址

后秦各庄会议遗址位于天津市蓟州区上仓镇后秦各庄村，西龙虎峪会议遗址位于西龙虎峪镇西龙虎峪村。

1938年9月下旬，冀东暴动部队在丰润县九间房召开会议，决定八路军第四纵队和抗联全部西撤，以保存力量。9月末，县长王巍在上仓后秦各庄召开抗联负责人会议，传达西撤决定，动员队伍向北部山区集合。几天后，县委负责人李子光、县长王巍，又在遵化西部边境的西龙虎峪村召开各路抗联负责人会议，动员抗联跟随四纵一起西撤。

后秦各庄村现状

西龙虎峪村现状

西葛岑村战斗遗址

西葛岑村战斗遗址位于天津市蓟州区马伸桥镇西葛岑村。

1938年10月初,冀东抗日联军奉命开赴平西整训。在抗日联军随八路军第四纵队西撤过程中,高志远部副司令员陈宇寰负责断后。10月9日,陈宇寰撤到蓟县境内,宿营在马伸桥镇赵各庄村南北大坨子(今天津市公安局蓟州分局交警支队马伸桥大队所在地,当时为乱葬岗),10日上午与马伸桥日伪军和蒙古骑兵队兵戎相见。陈宇寰在赵各庄村东虹(jiàng)坑掩护撤退时胸部中弹,不幸牺牲。10月11日,抗日联军继续向北山撤退,在西葛岑村黑大墙被日本侵略者雇佣的蒙古骑兵队包围,经过激烈战斗,由于敌众我寡,58名抗联战士为国捐躯。

陈宇寰

西葛岑村战斗遗址现状

北台头村战斗遗址

北台头村战斗遗址位于天津市蓟州区穿芳峪镇北台头村南邦喜公路处。

1938年10月,冀东抗日联军副司令员洪麟阁率部开赴平西整训,行至范家坞、燕山口一带(今蓟州区西龙虎峪镇燕各庄村南与玉田县交界处),被日军发觉动向,调兵堵截。洪麟阁沉着指挥,率部迅速转移,取道头百户、九百户,过洲河北上马伸桥镇,再向西开往穿芳峪。当夜驻在马伸桥以西八里的北台头村(今穿芳峪镇北台头村)。

10月15日,洪麟阁得到情报,有100多名日军护送11辆日本军车,由西往东经过马伸桥前往马兰峪。抗日联军在洪麟阁指挥下在台头村南邦喜公路伏击,缴获60箱军械和大米、白面、罐头等物资。随后驻马兰峪日军骑兵队反扑过来。洪麟阁带领队伍撤至马伸桥镇伯王庄时头部和腿部负了重伤。为不拖累部队撤退,他用最后一颗子弹结束了自己的生命。此次战斗抗日联军110余人壮烈牺牲。

北台头村现状

洪麟阁

马道战斗遗址

马道战斗遗址位于天津市蓟州区桑梓镇马道村。

1938年中秋节后，商香阁领导的抗联五总队300余人，转战到蓟、宝边界的新集镇一带后，与津北游击二队崔东亮、贾步云领导的起义部队600余人汇合，议定一起西进。10月16日晨，蓟、宝、三三县日伪军1500人兵分三路向津北游击队驻地辛撞、马道两村发起"围剿"。三河县皇庄之敌从西北面攻打辛撞，蓟县之敌从东北面攻打马道，宝坻县之敌在沟河南岸埋伏。战斗打响后，抗联部队和起义部队协同对敌，沉着应战。游击二队负责辛撞一线，五总队负责马道一线。敌人在重武器的配合下，轮番进攻。商香阁带队几次突围未成，遂决定涉水向沟河南岸突围，不幸遭到埋伏在那里的宝坻之敌猛烈射击。五总队腹背受敌，商香阁和几十名队员壮烈牺牲。战斗到午后结束。五总队余部和游击二队分别突出包围。

2005年8月，中共蓟县县委、县人民政府在此立碑永志。2020年5月，马道战斗遗址被公布为区级爱国主义教育基地。

马道战斗遗址(马道村南沟河)现状

商香阁烈士墓

青甸洼战斗遗址

青甸洼战斗遗址位于天津市蓟州区下窝头镇青甸洼村。

卜静安(原上仓抗日暴动队伍领导人)、刘向道于1939年1月带着刚刚组建的一支40余人的抗日武装,在盘山接受了八路军三支队收编。支队政委赵立业将队伍命名为"盘山独立大队",任命卜静安为大队长、刘向道为参谋长。5月,盘山独立大队以青甸洼为中心,召集暴动后失散人员,收集散落枪支,扩大抗日武装。到7月份,队伍发展到500余人。8月,参谋长刘向道率队40余人胜利伏击上仓至蓟县公路上的伪警备队40余人,敌人除少数被击毙,全部被俘,缴获枪支40余支、自行车40余辆,对敌震动颇大。9月24日,日伪军3000余人对盘山独立大队驻扎地青甸、台头、柳子口等村进行围攻"扫荡"。独立大队被敌重重包围。敌人以优势兵力、炮火猛攻,战斗异常激烈。独立大队除刘向道率40人突围外,其余大部被打散。大队长卜静安受重伤,后来在养伤期间被捕,在通县壮烈牺牲。

青甸洼战斗遗址(青甸、台头、柳子口三村交汇处)现状

党政干部训练班遗址

党政干部训练班遗址位于天津市蓟州区盘山塔子沟石洞内。

1939年9月中旬,赴平西整训的冀东暴动队伍组建蓟平三、蓟遵兴支队及蓟遵兴地方工作团,返抵盘山,与在原地坚持抗日斗争的队伍汇合。从此,蓟县的抗战形势有了新的发展。为适应新的形势,提高基层干部的政策水平及领导能力,中共蓟遵兴联合县县委负责人李子光、苏甦等在盘山塔院塔子沟石洞内多次举办党政干部训练班。他们以山洞为宿舍、课堂,给学员讲述革命理论、抗日政策、中共组织建设和抗日斗争形势等,培训了一批批党政干部。这些干部深入平原游击区,领导抗日斗争,均做出了很大贡献。

1940年4月15日,李子光、包森、王少奇等人在塔子沟石洞召开军政干部会议,将蓟遵兴支队、蓟平三支队合编为第六总队,名誉队长王建国、总队长王化一、副队长刘尽忠、教导员王文,并成立了六总队特务连,连长贾紫华、指导员谭促玉。是日,冀东西部根据地的第一个抗日民主政权——蓟平密联合县成立大会在梁后庄举行,县委书记李子光、县长张辉东。

1973年2月13日,蓟县革命委员会将其公布为县级重点文物保护单位。

塔子沟党政干部训练班上课、住宿的石洞

塔子沟现状

田各庄战斗遗址

　　田各庄战斗遗址位于天津市蓟州区出头岭镇田各庄村。

　　阁老湾会议后，包森、李子光、王少奇奉命开辟盘山抗日根据地。1940年2月22日，包森率二总队200余人向盘山挺进。次日，在蓟县遵化交界的田各庄与前来堵截的日本守备队激战一日，黄昏撤出战斗。为摆脱敌人，包森机智地改变行军路线，南下玉田境内，然后迅速向西北急进，两日后到达盘山，为开创盘山抗日根据地准备了骨干力量。

田各庄战斗遗址现状

大石峪突围战遗址

大石峪突围战遗址位于天津市蓟州区许家台镇大石峪村。

1940年5月10日，因不甘心对盘山扫荡的失败，日伪军集中兵力夜袭盘山进行报复。11日晨，包森部被包围在大石峪村。包森当机立断，迅速率部队拿下制高点，打开突围缺口。不料，敌人大批增援部队赶到，情况十分危险。包森率部队改变方向，进行二次突围。战斗中，几名战士牺牲，包森颌部受伤，最终带领特务连突出重围。

大石峪突围战遗址现状

砖瓦窑战斗遗址

砖瓦窑战斗遗址位于天津市蓟州区官庄镇砖瓦窑村。

盘山抗日根据地的巩固和发展,引起了敌人的震惊。1940年5月初,敌人调集大批日伪军向根据地扫荡。5月上旬,蓟县伪军200余人进犯盘山,企图攻占八路军随营学校所在地砖瓦窑村。八路军发觉敌人的企图后,六总队教导员王文带队伍在砖瓦窑南山,利用有利地形进行伏击,敌尖兵小队20余人全部被歼,其余狼狈逃窜。缴获敌人轻机枪1挺、步枪10余支。这是保卫盘山抗日根据地的第一次战斗,八路军以少量部队打退了大批敌人的进攻。此后,小股敌人不敢轻易进犯盘山。

砖瓦窑战斗遗址现状

白草洼战斗遗址

白草洼战斗遗址位于天津市蓟州区盘山西麓。白草洼是许家台镇田家峪村通往盘山主峰的唯一一条山间小路。路两侧均为海拔 300 米以上的山地，山上草深林密，乱石突兀。1940 年，冀东军分区副司令员包森、参谋长曾克林在这里指挥部队，一举全歼日本关东军武岛骑兵中队，为冀东部队开创了歼灭整建制敌人的先例。

1940 年 7 月 28 日上午，日本关东军驻遵化大稻地（现属蓟州区）骑兵中队 70 多人"扫荡"盘山。当其由莲花岭闯入白草洼时，与包森、曾克林率领的八路军 12 团两个连和 200 多名机关干部相遇。面对突如其来的情况，包森当机立断，决定利用有利地形与敌决战。他命令部队兵分两路，迅速上山。曾克林率特务连两个排和一总队一个连登上田家峪东南山，负责东西两面的警戒和堵击；12 团参谋长欧阳波平和一营营长杨作霖带二连、三连占领白草洼北山，并向东控制舞剑台制高点；包森抽调特务连、12 团三连各一个排和侦察排一起控制田家峪东北小山头，迎面截击敌人。敌人很快进入了包围圈。包森一声令下，猛烈的火力射向敌人，把他们压在以白草洼为中心，长约 400 米的山路内。八路军利用有利地形，四面攻击敌人。敌人大部被消灭。少数躲进石洞的敌人，分散坚守，互相呼应，使八路军很难接近。

白草洼战斗遗址石刻

包森骑着白草洼战斗中缴获的战马

下午 2 时,包森改变作战部署,令多数人隐蔽后撤,集结于机动位置,准备打击可能来自蓟县、邦均增援之敌;令少数人分别包围顽抗之敌,选调特等射手封锁敌人隐蔽的山洞,掩护突击队用手榴弹消灭洞内的敌人,结果十分奏效,很快结束了战斗。这次战斗进行十余个小时,除有一名敌人逃遁外,全歼日军一个中队 70 余人,缴获轻机枪 3 挺、大枪 50 余支、战马 70 余匹。

白草洼战斗有力地打击了日本侵略者的嚣张气焰,鼓舞了抗日军民的作战士气,对根据地建设、部队发展都起到了重要作用。

1992 年 5 月 16 日,白草洼战斗遗址被公布为县级文物保护单位。

盘山抗日根据地创立旧址

　　盘山抗日根据地创立旧址位于天津市蓟州区盘山梁后庄西沟。盘山风景秀丽，史称"京东第一山"。盘山不仅以石奇、松胜、水秀闻名遐迩，而且因光辉的抗日斗争业绩、坚如磐石的抗日根据地受人敬仰。

　　抗日战争爆发后，蓟县人民在中国共产党的领导下，纷纷奋起抗日。1938年7月，掀起声势浩大的抗日武装大暴动，建立抗日民主政府。在党关于开展敌后人民抗日游击战争方针的指引下，1939年夏，冀东军分区在盘山上设立了分区司令部。1940年元旦，冀东区党分委在遵化县阁老湾召开会议，决定肃清土匪，开辟新区，建立多块根据地。会后，包森、李子光、王少奇等人在盘山地区开辟根据地，率领部队肃清多股土匪，稳定了抗日秩序。按上级指示，4月15日，他们在盘山梁后庄西沟召开军政干部会议，决定把蓟遵兴支队、蓟平三支队，合并为第六总队，总队长王化一，教导员王文，并成立第六总队特务连，连长贾紫华，指导员谭仲玉。16日，在梁后庄举行蓟（县）平（谷）密（云）联合县成立大会，县委书记李子光，县长张耀东。联合县下设两个区级单位：盘山直属区和西北办事处。直属区书记李正斋，区长王克兴。办事处书记江东，主任刘云峰。直属区根据斗争需要，把盘山圈内的20多个居民点上的80多户人家统划为一个行政村，起名"联合村"，并建立了村政权。这是冀东西部根据地的第一个抗

1939年9月，从平西返回盘山的部分党政干部

1941年，八路军设在盘山小天井的被服厂旧址

蓟州区盘山梁后庄西沟

盘山抗日根据地

日基层政权。

蓟平密联合县的成立标志着盘山抗日根据地的初步形成。从此,根据地党政军三位一体,开始了有计划地巩固老区、开辟新区的斗争。

2021年,盘山抗日根据地遗址被公布为天津市革命文物。

盘山抗日标语石刻

抗日战争时期,冀东人民和八路军凭借盘山石多、洞多的有利地形条件,对日本侵略军展开了持久的游击战争,在盘山的岩石上留下了许多抗日标语。

现存抗日标语石刻主要集中在两处。一处位于天津市蓟州区官庄镇玉石庄村北石趣园内,占地面积约 2.5 万平方米;另一处位于蓟州区田家峪白草洼。现存的石刻皆为摩崖石刻,内容主要有"打倒日本""给日本作事的可耻""誓雪国耻""欢迎满洲军兄弟投诚反正""欢迎满洲队参加抗日军""中国人不打中国人""反正过来的有重赏""你听,东北上哭哪,冷哪,饿哪"等,字径 20 厘米至 60 厘米不等。这些石刻从一个侧面反映了盘山抗日根据地的军民,在十分困难的情况下,坚持抗日斗争的决心和勇气,以及为打击和牵制日军在华北行动做出的艰苦努力和重要贡献。

1973 年 2 月,蓟县革命委员会将其公布为县级文物保护单位,1982 年 7 月 9 日,市政府将其列入盘山抗日根据地旧址,公布为市级文物保护单位。

盘山抗日标语石刻

盘山抗日标语石刻

八路军第 13 团建团旧址

八路军第 13 团建团旧址位于天津市蓟州区官庄镇塔院村。

根据党中央和八路军总部的指示,晋察冀军区于 1938 年 2 月,以红军骨干较多的第一军分区第 3 团为主组成了邓华支队,进军冀东。同年 5 月,为加强八路军挺进冀东的力量,党中央和八路军总部将在雁北地区活动的第 120 师宋时轮支队调到平西与邓华支队会合,组成八路军第 4 纵队,由宋时轮任司令员,邓华任政治委员,挺进冀东。

1940 年元旦,冀东区党分委在遵化县阁老湾召开会议,李运昌、周文彬等出席会议。会议决定肃清土匪,开辟新区,建立多块根据地。阁老湾会议后,李子光、王少奇立即回到盘山,向干部、战士传达了会议精神,着手开展创建根据地的各项准备工作。包森于阁老湾会后不久,率二总队 200 余人挺进盘山。

八路军第 13 团建团旧址现状

1940 年 2 月,包森、李子光、王少奇带领游击队和一批地方干部,先后到达盘山。当时的盘山,据《冀东革命史》载:"栖居着十几股土匪,有数百余众。他们借抗日之名,横行乡里,四处敲诈掳掠,奸淫妇女,杀人害命,群众恨之入骨。"为整肃盘山的秩序,游击队采取瓦解和镇压相结合的办法,对作恶多端、屡教不改的蒋德翠、白老八、刘德彪、蔡老五等匪首予以镇压,剿灭了土匪。群众拍手称快,抗日热情空前高涨起来。

为充分发动群众、组织群众,巩固根据地的发展成果,游击队着手建立抗日政权和群众组织。他们首先把盘山周围的20多个居民点、80多户人家,统一划为一个行政村,名为联合村,建立了村政权。这是冀东西部地区第一个抗日基层政权。之后,游击队以盘山为依托,频频出击,在蓟县、平谷、密云、三河等县,发展扩大了大片游击区。

1940年,在与敌人进行军事斗争的同时,蓟平密联合县派武装工作队,到各地开辟新区。工作队的主要任务是宣传党的抗日民族统一战线政策,动员广大民众抗日,建立各种形式的抗日组织,开辟盘山抗日根据地。

1940年8月初,随着斗争形势发展的需要和各项条件的成熟,上级决定在盘山根据地正式组建八路军第13团。冀东军分区在盘山脚下塔院村召开建团大会,军分区副司令员包森、政委李楚离、政治部主任刘诚光及其他党、政、军负责干部田野、李子光、王少奇等出席大会。全团共辖10连,计1600余人。包森副司令员兼13团团长,洪涛任政治处主任,娄平任党总支书记。一营长王正军,教导员张树先。二营长王化一,教导员王文,三营长耿玉辉。13团的组建得到了全县人民的大力支援,全县有400名优秀青年光荣入伍,并捐枪500余支。

八路军第13团的成立,使冀东西部的抗日斗争更加活跃,盘山抗日根据地不断发展壮大,蓟县的抗日局面从此为之一新。

八路军第13团《生活报》报社旧址

八路军第13团《生活报》报社旧址位于天津市蓟州区许家台镇(盘山主峰西北)五盆沟。

1940年8月,八路军第13团《生活报》报社成立于此。《生活报》及时刊登宣传党的指示,揭露日军暴行,报道抗战的最新消息,极大地鼓舞指战员斗志,坚定必胜信心。

八路军第13团《生活报》报社旧址现状

八路军第 13 团卫生所旧址

　　八路军第 13 团卫生所旧址位于天津市蓟州区官庄镇砖瓦窑大平滩。1940 年，八路军第 13 团卫生所驻扎于官庄镇砖瓦窑大平滩。

八路军第 13 团卫生所旧址现状

包森洞

　　包森洞位于天津市蓟州区盘山豹窝沟。1940年春,八路军13团团长包森在指挥战斗时负伤,曾在盘山豹窝沟石洞内养伤,该洞后称包森洞。

　　包森(1911—1942),陕西蒲城人,1932年2月加入中国共产党。1940年初春,包森率部到达盘山,与蓟(县)、遵(化)、兴(隆)、平(谷)、三(河)支队会合,建立抗日游击根据地。为了提高战斗力,包森对游击队进行整顿。随后,剿灭了多股盘踞在盘山的土匪,并成功争取蓟(县)、平(谷)、密(云)一带的伪警防队,进而创建了盘山抗日根据地。春末,日本侵略军深入盘山,妄图"剿灭"八路军13团,包森在大石峪设伏,不料敌人兵多势重,反而被敌人包围,包森被迫率部激战突围。在战斗中,包森下颌骨受伤,被迫转移到盘山豹窝沟石洞内养伤,月余痊愈。

　　6月下旬,日军武岛骑兵中队70多人窜入盘山。包森率所部及八路军12团一部,在白草洼设伏,经过激烈战斗,以劣势武器装备全歼武岛骑兵中队。秋季,13团成立后,包森率该团先后攻克盘山附近的小孙各庄,蓟县南部的上仓、下仓、三岔口及宝坻区的八门城、林亭口等日伪军据点。随着盘山根

包森养伤处遗址

包　森

据地的扩大,日伪军视之为眼中钉,他们千方百计调集反动武装,向根据地发动一次次进攻。因敌我力量悬殊,战斗异常激烈、艰苦。包森率领八路军 13 团和游击队,灵活机动地打击敌人,粉碎了敌人的多次进攻,不断壮大自己的力量。1941 年 9 月中旬,包森佯攻蓟县城东马伸桥据点,设伏于丈烟台,重创马兰峪来援的日军和"满洲队",击毙日军马兰峪警备队长山口正雄。1942 年 1 月 12 日,包森以 13 团 7 个连的兵力,在蓟(县)、遵(化)、玉(田)交界的果河沿一带包围了伪治安军第二集团军第四团,击溃前来增援的第二集团军第三团,取得了果河沿战斗的胜利。果河沿战斗之后,包森率部转移到玉田西北、遵化东南一带。

1942 年 2 月 17 日,包森率 13 团特务连及一营一部于遵化县野瓠山与日军和"满洲队"遭遇,在观察敌情时,不幸被日军狙击手冷枪击中胸膛而牺牲,年仅 32 岁。1945 年 2 月,蓟县人民为纪念这位抗战英雄,曾一度将蓟南县改名为包森县。

东水厂抗日"堡垒村"遗址

东水厂抗日"堡垒村"遗址位于天津市蓟州区穿芳峪镇最北端东水厂村。这里东、北、西部山峦起伏,山势险峻,奇峰叠嶂,沟壑纵横,洞穴甚多。南部唯——条崎岖小路通往 10 里之外的广阔平原。因其独特的地理位置,历来为兵家所必争。

抗日战争时期,东水厂村是盘山抗日根据地重要组成部分,是冀东八路军秘密交通站、八路军 13 团指挥部所在地和重要抗日"堡垒村"。李楚离、焦若愚、李运昌、李子光、包森、田野等曾在此驻扎、活动、组织战斗;冀东军分区副司令员兼 13 团团长包森,伤后于此疗养;传奇人物刘继抗,在此拉起抗日队伍。抗战期间村民或不畏生死,保护八路军伤病员;或出生入死,藏匿八路军枪弹;或舍生忘死,传递抗日信件;或视死如归,勇敢面对日寇屠刀。

昔日八路军将士用过的磨棚及石碾、石磨,坐过的石礅、石条,藏枪弹的山洞;日军用来绑人、杀人的柿子树,被烧过的古槐枝杈,掠夺锰、硼矿产资源留下的旧矿洞,均被保留下来,见证着那段历史。

1940 年冀东军分区政治委员李楚离办公地址(已不存在)

东水厂堡垒村纪念碑

冀东军分区八路军 13 团指挥部旧址

2005 年 8 月,蓟县县委、县人民政府在东水厂村北立碑,以示纪念。2020 年 5 月,东水厂抗日"堡垒村"遗址被公布为区级爱国主义教育基地。

"八路军母亲"杨妈妈故居

"八路军母亲"杨妈妈故居位于天津市蓟州区官庄镇砖瓦窑村。抗日战争时期,盘山人民积极支援子弟兵抗战,涌现出许多"堡垒户"。杨妈妈就是抗日"堡垒户"之一。

1940年盘山抗日根据地建立后,杨妈妈多次机智地掩护八路军指战员,精心照顾伤病员,冒着生命危险保存抗日物资。

八路军13团团长包森和蓟县地方党组织负责人李子光、王少奇等经常来她家开会,很多伤病员在她家养过伤。当敌人"扫荡"搜山时,她背着伤病员藏进山洞里,给伤病员洗伤换药,缝补衣服,喂汤喂饭,端屎端尿,像照顾亲生孩子一样。在缺医少药的情况下,为使伤病员早日恢复健康,她跑遍盘山沟沟坡坡,寻找草药。为掩护八路军指战员脱险,她曾遭到日伪军的拳打脚踢。在一次战斗中,八路军某部支队长陶永忠受伤后留在她家养伤。敌人多次来搜查,每次都是杨妈妈背着他藏进山洞里。从春到夏,陶支队长终于把伤养好,临别时含泪叫了一声"妈妈"。据该村村民回忆,一个秋天的下午,杨妈妈正在搓玉米,忽然听到山梁前传来枪响,紧接着一个八路军战士气喘吁吁地跑进屋里,此时敌人已追过山梁,朝杨大娘家冲来。危急时刻,杨大娘镇静地对八路军战士说:"换衣服也来不及了,幸亏敌人没看见你进屋,闯一下吧,看咱们娘俩的命了,要死咱们死在一块儿。"她顺手拉过一床被子,又说:"上

杨妈妈故居现状

杨妈妈藏文件的石洞

杨妈妈在抗日群英表彰大会上

杨妈妈与八路军战士赵清泉、
抗日军属陈杰英

炕！头枕在我大腿上，把枪准备好，看我眼神行事，不许你说一句话，只装病就是了，我不闪开身，不许动手，千万不要说话呀！"随后把被子盖在战士身上，只露个头顶，又把尿盆、破饭碗摆在炕上，快速拿起烟袋锅，用手指挖出点烟油，抹在眼里，顿时泪如泉涌。这时敌人追来了，他们用枪刺挑开门帘大声喊："出来！"杨妈妈边哭边说："老总别进来呀！我儿子病重，不好了，老总们看着丧气。"敌人见老太太鼻涕一把，眼泪一把的，以为是传染病，吓得捂着鼻子就跑了。

在日伪军第四次、第五次"治安强化运动"期间，杨妈妈家的房子被烧毁，她便以山洞为家，与八路军指战员同甘共苦，坚持"无人区"的斗争。在艰苦的生活条件下，她宁可自己吃野菜，也要把仅有的一点粮食留给伤病员吃。她掩护的八路军和照料的伤病员有百余人。1942年，在抗日战争最艰苦的岁月里，杨妈妈把两个儿子送上抗日前线。

1945年5月26日，冀热辽十四军分区在平谷县刘家河召开抗日群英表彰大会，授予杨妈妈"八路军母亲"的光荣称号。1958年，八旬高龄的杨妈妈双目失明，蓟县县委、县人民政府把她接到县城居住，杨妈妈受到党组织和同志们的关怀照顾，直至1961年去世。

莲花峰七勇士跳悬崖遗址

莲花峰七勇士跳悬崖遗址位于天津市蓟州区盘山的莲花峰。

莲花峰是盘山五峰之一，又名九华峰。抗日战争时期，这里曾发生过七勇士悲壮跳悬崖的故事。

1940年，包森带领13团在盘山休整。一天早晨，侦察员发现日军500多人从南北两路分进合击，向13团驻地进犯，并企图先占领莲花峰。此时，包森心里非常明白，眼下八路军左右受敌，如果敌人控制了莲花峰制高点，13团转移就更加困难了。于是他当机立断，命令部队赶在敌人前面抢占莲花峰。警卫班班长马占东主动请缨。包森说："这次你们的任务不是打硬仗，而是争夺莲花峰制高点，牵制敌人，掩护部队转移。"马占东带领6名战士，历尽艰险，先于敌人攀上莲花峰。很快敌人开始进攻莲花峰，战士们同仇敌忾，接连打退日军两次进攻，敌人死伤惨重。日军又发动第三次进攻。战士们的手榴弹、子弹打光了，马占东喊道："同志们，为中华民族的存亡，祖国的解放，誓死不当俘虏！"七名勇士砸

莲花峰七勇士（油画）

马占东

盘山莲花峰现状

毁枪支,从容不迫昂首挺胸,巍然站在莲花峰上,远望祖国辽阔平原,锦绣河山,振臂高呼:"打倒日本帝国主义!中华民族解放万岁!"纷纷跳下悬崖。豪迈而悲壮的口号声,久久回荡在群山峡谷中。跳崖后,只有马占东一人生还。

　　七勇士血战莲花峰的壮举,极大地鼓舞了战火中成长壮大的八路军13团。从此,盘山抗日根据地不断巩固发展,最终迎来抗日战争的最后胜利。

冀东专署机关办公地旧址

冀东专署机关办公地旧址位于天津市蓟州区官庄镇联合村王八石沟。1940年,冀东专署机关在此办公。

冀东专属办公地现状

王八石沟现状

贾各庄交通站遗址

　　贾各庄交通站遗址位于天津市蓟州区官庄镇贾各庄村。

　　陈毓秀（1889—1945），天津市蓟州区官庄镇贾各庄人。1940年在家中建立党的秘密交通站，妻子、儿子都是交通员。交通站负责收集重要情报，并为盘山抗日根据地运送大批军用物资。

陈毓秀

贾各庄交通站遗址现状

大、小现渠战斗遗址

大、小现渠战斗遗址位于天津市蓟州区泗溜镇大现渠村、小现渠村两村之间的公路。

1941年1月,八路军获悉邦均敌人一个小队到蓟县城西地带进行清乡扫荡。冀东军分区副司令员包森立即命13团一营二连和三连埋伏在公路两边的民房里,以夹击敌人;一连埋伏在邦均镇东边攻击邦均增援之敌;二营在蓟县西面阻击蓟县方面增援之敌。

通唐公路附近大、小现渠是敌人经常活动的区域,平时这里很少有抗日队伍。由于八路军事先封锁消息,敌人没有发现埋伏。12日,敌人骑着自行车,进入八路军伏击圈。一声号令响起,手榴弹、子弹带着怒火飞向敌人,在不宽的大街里,日军四面受击,无处躲藏。不到半个小时,这股敌人被基本歼灭。有两个日军走投无路,躲在坟地里,引爆掷弹筒炮弹自杀。另一个日军举着机枪在杨树沟里企图顽抗,被侦察员马成开枪打死。战斗打响后,驻邦均的敌人出兵增援,被一连击退。在这次战斗中,共击毙日伪军36人,伤40人,缴获轻机枪2挺、步枪31支、掷弹筒2个,烧毁军车3辆。

大现渠村现状

481

小孙各庄战斗遗址

小孙各庄战斗遗址位于天津市蓟州区邦均镇小孙各庄村南。

盘山抗日根据地的发展与巩固，极大地鼓舞了冀东西部人民的斗志，也引起了敌人的震惊。1940年5月初，日军从平绥、北宁铁路沿线，调集日伪军两千余人，至密云、平谷、三河等地驻防，合围盘山抗日根据地。蓟县汉奸政府也配合日伪军加紧行动，修公路、设据点、建立电话网，对根据地实行分割、封锁，妄图困死抗日根据地。

1940年5月，蓟县日伪军二百余人进犯盘山，企图攻占八路军随营学校所在地砖瓦窑村，被八路军六总队击溃于该村南山。7月28日，八路军又取得了白草洼战斗胜利。8月，冀东八路军13团组建后，包森指挥13团以机动灵活的战略战术打击敌人。先挥师南下，连克上仓、下仓、三岔口和宝坻县的新安镇、林亭口及宁河县的张头窝等据点。然后掉头北上，直插三河境内、平谷城下消灭敌人，不断开辟新区。1941年4月，又一举攻克小孙各庄据点。

小孙各庄据点位于蓟县城西邦喜公路上，扼守东西交通，与盘山相对。敌人十分重视这个据点，守

小孙各庄战斗遗址纪念碑

敌顽固,是盘山根据地前边的一颗钉子。4 月 23 日夜,包森率 13 团 2 营两个连对据点发起攻击。守敌一个小队四十余人凭碉堡顽抗,遭八路军迫击炮轰击后,谎称"投降",待八路军接近时又突然开火,战斗十分激烈。最后,八路军用"土坦克"作掩护将碉堡炸毁,歼灭全部敌人,扫除了盘山与平原之间联系的最大障碍。

保卫盘山根据地的一系列战斗,沉重打击了敌人的嚣张气焰,打通了人民群众与根据地的各条通道,保证了部队军需物资等供应,促进了冀东西部盘山抗日根据地的巩固与发展,对赢得抗日战争胜利,起到了重要作用。

2005 年 8 月,中共蓟县县委、县人民政府在此立碑永志。2020 年 5 月,小孙各庄战斗遗址被公布为区级爱国主义教育基地。

六百户抗日堡垒村旧址

六百户抗日堡垒村旧址位于天津市蓟州区原五百户镇六百户村。六百户村位于盘山抗日根据地中部,地处南北交通的十字路口,地理位置十分重要。

1941 年 6 月 26 日,200 余名日伪军进村挨门挨户搜查八路军埋藏的武器,开枪打死了村民王润来,然后把群众赶到一座场院中,在场院周围架起机枪,逼问八路军武器的下落,群众以沉默相对。穷凶极恶的日军,当众将村民王凤拉出开枪打倒,并把知道埋藏武器内情的十五岁少女王敏秀拉出严刑拷打,王敏秀宁死不屈。下午四时,敌人又残忍地将青壮年赶到一间四面不透风的小屋里,施放毒气,呛得他们口鼻出血,窒息倒地。敌人用尽酷刑,最后仍一无所获。

在 1942 年的第四、第五次"治安强化运动"中,该村被日军选定为"战略村",在村东"治安沟"与公路交叉处设立沟门,盘查来往行人。同时,日军还在村南的福君山山顶修建岗楼,监视着沟门和附近各村动向。六百户村作为抗日堡垒村和党的地下交通站,面临严峻的斗争考验。

为了保卫根据地,在敌强我弱的形势下,党组织暗中宣传,发动群众用逃、磨、拖的办法来抵制日军"挖沟筑碉"活动,在修筑福君山炮楼时,党员组织群众怠工,本来七天就可以完工的炮楼,结果整整修了三个月,阻滞了敌人的侵略。

六百户抗日堡垒村纪念碑

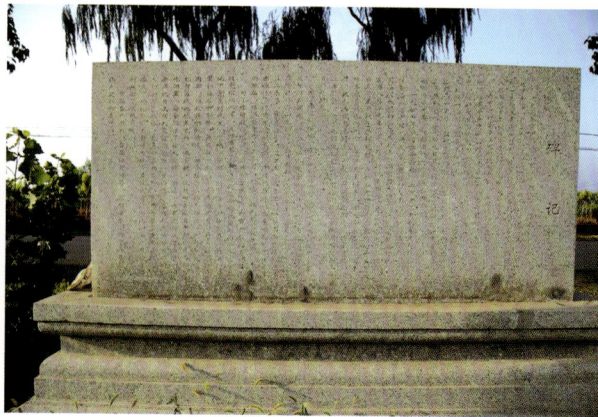

纪念碑碑记

为了反抗日伪军组织"剿共自卫团",六百户村党支部经上级党组织批准,灵活运用了"真心向我、假心向敌"的两面斗争策略,地下党员刘民生、贺纯、贺银、刘景海等,分别在"自卫团"里担任各种职务,并安排一批进步青年为团员,打入敌伪组织内部,向敌人提供假情报,暗中为八路军搜集情报掩护人员输送物资,曾机智勇敢地把王克兴、仇墨耕、仇耕田等抗日干部隐蔽在秘密地洞里,安全躲过了敌人搜捕。六百户村成为当时州河南岸抗日工作人员过沟的唯一交通站。在日伪军清乡时,面对敌人的刺刀、棍棒,党支部的党员们互相鼓励,在敌人炮楼下坚持战斗,为抗日战争胜利做出积极贡献。

2004年10月,中共蓟县县委、县人民政府在此立碑永志。2020年5月,六百户抗日堡垒村旧址被公布为区级爱国主义教育基地。

十棵树战斗遗址

十棵树战斗遗址位于天津市蓟州区杨津庄镇十棵树村。十棵树战斗是抗日战争时期冀东地区一次以少胜多、以弱胜强的战斗。

1941年6月1日，冀东军分区司令员李运昌、副司令员兼13团团长包森等率司令部机关和13团一部2000余人在玉田县杨家板桥与日伪军激战后向西渡过兰泉河，到蓟县境内十棵树（军分区司令部所在地）宿营。6月2日拂晓，6000多名日伪军携带各种轻重武器从西、北、东三面向十棵树、六道街子、小扈驾庄、大保安镇、古庄子一带迂回包围。李运昌司令员带领警卫人员和13团一营迅速突围转移。由于敌人火力猛烈，并且不断增兵策应，突围未成。在八路军驻地被敌人分割包围的不利条件下，包森指挥团部直属部队和机关干部坚守在十棵树村北、村东和村西，以院墙为屏障，沉着迎战，打退敌人一次次猖狂进攻。

激烈的战斗持续到中午时分，八路军弹药消耗和人员伤亡不断增加，但全体指战员仍振奋精神，

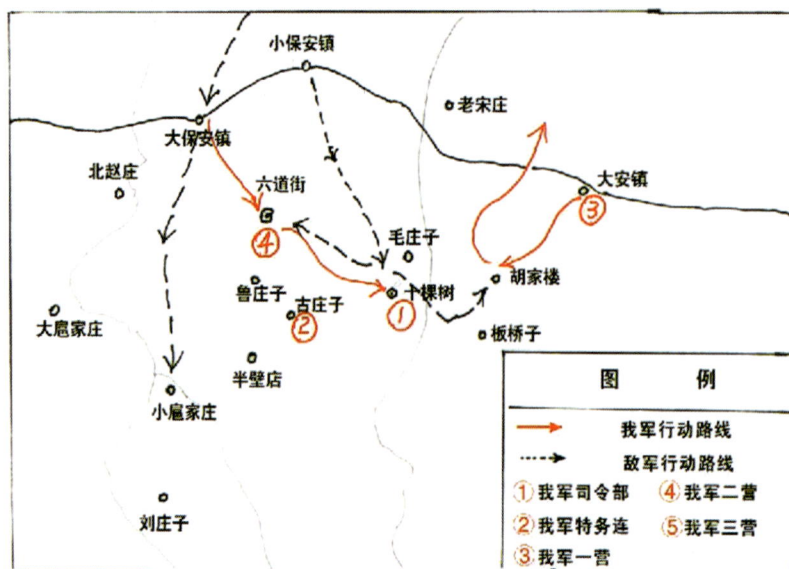

十棵树战斗示意图

以顽强毅力顶住敌人进攻。就在这时,敌人开始施放毒气,并出动坦克向八路军阵地发起猛攻。面对危急情况,包森果断命令大家用湿毛巾裹住鼻口做紧急防护,坚守阵地,阻击敌人。下午2时许,毒气被突如其来的暴风雨吹散,由于道路泥泞,敌人暂缓进攻,敌我双方形成短时的对峙局面。驻守在古庄子的特务连连长贾子华,抓住这一有利时机,命令一排长带领30多名战士,在火力掩护下,冲出敌人的包围圈。随后又匍匐前进,冲进十棵树村,策应司令部突围。增援部队到达后,武器、火力配备加强,包森重新作战斗部署,加固修整四周院墙和阵地,激战到夜晚,部队终于突破敌人的重重包围。经过一天激烈、顽强的战斗,战胜了在数量、武器装备上优我数倍的敌人。这次战斗,八路军共伤亡60余人,毙伤敌人500余人。

2005年8月5日,蓟县县委、县人民政府在杨津庄镇十棵树村建立爱国主义教育园地,修建十棵树战斗遗址纪念碑。2020年5月,十棵树战斗遗址被公布为区级爱国主义教育基地。

十棵树战斗遗址

十棵树战斗遗址纪念碑

丈烟台战斗遗址

丈烟台战斗遗址位于天津市蓟州区孙各庄乡丈烟台村。丈烟台是东陵通往马伸桥的必经之路，距离东陵与马伸桥各约 20 里。这里两山夹一路，地势险要。东北面山谷是进入丈烟台的一个狭窄的要冲。

1941 年日伪军进行疯狂的"治安强化运动"。为保存力量，避免与敌人正面交锋，冀东军分区主力 12 团、13 团大部按上级部署挺进塞外，开辟热南山区根据地。冀东军分区副司令员包森率 13 团 2 营留下，配合和支持地方坚持盘山抗日根据地的斗争。当时日军驻守遵化马兰峪的警备队长山口，以为八路军主力北撤后所留兵力不足，更加肆无忌惮，在遵化、蓟县一带烧杀抢掠，百姓深恶痛绝。驻扎在蓟县马伸桥一带任"剿共"自卫团团长的汉奸李午阶，与山口狼狈为奸，屠杀无辜百姓，抓丁抢粮，无恶不作。

丈烟台战斗纪念碑

为铲除恶敌山口，打击汉奸李午阶的嚣张气焰，包森计划围点打援。他以一小部分兵力佯攻马伸桥据点，诱山口出来救援，自己则亲率主力部队埋伏于山口必经之路丈烟台村东北山道口两侧的山坡上，待机歼敌。

9 月 21 日夜，佯攻马伸桥据点的战斗打响，阵阵枪声吓坏了汉奸李午阶。从夜里到翌日中午，山口连续接到李午阶的告急电话，说八路军连夜攻打马伸桥，马伸桥以西的电线、道路全被破坏，情况非常紧急，请求马上增援。山口在确信八路军正连夜攻打马伸桥据点的消息后，立即传令准备汽车，他要亲自出马与包森决一死战。

敌人沿着邦喜公路直扑马伸桥，到淋河以东时，山口突然令汽车停下，因为敌人过去在这里吃过几次亏，加上今天情况紧急，所以一到这里，自然十分小心。当听到李午阶在淋河附近发现八路军的报告后，他决定绕道丈烟台，顷刻间就进入了包森部

丈烟台战斗遗址现状

署的埋伏圈。忽然,山崩地裂一声巨响,第一辆汽车被炸,后面的汽车被挡住去路,前进不能,后退不得,敌人纷纷弃车,向丈烟台南山小喜峰口方向逃去。埋伏在山上的八路军战士在包森的指挥下给敌人以毁灭性打击,击毙山口,全歼30多个敌人,缴获迫击炮两门,焚毁敌军汽车两辆。

丈烟台伏击战,击毙了罪大恶极的日军头目山口,打击了汉奸李午阶的嚣张气焰,给坚持抗战的盘山抗日根据地军民以巨大的鼓舞。

2004年10月1日,丈烟台战斗遗址被公布为县级爱国主义教育园区。2020年5月,该遗址被公布为区级爱国主义教育基地。

智取赵翰林据点遗址

智取赵翰林据点遗址位于天津市蓟州区桑梓镇赵翰林庄村。

1935年1月"冀东防共自治政府"成立,冀东为日本帝国主义所控制。"自治政府"所辖各县都驻有日本顾问,日伪保安队驻扎各地,到处收买汉奸及其走狗,建立傀儡政权,并在重镇、山口和交通要塞建立据点,派兵把守。

赵翰林据点就是汉奸张学富建造的,完工后其被敌伪任命为驻据点大队长。这个据点共建有五座炮楼,中间是座五层高的大炮楼,四周犄角是四个小炮楼,围墙高且厚,墙外筑着四个碉堡,挖有护城河,河上建吊桥。张学富不仅把据点修筑得铜墙铁壁一般,而且在方圆十里内外又建立子据点,均由他指挥。

张学富是驻蓟县日本宪兵队长、顾问,人称"中国通"的柿岛"干儿子"。他纠集亲日分子充当伪军;配合日本军队清乡扫荡,杀害无辜群众,掠夺群众财产,抓捕抗日人员,调戏凌辱妇女,犯下了滔天罪行。人民群众对张学富恨之入骨。八路军县区队和武装民兵曾多次设伏捉拿张学富,均未成功。

1940年四五月间,恰逢敌伪强征青壮年充当伪军,经党组织负责人李子光、李尚武批准,从杜吉素党支部选派共产党员刘庆(化名赵庆)和入党积极分子董汉志等同志,打入据点内部,进行争取瓦解敌军工作。同时,妇救会在据点外对伪军属分别做说服工作。1941年10月,蓟宝三联合县三区区委王田等负责人决定区干队和武装民兵秘密突袭,在打入人员的内应下,一举攻克这个据点,击毙汉

智取赵翰林据点纪念碑

奸伪军队长张学富,俘虏敌人 80 余名,缴获大枪 109 支、手枪 8 支、弹药 1 部。我内应骨干和区干队民兵无一伤亡,胜利而归。

这次智毙汉奸、巧取赵翰林据点,是一次打入敌人内部、里应外合的成功战例,沉重地打击了敌人,壮大了我军力量,巩固和发展了抗日根据地,鼓舞了广大人民群众的抗日斗志。

2005 年 8 月,中共蓟县县委、县人民政府在遗址附近立碑。2020 年 5 月,智取赵翰林据点遗址被公布为区级爱国主义教育基地。

果河沿战斗遗址

果河沿战斗遗址位于天津市蓟州区出头岭镇果河河畔。果河沿战斗创造了消灭伪治安军一个团、击溃一个团的辉煌战绩，受到晋察冀军区司令部通令嘉奖。

1941年秋后，日本侵略者决定调冀东精锐部队27师团前往太平洋战场，以治安军接替其防务。10月，冀东区党分委决定抓住这一有利战机，发动攻打治安军的战役。1942年1月12日，八路军获知驻玉田伪治安军第二集团军所属第三、第四两团计3000人，翌日将经燕山口到蓟县"扫荡"。冀东军分区副司令员包森立即率领13团7个连，连夜赶至果河一线布防，待机歼灭敌人。

13日拂晓，伪治安军第二集团军第四团进入八路军埋伏圈内，八路军指战员在包森的指挥下，经过浴血奋战，全歼来犯敌人。

下午4时，伪治安军第二集团军司令部及第三团从燕山口赶来增援，向八路军发起猛攻。八路军凭借有利地形，居高临下阻击敌人。经过几次激烈的战斗，敌人溃不成军，向西龙虎峪村东南逃遁。

八路军以7个连千余人兵力经一整天的激战，全歼号称"模范治安军"的伪治安军第二集团军第四团，击溃伪治安军第二集团军司令部及所辖第三团，击毙日本教官4人、伪军百余人，俘虏千余人，缴获山炮2门、迫击炮4门、重机枪4挺、轻机枪22挺、长短枪700余支、子弹10万余发、电台1部、辎重若干。果河沿一役，首创冀东战场歼灭整团敌人的战例，沉重打击了日本侵略者"以华治华"的反

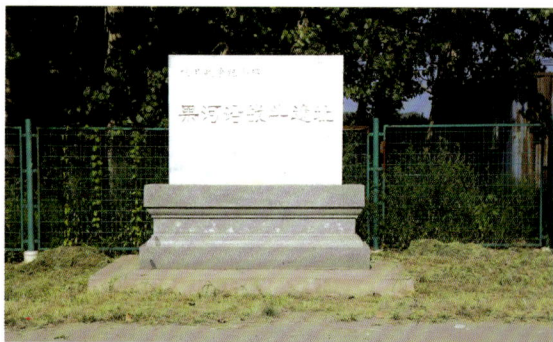

果河沿战斗遗址纪念碑

果河沿战斗遗址现状

动政策,鼓舞了抗日军民的斗志。

2005年8月,蓟县县委、县人民政府在出头岭镇果河战斗发生地建立果河沿战斗遗址纪念碑。2020年5月,果河沿战斗遗址被公布为区级爱国主义教育基地,成为进行革命传统教育的重要场所。

天平庄地下情报站旧址

天平庄地下情报站旧址位于天津市蓟州区白涧镇天平庄村。

1940年4月,蓟平密联合县成立,8月,根据上级决定在盘山塔院村正式组建冀东军分区八路军第13团。抗日政权的建立和整建制队伍的组建,引起了敌人不安。敌人为了摧毁这个新生的抗日政权,对盘山抗日根据地疯狂进行"扫荡""围剿",经常利用汉奸特务搜寻抗日根据地情报,搜捕县、区、村干部和伤病员,抢夺粮食和武器,破坏根据地各项事业。从1940年底到1942年上半年,仅仅一年多的时间里,盘山蓟宝三联合县的一、三两区,不少区、村干部被捕牺牲。仅区委书记、区长级的干部,就有三四人被敌人杀害,根据地建设遭到重大损失。

为粉碎敌人阴谋,扭转被动局面,确保盘山抗日根据地健康发展,党组织决定在敌占区和敌我拉锯地区建立地下交通线和情报站,及时掌握敌人活动情况,避免抗日军民伤亡和粮食、武器弹药的损失。

距离天平庄东4千米的邦均镇是敌我争夺的重要区域。日军驻蓟县顾问柿岛又常坐镇邦均据点,

天平庄地下情报站纪念碑

搜集盘山抗日根据地情报，派兵四处袭击。为及时掌握邦均之敌的活动情况，蓟宝三联合县委宣传部部长李尚武和三区区委商定在此建一个情报站。经过三区区委多方了解，选定孟宪之为情报员。他完小文化，人很精干，曾在伪警备队、商会、税务局当过账房先生，是被雇佣的伪保长，对抗日有一定热情。他深明大义，在党组织宣传动员下，更加坚定了抗日意志，于1941年由他建起了天平庄情报站。

天平庄地下情报站、交通线示意图

为了保密，这个情报站只有孟宪之和他儿子两人。孟宪之利用他的公开身份，经常出入邦均敌人据点。那时候，据点日军经常出来"扫荡"，到处搜捕八路军伤员和地方县、区干部。孟宪之总是在敌人"扫荡"之前，把收集的情报写好，放在预定地点，有时放在空钢笔筒或插着维持会小旗的旗杆中，由他儿子取回，然后复写几份，分发给抗日人员。一般情况下，每天一份，紧急情报用鸡毛信沿途转送，交给指定人员。孟宪之频繁活动，引起敌人注意，1942年8月因汉奸告密被捕。敌人施以重刑，他始终守口如瓶，宁死不屈。儿子来邦均据点看望他时，他趁机用暗语叮嘱儿子快回家把区委书记王田的两支手枪和存放的纸张交给区委，把在他家的县妇救会林江等两位同志送走。当天夜里，敌人大队人马来到天平庄，柿岛把全村老百姓圈在一起，当场杀害了孟宪之，孟宪之牺牲时年仅38岁。

天平庄地下情报站，是蓟县抗日战争对敌斗争最残酷时期建立的重要交通站、情报站之一。这个情报站及时将敌人的动向传送给党组织，使八路军掌握了斗争的主动权，对于蓟宝三西部地区的抗日斗争，发挥了重要作用。

2004年10月，中共蓟县县委、县人民政府在天平庄中心小学立碑。2020年5月，天平庄地下情报站旧址被公布为区级爱国主义教育基地。

盘山石海战斗遗址

　　盘山石海战斗遗址位于天津市蓟州区盘山。盘山南麓建有烈士陵园,陵园内有石海,南北千米左右,东西三四百米不等,其间皆为巨石,由山洪冲击或自然堆积形成,形状各异,大若房舍、小似碌碡,中有罅洞,曲径相通,利于隐蔽,易守难攻。

　　1938 年夏,宋时轮、邓华率领八路军第四纵队,受中央军委指派,由平西挺进冀东,燃起抗日暴动烽火,开辟盘山抗日根据地,组建了主力部队 13 团和多支地方武装。抗战期间,斗争残酷,党政军民浴血奋战,前赴后继保卫家园。冀东军分区副司令员兼 13 团团长包森所率部队、丁福顺带领的盘山民兵班多次与来犯之敌在石海激战,皆凭地理优势顽强拼杀,并多次击溃日伪军,使根据地得以巩固发展,抗日力量不断壮大。

　　盘山石海是进出根据地的必经之路,其北端有一块丈五见方巨石,名曰"点将台",13 团团长包森曾在此扬旗练兵,指挥作战。1941 年春,13 团 1 营与数倍于我之敌交战,仅以 2 人轻伤代价获得大胜,重创日本侵略者,捷报相传,军民振奋。

　　2004 年 4 月 5 日,蓟县县委、县人民政府在此立碑纪念。2020 年 5 月,盘山石海战斗遗址被公布为区级爱国主义教育基地。

盘山石海战斗遗址纪念碑

盘山石海战斗遗址现状

唠叨木沟抗战办公地遗址

唠叨木沟抗战办公地遗址位于天津市蓟州区下营镇道古峪村西南 900 米的深山峡谷内。

1941 年至 1942 年间,唠叨木沟底部有民房三间,是八路军 13 团一部休息、开会、救治伤员的场所,现仅存石砌基址和部分残墙。

1944 年 8 月至日军投降前,蓟遵兴联合县县长贺年率领县政府机关转移到山区,办公地点就选在唠叨木沟里的一个天然石洞,洞口朝东,呈三角形后被称为"贺车洞"。这里既是贺年的办公室又是居住地,抗战后期蓟遵兴联合县的许多政令就是从这里发出的。1944 年 12 月 5 日,天降大雪,给八路军行动造成困难,为保障部队安全转移,贺年给各村紧急布置了这样一个任务,"于降雪之后将各村与村之间大小道路扫净,以利行军而免踪迹"。为防止部队转移消息泄露,保障部队的安全,他特别交代

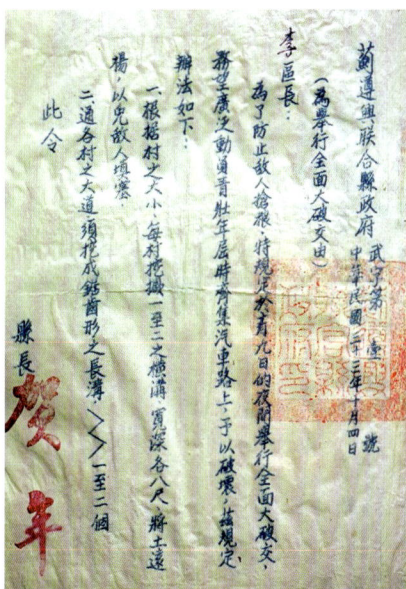

1944 年 10 月 4 日,蓟遵兴联合县县长贺年
发布"全面大破交"的命令

贺　年

村民:"不要暴露为军队扫雪,而是各村之间清洁工作。"

这里隐藏过八路军大量军用物资。

贺年洞

唠叨木沟抗战办公地遗址现状

穆马庄战斗遗址

穆马庄战斗遗址位于天津市蓟州区马伸桥镇穆马庄村。

1942 年 1 月 17 日，冀东军分区副司令员兼 13 团团长包森率 13 团的一个连进驻穆马庄，与县城、马伸桥两股日、伪军 270 人遭遇，毙敌 50 余人。之后，日军出动飞机，施放毒气。下午 2 点，八路军撤出战斗。

穆马庄战斗遗址现状

南贾庄战斗遗址

南贾庄战斗遗址位于天津市蓟州区西龙虎峪镇南贾庄村。

攻打伪"治安军"战役的不断胜利,使敌人对冀东的第三次"治安强化运动"彻底破产,"以华治华"阴谋也遭失败。日本华北方面军恼羞成怒,接连以日军为主力,纠集伪满军及"治安军"对八路军进行报复性"扫荡"。

1942年2月初,敌人"扫荡"丰玉遵边界。4日,八路军13团3营于西亮子河,与来自东亮子河的伪"治安军"101集团激战终日。入夜,该敌退却,八路军亦向南转移至头道山北,团部驻刘各庄、2营驻夏家峪。

2月5日凌晨约1时许,进行"扫荡"之日军300人自西而来,与13团2营遭遇。因敌情不明,八路军全部转移到东龙虎峪南山一带。经侦察得知,该敌继续向东"扫荡",在东龙虎峪村东小山梁北端庙内留有班哨。该庙是南山下的制高点,庙北是小公路,时值严冬视野广阔,便于监视周围情况和看守道路。包森据此判断,该敌必沿原路返回,且因有班哨而放松戒备,伏击之,易于取胜。

南贾庄战斗遗址现状

　　东龙虎峪以西 1.5 千米处的南贾庄,是敌人回兵必经之路。从南山通南贾庄有一条沟,部队可利用这一地形避开敌人班哨视线,是打伏击很理想的地点。下午 3 时许,包森命令 2 营顺沟而下,从南贾庄西头进村,设伏于村东头;并在村东南 500 米处的小山头制高点埋伏一挺重机枪。

　　下午 5 时,2 营刚刚设伏完毕,敌人从东偏南的方向以行军队形到来,其尖兵已进入村内,本队亦临近村头,2 营立即开火,机枪、步枪、手榴弹齐发;村东南小山头上,八路军又以重机枪扫射。敌人虽极力抵抗,在八路军突然攻击下很难招架,约半个多小时后战斗结束。敌人中佐指挥官及其战马被击毙,其他官兵被击毙约 70 人,缴获轻机枪 1 挺、步枪 20 余支,敌中佐大队长图囊及手枪亦被缴获。

老虎顶战斗遗址

老虎顶战斗遗址位于天津市蓟州区罗庄子镇洪水庄村。

1942年8月17日,驻平谷日伪军300余人向驻蓟县城北30余里的八路军13团团部进攻。得到消息后,教导员王文立即将两个连部署在敌人来路两侧的山头,指挥所设在洪水庄西山。敌人沿着河沟直奔洪水庄而来,进入埋伏圈。王文一声令下,枪弹齐发,给日军前卫小队很大冲击。冲锋部队端起刺刀冲向敌群,与敌人展开了肉搏战。经过半小时激战,歼敌40余人,缴轻机枪4挺、掷弹筒2个、步枪20余支。

1992年5月,老虎顶战斗遗址被公布为县级文物保护单位。

老虎顶战斗指挥所所在地现状

老虎顶战斗遗址纪念碑

吴家洼惨案遗址

吴家洼惨案遗址位于天津市蓟州区泃溜镇吴家洼村。

1942 年 9 月 16 日,驻店子村(现名西店子)据点的日军小队长米泽收买两个汉奸,在据点附近的村庄搜集抗日根据地情报。当这两个汉奸窜至吴家洼时,被根据地村监察委员陈焕和一名区助理抓获,随即押送盘山根据地。

9 月 24 日,米泽带领 70 余日伪军包围吴家洼,逐家逐户搜查,将来不及躲避的 200 多名男女老幼驱赶到村东的空场里,强迫人们跪在地上。日伪军端着刺刀,将村民们团团围住。四周架起机关枪,米泽腰挎战刀、手持木棒,凶神恶煞地在人群里走来走去,不时抡起木棒击打村民的头部和肩部,逼问他们同伙的下落及八路军枪支弹药藏在何处。米泽见村民们都不理睬,拒不应答,气急败坏地令日军从人群中拉出陈子全、陈印、陈增、张子龙、周凤岩、陈勋等十几人,分别捆绑后灌凉水和严刑拷问,都未奏效。凶残的日军强迫村民张子忠、张子成在空场南面挖 6 个各一米多深的大坑,搜出八路军办事

吴家洼惨案遗址现状

503

员张文的父母、妻子、5岁的儿子、弟媳、妹妹一家老小6口及村民张子忠,把他们推向大坑。即将殉难的一家人宁死不屈,面无惧色,怒视着敌人,毅然跳入坑中。只有不懂事的孩子,哭着不肯下到坑里,手扒坑沿,挣扎着连续往上爬,但几次都被日军踢下去。孩子的妈妈看出日军要斩尽杀绝,不愿眼看孩子再受毒打,紧紧把孩子搂在怀里。日军撤走后,乡亲们赶忙救人,张文一家6口都已气绝身亡,只有张子忠幸免于难。乡亲们面对一具具尸体,特别是年仅5岁的孩子,无不号啕大哭,流下悲愤的泪水。

日军把48名青壮年捆绑后用绳子连成一串,押到驻地继续严刑拷打,逼问八路军情报员下落,还逐个用绳子捆住双脚,倒吊在房桁上,将头戳入盛满水的桶中。日军见仍一无所获,更加穷凶极恶。4个日军把村民张子成用力抛向空中,往地下摔,直至张子成口鼻流血。无计可施的日军将村民陈勋、周凤岩杀害。

冰凉洞
——盘山民兵班战斗遗址

冰凉洞——盘山民兵班战斗遗址位于天津市蓟州区官庄镇联合村北山一个名为栗树沟的半山腰,沟两侧大山树茂草深,自然形成的山洞内可容纳 10 余人,是一个天然的隐蔽场所。抗日战争时期,盘山民兵班就是在这里同敌人周旋了七天七夜。

1941 年 6 月后,日本侵略者调集大批兵力疯狂"扫荡"盘山,将盘山划为"无人区"。为粉碎敌人的阴谋,冀东党分委遵照中央军委的指示,将冀东八路军主力和领导机关转移到长城以北,相继扩大热南游击区,盘山根据地则由民兵武装坚持斗争。盘山民兵班这时只有 10 人,即班长丁福顺(又名崔良德),副班长杨保林和队员于连海、崔秀三、崔良义、王志、史秀、史左、史光德、武德发。

敌人趁冀东八路军主力撤离盘山之机,在盘山周围地区大搞"三光"政策,仅仅 4 个月内,就制造"联合村""花峪""五盆沟"等惨案,杀害无辜群众数十人。在腥风血雨中,盘山民兵班以钢铁般的意志坚守根据地,誓与盘山共存亡。他们利用熟悉的地形、地势,埋地雷、割电线、捉敌特、搞破袭,巧妙灵活地打击敌人,使敌人的多次"扫荡"均以失败告终。

1942 年冬,一场大雪降临。敌人趁机搜山,企图在雪地上寻找民兵的足迹,妄想一网打尽。由于敌

冰凉洞

1991 年,盘山民兵班战士王志在冰凉洞前留影

盘山民兵班战士合影

人来势凶猛,民兵班每人带着 3 斤炒米和几块冻冰,临时隐蔽在后山的冰凉洞内。几天过去了,敌人仍在搜山,民兵的炒米吃光了,只好啃冰块充饥。冰凉洞内空间狭窄,大家只能半倚半靠,挤在一起,累了就轮流展展胳膊伸伸腿。尽管条件如此艰苦,民兵们仍然保持着革命乐观主义精神,经常哼唱抗日小调《八杯茶》:"一杯茶,敬我爹,儿去当兵爹当家;二杯茶,敬我娘,儿去当兵娘别想;三杯茶……"

民兵班就这样在冰凉洞里坚持了七天七夜,直到大雪融化。出洞后,他们稍做休整,又投入新的战斗。1944 年,冀东八路军主力部队返回盘山。已发展到 46 人的民兵班,积极配合主力部队打击敌人,收复失地,为盘山抗日根据地的巩固和发展做出重要贡献。

1945 年 5 月 26 日,冀热辽军区第十四分区召开抗日群英表彰大会,盘山民兵班被授予"民兵英雄"光荣称号。

梨木台抗日根据地旧址

梨木台抗日根据地旧址位于天津市蓟州区梨木台风景区。

抗日战争时期,八路军在冀东西部创建了以盘山为中心的抗日根据地,梨木台根据地是其重要组成部分,这里山高林密,坡岭纵横,物产丰富,便于隐蔽、休整,是蓟县乃至冀东地区党政军抗日活动的大后方。

1942 年是抗日战争最艰苦、最困难的时期,日本侵略者在华北地区实行"治安强化"运动,到处制造"无人区"。为保存革命力量,盘山抗日根据地的党政机关被迫转移到梨木台一带,冀东主力部队也经常在此休整,掩藏军需物资。因此,日伪军频繁地从下营、马兰峪、马伸桥等据点出发,对这里进行"清乡"和"扫荡",烧杀抢掠,祸害百姓,连续制造太平沟、古强峪、赤霞峪等十几起惨案。然而,英雄的蓟县人民并没有被日本侵略者的凶残暴虐吓倒,他们擦干身上的血迹,掩埋好亲人的遗体,在党的领导下,继续紧跟共产党,同日本侵略者展开英勇顽强的斗争。

1944 年 1 月,蓟遵兴联合县在太平沟召开县委扩大会议,县委书记季安主持会议,第一地区区委

梨木台抗日根据地纪念碑

梨木台抗日根据地生活用碾子

书记李子光参加。会议全面总结对敌斗争经验,适时提出武装斗争、减租减息、恢复建立抗日民主政权等项政策,极大地鼓舞了抗日军民的斗志。

为更加有力地打击敌人,蓟遵兴联合县武装部设立爆炸班,在根据地广大区域内,用自制的地雷灵活巧妙地配合主力部队的反"扫荡"斗争。很多县区干部不怕牺牲,从梨木台根据地出发,深入敌占区,发动群众,恢复党的组织,开展抗日斗争,并把堡垒村、堡垒户联结起来,建立多条重要秘密交通线,传递情报、信件,护送我方人员,为部队、机关征粮征款,募集军需物资和生活用品。同时,蓟县党组织还灵活运用对敌斗争策略,利用敌伪组织,保存自己,瓦解敌人,配合冀东八路军主力一次次地粉碎日伪军的"治安强化"运动,保卫了抗日根据地,为取得抗日战争胜利发挥了重大作用。

2004 年 7 月 1 日,中共蓟县县委、县人民政府在此立碑永志。2020 年 5 月,梨木台抗日根据地旧址被公布为区级爱国主义教育基地。

冀东抗日机关旧址

　　冀东抗日机关旧址位于天津市蓟州区下营镇常州村北的九山顶。

　　在抗日战争最艰苦的 1942 年至 1944 年,冀东军分区、冀东行署、冀东西部地分委、冀热边行政公署、蓟遵兴(蓟县、遵化、兴隆三县)联合县委、县政府曾在此办公,李运昌、张明远、包森、李子光、杨大章、占中等领导人曾在此坚持敌后斗争。冀东军区主要刊物《搏斗》在此编辑印刷,抗日边区食堂在此设立,代号"常州"的八路军电台在此工作,常州村因此红色电波呼号而得名。

抗日边区食堂纪念碑

《搏斗》刊物

杨大章办公地遗址

杨大章办公地遗址位于天津市蓟州区梨木台景区内，遗址已损毁。

杨大章，原名杨世瑛，又名章棣，1909年生于天津一个教员家庭。1923年考入南开中学，在校学习期间接受进步思想。毕业后入天津北宁铁路局工作。1931年九一八事变后积极参加党领导的抗日救亡斗争，同年加入中国共产党。此后，从事党的地下工作，在天津、唐山等北宁铁路沿线车站秘密组织工人抗日团体。全民族抗战爆发后，杨大章任中共北宁铁路党委书记兼组织委员。1943年任冀热边行署地区第一专署专员。

杨大章办公地点是4间小石房，分前后两排，前面的两间是他休息的房间，因年久已不存在，后面两间只存有两处房基。这里也是蓟遵兴联合县县委、县政府的诞生地。此外，梨木台景区内还有一处深20米、宽10米的天然山洞，也曾作为杨大章办公地点，被后人称为"大章洞"。

1943年至1944年，杨大章在此和蓟遵兴联合县负责同志一起领导军民斗争。1944年5月18日，杨大章在爨岭庙战斗中壮烈牺牲，年仅35岁。杨大章烈士被民政部公布为第一批著名抗日英烈。

杨大章

杨大章办公地小石房遗址

"大章洞"石碑

《救国报》滦西分社旧址

《救国报》滦西分社旧址位于天津市蓟州区盘山千像寺内。千像寺,据智朴《盘山志》载,"始建于唐开元,毁于唐末兵火。"辽应历十二年(962年),大觉和尚重建。因壁刻有多佛,故寺名千像。

1938年7月,冀东抗日大暴动爆发后,冀东人民的抗日斗争进入了新的阶段。随着斗争的深入,抗日民主政权建立起来。为适应抗日斗争的需要,1939年冬,冀东区党分委决定筹备出版《救国报》,报社设在冀东地区的卢沟寨,1940年元旦正式创刊发行,创办人崔林。

《救国报》创办初期为一张八开两版的油印小报,一般7天出版一期,每期发行1000份。主要刊登军分区司令部、各个战斗部队和地方党组织提供的稿件。报纸通过交通站以沿村转递的方式,快速送到各部队、机关和读者手里。1940年下半年,由于敌人的"扫荡",报社不得不采取游击方式,坚持办报。1941年春,报社由卢沟寨迁到遵化南部的鲁家峪。报社人员增加,发行量不断扩大,由1000份增至5000多份,由7日刊改为3日刊。

《救国报》滦西分社旧址

1943年夏,为适应新的形势,满足广大读者的要求,冀热边特委决定由所属5个地区委分别出版《救国报》。根据特委的指示,在第一地区区委书记李子光筹划下,很快就成立了《救国报》滦西分社。分社有七八个工作人员,两台油印机,一台简易收报机。印刷室设在被敌人烧过、上面搭了几捆棒子秸的破房里。冬天,寒风刺骨,工作人员用冻得红肿的双手坚持印报。夏天,屋内闷热,蚊虫叮咬,他们咬牙苦干,一张张油印报纸及时准确地刊登了解放区军民团结一致斗强敌的战况和军民鱼水情深的感人事迹,揭露了日伪烧杀抢掠的罪恶行径。《救国报》成为鼓舞军民斗志,坚定人民信心的不可忽视的力量,是党组织联系广大抗日群众的一条重要纽带,为盘山抗日根据地建设提供了重要宣传阵地。

1945年8月,日本帝国主义宣布投降,《救国报》完成了抗日斗争的历史使命,滦西分社的英雄们又投入了新的战斗。

1973年2月12日,蓟县革命委员会将其公布为县级文物保护单位。1982年7月9日,天津市人民政府将其公布为市级文物保护单位。

九百户战斗遗址

　　九百户战斗遗址位于天津市蓟州区洲河湾镇(原五百户镇)九百户村。

　　1943年1月下旬,八路军恢复基本区战役开始。西路13团主力和地方工作人员500余人从兴隆转至蓟县,执行恢复蓟县南部基本区的任务。25日晚由黄崖关进至九百户,在九百户附近的杨家套、辛撞、霍家店等四五个村庄宿营。次日,来自三岔口、六百户、马伸桥、别山、上仓、邦均、蓟县城等地敌人5000人,合围八路军驻地。八路军在九百户南山与敌激战,持续一天,毙伤敌人百余人,缴步枪59支,八路军伤亡30余人,当晚冲出包围圈,顺原路返回山地。

九百户战斗遗址现状

王家沟会议遗址

王家沟会议遗址位于天津市蓟州区下营镇太平沟西边的王家沟。

随着恢复基本区战役的不断深入,为巩固胜利成果和继续扩大基本区,1944年1月,蓟遵兴联合县在八区太平沟西面王家沟召开县委扩大会议。会议由县委书记季安主持,第一地区区委书记李子光参加会议。会议总结1943年对敌斗争和各项工作,布置了1944年征粮、减租、减息、增加雇工工资等项任务。

这次会议以后,收复基本区的进程加快。至6月,蓟遵兴联合县与新建的玉蓟宝联合县、平三蓟联合县连成一片,蓟县抗日斗争进入新的发展阶段。同时,在根据地的建设中开展"双减"运动,党和政府认真纠正了过去那种单纯依靠上层,取消群众斗争,怕群众斗争影响统战政策的做法,引导群众按照党的政策实行二五减租减息,使群众的生活得到改善,减轻了农民的负担,从而有力地巩固了抗日根据地。

王家沟会议遗址现状

黄土坎战斗遗址

黄土坎战斗遗址位于天津市蓟州区下仓镇黄土坎村和河北省玉田县黄土坎村。

1944年1月,八路军13团一部在军分区参谋长彭寿生的带领下,配合11团、四区队执行第三次恢复基本区的任务。17日午夜,四区队400余人进驻黄土坎,彭寿生及13团团长舒行率13团500余人进驻黄土坎以北五里的高庄子一带。

敌人在这一带触觉非常灵敏、八路军进驻后敌人迅速察觉。为了保住他们的蚕食区(敌人当时称蓟县为模范治安县),急忙调派部署兵力:唐山日军一个大队,配备一个坦克中队;北平日军一个大队;宝坻日军至少一个中队、伪军200人,连夜扑奔黄土坎村。

18日上午,唐山日军经林南仓首先到达,由坦克为前导,散兵跟进,迅速到达村东。敌人以坦克掩护步兵,从东面对黄土坎形成月牙形包围圈。四区队1连以村东大庙为主要阵地,与村头院落成掎角

位于蓟州区下仓镇黄土坎村的黄土坎战斗遗址

河北省玉田县境内的黄土坎战斗遗址纪念碑

之势阻击来敌,打退敌人多次进攻。

从北平方面来的日军,经别山南下,比唐山之敌约迟半小时到达。他们从村西北包围上来,先占领一座砖窑,然后沿兰泉河埝与东路敌人衔接,又从砖窑向南利用村边沿苇坑坟地掩护发起进攻。宝坻方面的敌人从南面接近战场,夺取公路南砖窑,并与东路和西北路敌人衔接。敌人已将黄土坎四面包围。

包围形成之后,敌人总攻开始。东路敌人看出 1 连据守的东大庙是阻击的主要支点,便孤注一掷向东大庙发起疯狂进攻,在坦克掩护下多次冲到庙墙外,皆被一连击退。敌人的坦克在村中街道、河沟、坑塘乱窜,威胁极大。13 团既无反坦克武器,又无打坦克经验,但各连将路口用大车、碌碡等堵塞,有的地方还点起火,收到很好的效果。西北路敌人在炮火掩护下,全线逼近村边,一度占领村西北几个孤立的院落,又被 2 连赶了出去。南路敌人在大窑上架起重机枪,不断扫射 13 团阵地,配合西北路敌人进攻,打到村边被 2 连顽强阻击,退了回去。至下午 4 点 30 分,13 团增援部队赶到,里应外合,毙伤敌人数百人后,于晚 8 点,冲破敌人的包围,转移到安全地带。

攻克果香峪据点遗址

攻克果香峪据点遗址位于天津市蓟州区穿芳峪镇果香峪村。

1944年2月15日夜,八路军一部攻克日军果香峪据点,俘敌30余人。

攻克果香峪据点遗址现状

攻克孔庄子据点遗址

攻克孔庄子据点遗址位于天津市蓟州区马伸桥镇孔庄子村。

1944年6月底,冀东军分区参谋长彭寿生率11团和第四、第六区队,分两路向蓟玉宝地区挺进。六区队经蓟县东部,一举攻克二区敌封锁线的核心——孔庄子据点,歼敌60余人,迫使东北两面封锁线上各小据点的敌人撤走。

攻克孔庄子据点遗址现状

小汪庄伏击战遗址

小汪庄伏击战遗址位于天津市蓟州区出头岭镇小汪庄村。

1944 年 12 月 21 日，八路军六区队进驻蓟遵兴联合县南部淋河一带，发动群众抗击日寇，获悉驻石门镇的伪满洲军混八旅第三团三营来袭。六区队在小汪庄伏击进犯三百户、四百户等处之伪满军，击毙击伤日军中尉等敌人 60 余人，俘虏 58 人。此战受到冀热辽军区通令嘉奖。

小汪庄伏击战遗址现状

少林口会议遗址

少林口会议遗址位于天津市蓟州区下仓镇少林口村。

1945年1月4日,冀热边特委在蓟县少林口村召开会议,按照上级决定,将冀热边特委改建为冀热辽区党委(冀热边行署改为冀热辽行署),李运昌任书记,李楚离任副书记,下辖十四、十五、十六、十七、十八共5个地委。平三蓟联合县和蓟南县隶属十四地委领导,李子光任地委书记;蓟遵兴联合县隶属十五地委领导,杨文翰任地委书记;玉蓟宝联合县隶属十八地委领导,焦若愚任地委书记。

少林口会议遗址现状

侯家营增资减租动员大会遗址

侯家营增资减租动员大会遗址位于天津市蓟州区侯家营镇。

1945年4月,遵照冀热边特委关于在全区范围内开展减租减息和给雇工增资运动的决定,蓟南县在侯家营召开了增资减租动员大会。会上,县政府派干部宣讲抗日战争形势和增资减租政策;同时请桥头村的开明绅士王子祥现身说法,动员地主富农给雇工增资,收到了较好的效果。会后,蓟县南部广大地区,纷纷开展增资斗争。

侯家营增资减租动员大会遗址现状

解放蓟县城战斗遗址

解放蓟县城战斗遗址位于天津市蓟州区城区。

日本投降后,盘踞在蓟县城的伪县长李午阶,纠集除邦均以外的各大镇伪军、警察,连同原有守敌共2000余人,妄图固守县城,负隅顽抗。为彻底消灭蓟县城之敌,冀热辽军区16团、通三香支队及蓟遵兴、蓟南县等县区地方武装,于1945年9月初开始向蓟县境内集结。9月12日,攻克城西重镇邦均,切断了李午阶的"右臂"。其"左臂"马伸桥之敌在蓟遵兴县大队的多次进攻下被迫退至县城。16团和地方武装随即分别布防蓟县城西、城南、城东,把蓟县城团团围住。15日上午8时,参战部队在十四军分区代司令员曾雍雅的指挥下,对守敌发起猛攻。经过三昼夜激战,9月17日蓟县城宣告解放。李午阶在战斗中被击毙。这次战斗共俘敌伪联队长和大、中队长数十人,伪军1100余人,各大乡长及伪职人员300余人;缴获重机枪1挺、轻机枪37挺、步枪1000多支、迫击炮2门、汽车3辆、马10余匹,以及粮食、布匹、衣物、自行车等物资,现款百余万元。

八路军攻打蓟县城

庆祝蓟县城解放大会会场遗址

庆祝蓟县城解放大会会场遗址位于天津市蓟州区第一中学北操场。

1945年9月17日，蓟县城宣告解放。9月19日，蓟县召开有1000多人参加的群众大会，庆祝蓟县城解放，号召广大群众提高警惕，肃清日伪残余势力，维护社会稳定。

蓟县二区（马伸桥）群众欢庆抗战胜利

庆祝蓟县城解放大会会场遗址现状

攻克大毛庄据点遗址

攻克大毛庄据点遗址位于天津市蓟州区渔阳镇大毛庄村。

1946年9月,国民党军队侵入蓟县县城。作为国民党反动派社会基础的恶霸、地主、汉奸、流氓及还乡团一时猖獗起来,向广大农民反攻倒算,夺回土改中被分的土地、粮食,致使不少农民没吃没穿。老百姓见到党的地方工作人员后,泣不成声地控诉敌人的兽行,尤其是对特务头子陶恒更是恨之入骨。

早在国民党军入侵蓟县前,陶恒就同还乡团头子徐进功等人组成特务队,经常从国统区的三河县境内,东渡沿口河到蓟县西部的桑、马、皇一带奔袭、骚扰,对党的地方工作人员、革命军属搜查逮捕,使县城西部广大农村遭到很大损失。国民党军队侵入蓟县城后,陶恒担任敌县常备大队队长,气焰更加嚣张,无恶不作,双手沾满了人民的鲜血。

1947年3月1日,陶恒带敌常备大队来到蓟县城东的大毛庄。大毛庄距县城3.5公里,村东约200米远的小山上建有炮楼,国民党军队驻扎约一个排。陶恒以为在此宿营万无一失。然而,完全出乎

攻克大毛庄据点遗址现状

他的意料,人民解放军地方主力59团一营和县大队两个连、县武装部爆炸班及八区部分民兵于当日夜,对大毛庄据点突然发起了猛攻。当天晚上,按照部署,县大队一、二连趁着夜色从三岔口出发,分别埋伏在县城外的西、东、南三面,守住三个城门,准备阻击城里出来的增援之敌。59团一营和县武装部爆炸班及八区民兵,分别包围敌炮楼和敌县常备大队宿营地——村东头一家五间正房、东西对面厢房的院子。部署完成后,晚11时许战斗打响,很快端掉敌人炮楼。敌方县常备大队凭借房屋作掩护,负隅顽抗,但在人民军队强大火力的攻击下,敌人伤亡惨重,剩下十几名敌人也成为俘房,可是唯独不见陶恒。原来在东厢房下面筑有地堡,与正房相通。陶恒本来住在正房东屋,战斗打响后不久,眼看大势已去,慌忙钻进地堡继续顽抗。这时,县武装部爆炸班班长王志三在火力掩护下,靠近东厢房,放好炸药,只听"轰"的一声,整个东厢房倒塌了,恶贯满盈的特务头子陶恒,终于结束了罪恶的一生。

这次战斗歼敌40余人,极大地震慑了城内国民党军队。

马圈头会议遗址

马圈头会议遗址位于天津市蓟州区泗溜镇马圈头村。

1947年7月间，人民解放军由战略防御转入战略进攻。蓟县县委遵照党中央、冀东区党委的战略部署，积极主动地开展了各项支前活动。

9月9日，县委在马圈头村召开会议。县委书记王学黎、县长马仲华、副书记彭宏、宣传部部长丁春生、敌工部部长陈修政、公安局局长王平章出席。会上分析了蓟县开展战略进攻的有利条件和不利因素，认为经过土地复查，农民有了参军的热情，有了保卫胜利果实的要求，有了消灭国民党军队的决心，干部有了扩兵的经验。但在一些干部、群众中也产生了和平麻痹思想。会上还研究部署了征收、扩兵、担架、秋收种麦等各项主要任务，成立县战争动员委员会，确定全县战争勤务的领导核心，并建立马伸桥、别山、泗溜、上仓、下仓、蓟县等6处兵站，负责粮草筹集、鞋袜准备和部队供给等项工作。成立县征兵委员会，地点设在蓟县城南板桥村，确定四区、五区、六区、七区、十区为扩兵重点区。同时，进一步落实对烈军属的代耕政策。

马圈头会议遗址现状

小王各庄会议遗址

小王各庄会议遗址位于天津市蓟州区下窝头镇小王各庄村。

1947年1月25日，冀东区党委根据中共中央冀热辽分局关于检查与深入土地改革的指示，提出"土改不彻底的地方，继续实行土改"的要求。3月下旬，蓟县县委根据地委指示，在五区小王各庄召开会议。会议决定，县委工作仍以反蚕食斗争为主，同时开展土地复查试点工作，为下一步土地改革打基础。会议指出，要通过土地复查，从土改不彻底的地主手中收回土地，并征收富农的多余土地，解决农民的土地问题。

小王各庄会议遗址现状

冀东区战勤司令部遗址

冀东区战勤司令部遗址位于天津市蓟州区上仓镇郑家套村。

1947年,冀东区划归中共中央东北局领导。1948年初,中共中央任命吴德为冀东区党委书记,李楚离为副书记。2月,区党委和行署召开全区战勤会议。会议决定设立冀东区战勤司令部,各专区和县设战勤指挥部,村设战勤生产委员会,对生产和战勤工作实行统一领导。张明远任冀东区战勤司令部司令员,李楚离任政委。辽沈战役开始后,1948年9月21日至30日,冀东区党委连续召开会议,传达党中央和东北局的指示,要求在做好辽沈战役战勤工作的同时,还要做好迎接大军进关的准备。会议通过张明远主持起草的《对战勤组织机构领导关系的决定》,确定由区党委、行署、军区和各群众团体的主要负责人组成冀东区战勤委员会,设立指挥机关"冀东区战勤司令部"。由张明远任司令员,李楚离任政委,代表党政军统一领导战勤工作。专区、县、区三级战勤委员会由同级党政负责人分别担任正副主任。

辽沈战役期间,冀东区各级战勤机构先后动员15万人、3万副担架、1万辆大车,调集大批军用物

冀东区战勤司令部遗址现状

资,陆续送往辽沈前线。平津战役期间战勤指挥部设在上仓镇郑家套村郑宗顺家。张明远回忆:"冀东区党委书记吴德、军区司令员潘峰,军区机关和战勤司令部一直随指挥部行动,在指挥部直接领导下工作。指挥部首长多次找我们了解冀东战勤准备和进展情况,给予指示,提出要求。他们对冀东的支前工作表示满意,给予赞扬和鼓励。指挥部罗荣桓政委指定政治部主任谭政同志直接领导我们的战勤工作。关于这方面的具体工作,先指定唐天际同志,以后由陈沂同志领导我们。由于上级领导重视,任务明确,分工具体,遇到困难能够及时得到上级的帮助和谅解,所以冀东的支前任务,才能顺利地完成"。在百万大军从东北进关和平津战役期间,战勤委员会动员民工 200 万人次,在一个半月之内抢修道路近万里、桥梁 500 座;1948 年底前,预征公粮 3 亿斤(加工粮 2 亿斤)、食油 120 万斤、食盐150 万斤、马草料 1 亿多斤,烧柴 17000 万斤以及大批副食、鞋袜、军服等,保证 100 万人员 3 个月的粮草物资供应。

平津战役前线司令部旧址

平津战役前线司令部旧址位于天津市蓟州区礼明庄镇孟家楼村。司令部的旧址是一座砖木结构的三合院建筑。三合院分前后两院,后院内有东西厢房各三间。东厢房约十二三平方米,做卧室使用;西厢房为指挥部,室内设有军用电话,墙上挂满了军用地图,图上插着彩色小旗,标示着最新战况。为保证司令部的安全,工兵部队还在后院的天井上架设了铁丝防弹网。在这里,平津战役前线司令部指挥了在解放战争史上具有深远影响的平津战役。

1948年11月,辽沈战役的硝烟尚未散尽,党中央、中央军委便不失时机地作出部队停止休整、立即进军关内的战略决策。遵照中央的命令,东北野战军刚刚组建的12个纵队及特种兵部队近百万人,以迅雷不及掩耳之势,进军华北地区,把国民党傅作义集团分割包围在平、津、塘、张、新保安等几个互相不联系的孤立地区。12月初,东北野战军总部经喜峰口进驻蓟县孟家楼。孟家楼成为罗荣桓和聂荣臻等解放军高级将领指挥平津战役的前线司令部。

平津战役前线司令部旧址石碑

平津战役前线司令部旧址

司令部在孟家楼村建立后，立即动员蓟县、津武、宁河等县人民群众参军参战，全力支持解放军进行平津战役。各县群众仅用 8 天时间，就运粮 13900 千克，运草料 20800 千克，杀猪 110 头，赶制鞋袜 2810 双，提供挖堑壕用的铁镐、铁锹 2000 把。蓟县 5 万民工冒风雪突击两天一夜抢修公路 300 千米。冀中 3800 人的架桥大军 9 天时间在大清河上架桥 30 座。4 万余人的砸冰队将大清河安新至杨柳青 260 里水路的冰层砸开，保证了水路畅通。

东北野战军入关后，出其不意地完成了对华北傅作义集团的分割包围。在天津守敌拒绝接受和平解放条件后，人民解放军于 1949 年 1 月 14 日上午 10 时，以优势兵力对天津发起总攻，次日解放了这座华北最大的工商业城市。

1991 年，天津市人民政府公布平津战役前线司令部旧址为天津市文物保护单位。

和平解放北平谈判遗址

和平解放北平谈判遗址位于天津市蓟州区泗溜镇八里庄村。

1948 年 12 月中旬,人民解放军开始包围北平。在人民解放军强大的军事压力和中共北平地下组织策动及北平社会各界进步人士强烈要求下,国民党华北"剿总"总司令傅作义派《平明日报》社社长崔载之作为自己的代表,由中共地下党员李炳泉带路,准备与中共方面进行和谈。12 月 17 日,崔载之等人携电台秘密到达距离解放军平津前线司令部驻地蓟县孟家楼不远的八里庄村,住进侯云台的四合院。这次谈判由于双方条件相差甚远,没有谈拢。崔载之随后奉命返回北平,李炳泉和带来的电台仍留在八里庄继续与解放军保持联系。第一次谈判就此结束。

12 月 22 日,傅作义部主力 35 军被歼,平津战役胜负大局已定。1949 年 1 月 6 日,傅作义派华北"剿总"少将、民事处处长周北峰为代表,偕同燕京大学教授、民盟北平负责人张东荪出城,于次日到达蓟县八里庄,同平津前线司令部负责人罗荣桓、聂荣臻和刘亚楼等进行第二次谈判。1 月 8 日,聂荣臻

和平解放北平谈判遗址现状

与张、周分别进行了交谈,并将会谈要点电告中央军委。根据中央军委复电指示,1月9日,聂荣臻等继续同周北峰和张东荪会谈。所谈主要内容,经过整理形成《谈判纪要》,1月10日上午,林彪、聂荣臻和周北峰分别代表双方在《谈判纪要》上签字,并由周北峰带回北平。

这两次谈判为和平解放北平奠定了基础。1949年1月31日,人民解放军进驻北平,北平宣告解放。

聂荣臻驻地旧址

聂荣臻驻地旧址位于天津市蓟州区礼明庄镇裴家屯村。

1948年11月,按照中央军委决策部署,东北野战军百万大军迅速挥师入关,与华北军区部队共同发起平津战役。1948年11月30日,罗荣桓、刘亚楼、谭政等率东北野战军指挥机关由沈阳出发,于12月7日进抵蓟县城南孟家楼。为统一指挥平津战役,11日,中央军委决定成立平津战役前线司令部,13日,中央军委为做好平津解放后的城市接管工作,任命聂荣臻为平津区卫戍司令。奉中央军委命令,同日,聂荣臻由河北省平山县启程,经保定、卢沟桥等地赶赴平津前线,于12月21日晚到达平津战役前线司令部所在地——蓟县孟家楼,与东北野战军领导人罗荣桓、刘亚楼等会合。

此时,东北野战军的军事行动尚处于秘密状态,出于确保首长安全等因素的考虑,平津战役前线司令部对各首长的驻地进行了周密安排:罗荣桓等与东北野战军指挥机关住孟家楼;聂荣臻率华北军区指挥机关及随后赶到的华北局城市工作部部长刘仁等进驻裴家屯村,聂荣臻指挥部设在裴家屯村李忠家;刘亚楼率参谋人员进驻郑家套村。1949年1月12日,平津战役前线司令部由孟家楼迁至通县宋庄。

平津战役聂荣臻驻地旧址现状

平津战役聂荣臻驻地旧址现状

刘亚楼驻地旧址

刘亚楼驻地旧址位于天津市蓟州区上仓镇郑家套村。

1948年12月7日,东北野战军参谋长兼天津战役总指挥刘亚楼进驻郑家套郑宗顺家。郑家深宅大院,地处全村地势突兀的制高点,院中套院,院院互连,院内有通道,院外有衢,道衢相通,各门相串,而且房屋众多,有正房三排,厢房环绕,马厩、猪圈、仓库、磨坊一应俱全,此院宛如八卦阵,防御功能极强。刘亚楼住在此院第二排正房的东屋,西屋存放给养和杂物。1948年12月30日,刘亚楼被任命为天津前线总指挥。当日,刘亚楼率指挥部人员从这里出发,进驻杨柳青镇。

刘亚楼驻地旧址现状

肖劲光兵团指挥所旧址

肖劲光兵团指挥所旧址位于天津市蓟州区上仓镇南王庄村。

东北野战军第1兵团指挥机构在司令员肖劲光、副司令员陈伯钧率领下，于1948年12月7日19时到达蓟县上仓镇王庄子（今蓟州区上仓镇南王庄村）。兵团指挥所设在贾连必、贾连起、贾连武兄弟家。12月12日，第1兵团改番号为中国人民解放军第12兵团，仍归东北野战军建制，肖劲光任司令员兼政委。平津战役发起后，肖劲光奉命指挥东野第40、第43、第46军和华北军区第7纵队等，圆满完成了隔断平津和协同友邻部队包围北平的任务。

肖劲光兵团指挥所旧址现状

肖劲光兵团指挥所旧址内景

天津广播电台战备洞旧址

天津广播电台战备洞旧址位于天津市蓟州区下营镇青山岭村北。

天津广播电台战备洞始建于 1964 年。在坚硬的花岗岩山体上开挖山洞，一个工兵营历时 2 年建成。战备洞能防核武器、化学武器和生物武器，洞口处有一扇 30 厘米厚的弧形钢筋混凝土拱门，用来防核冲击波；洞内设有可进行内外循环的通风系统；进洞时有一个弯，可减缓炸弹爆炸后的冲击力。整个战备洞呈"几"字形，有进出洞口，全长 300 多米，有 21 个房间，设有播音室、休息室、储藏室、配电室、发电机房、油库及蓄水池等，总面积为 1200 多平方米。

1966 年，天津广播电台战备洞开始安装、调试广播设备，发电机、变压器、配电柜等一些体量较大的设备拆解后，一件一件运上山，然后由战士们肩挑手抬运进战备洞。

20 世纪 90 年代，随着国际形势的变化，战备洞内的设施被运走，战备洞不再使用。

2018 年，天津广播电台战备洞旧址经抢救性维修，被建为青少年教育基地和国防教育基地。

天津广播电台战备台纪念碑

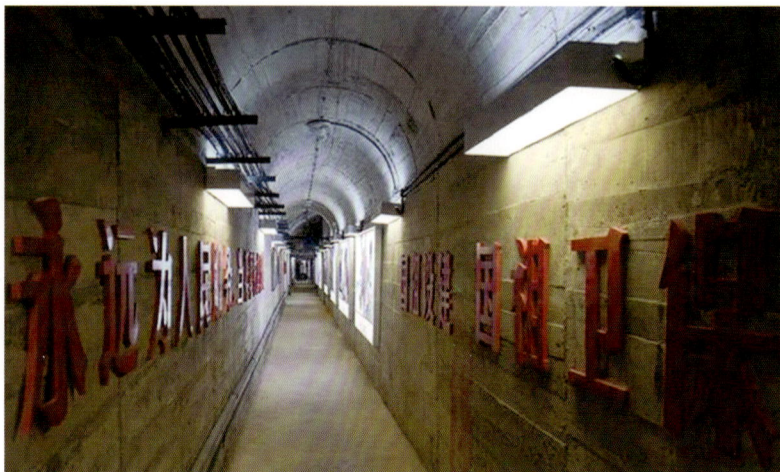

天津广播电台战备洞内景

渔阳镇第一小学爱国主义教育园区

渔阳镇第一小学爱国主义教育园区位于天津市蓟州区原渔阳镇第一小学。园区位于学校操场南侧,三面壁碑记载渔阳镇地区革命斗争史实,分"革命火种与'板桥'""先驱者之足迹"和"日军暴行铁证"三部分,园区正中立"思源"碑一座,是运用红色资源开展爱国主义教育的重要场所。

蓟州区是天津市唯一的全国一类革命老区,盘山是著名的冀东西部地区抗日根据地。1927年蓟县建立共产党组织,1930年中共蓟县县委成立。从1933年长城抗战开始到1945年抗日战争胜利,蓟县人民在党的领导下,与人民子弟兵一道,不惧艰难困苦,不怕牺牲,前仆后继,浴血奋战,与日本侵略者开展了血与火的斗争。抗战期间,在蓟县召开的党政军重要会议,发生的重大战斗,以及日军制造的骇人听闻的重大惨案有数十次之多。蓟县人民可歌可泣的英雄事迹将永载史册。

2020年5月,渔阳镇第一小学爱国主义教育园区被列为区级爱国主义教育基地。

渔阳镇第一小学爱国主义教育园区

龙山爱国主义教育基地

龙山爱国主义教育基地位于天津市蓟州区马伸桥镇太平庄村，是市级爱国主义教育基地。1998年，经蓟县民政局批准，在龙山暴动旧址修建龙山抗日烈士纪念碑和烈士陵园，2000年竣工。龙山抗日烈士纪念碑高13.5米，底宽2米，顶宽1.6米，碑座为6步台阶，碑顶镶嵌不锈钢五角星。碑体正面刻有原冀热辽军区司令员李运昌题词："龙山抗日暴动精神永垂青史"，背面刻有原冀东15分区专员焦若愚题词："英勇坚强，光辉壮丽"。烈士陵园占地900平方米，立40座烈士墓。陵园建有宝鼎式千人无名烈士墓。2013年，在市关工委大力支持下，烈士陵园修建了一座百米仿古碑廊，记述1938年冀东西部抗日武装大暴动的历史。

龙山地处蓟县、玉田、遵化三县结合部，距蓟县县城较远，反动势力相对薄弱。龙山顶上建有学校、庙宇、殿堂近百间，便于开展党的活动和隐蔽革命力量。龙山脚下的太平庄村有很多进步知识分子，在他们的影响下，群众思想进步，抗日热情高涨。因此，蓟县党组织将龙山作为开展抗日救国活动中心之一，组织领导了附近200多个村镇的抗日斗争。

九一八事变后，1931年12月8日，中共河北省委作出决议，号召普遍建立反帝大同盟组织。当时，蓟县正处在党组织活动的低潮期，共产党员张筱蓬、孟新同、王济川团结国民党县党部进步人士张子丰等人组成反帝大同盟支部，并在一区、二区和果香峪、头百户等地发展了反帝大同盟组织，不久又发展了太平庄反帝同盟小组。太平庄反帝大同盟会员安性存利用一个小缝纫厂创办了"性贞工厂"，在白色恐怖下，冒着生命危险组织女工宣传抗日救国，掩护革命同志，为党的地下工作筹集经费等。1933年长城抗战以后，许多进步青年在蓟县二区太平庄以龙山小学教员的身份传播马列主义，组织抗日救国会。

1938年6月初，根据八路军总部"配合冀东暴动"的指示，宋

抗日烈士纪念碑

仿古碑廊

时轮、邓华率领八路军第四纵队 5000 多人挺进冀东,于 6 月下旬到达蓟县北部下营一带,极大地激发了蓟县人民的抗日热情。6 月 20 日,马伸桥民团 300 多人率先起义,揭开蓟县抗日大暴动的序幕。根据客观形势的变化,7 月 5 日,蓟县县委在官庄镇塔院村北栗树沟召开紧急会议。会议传达冀热边特委的指示,决定在 7 月 16 日响应冀东其他地区举行统一大暴动。由于日伪军对暴动有所察觉,蓟县县委临时决定提前行动。7 月 14 日夜,在李子光等人的策划下,蓟县抗日武装力量攻克邦均伪警察所,打响了蓟县抗日武装暴动的第一枪。同日,刘卓群参加板桥会议后回到龙山学校,立即召开会议,向党员和救国会员传达板桥会议精神,决定组织武装暴动。15 日,以太平庄的救国会员、完全小学师生和六甲民团骨干为基础组建蓟县抗联第十六总队,并加入冀东西部抗日武装大暴动的行列。以龙山为中心的各村千余人参加了抗日武装大暴动。

龙山暴动后,龙山脚下的太平庄成为日伪军"扫荡"的重点,特别是在敌人实施第五次"治安强化"运动时,太平庄村民遭到日伪军多次烧杀抢掠,20 多名无辜村民惨遭杀害,370 多间民房被烧毁,但太平庄群众从未屈服,抗日救亡活动也从未停止。抗日战争期间,太平庄村先后有近百人参军,有 35 人为抗战胜利献出宝贵生命。

新中国成立后,河北省政府(当时蓟县属河北省管辖)曾三次送来印有抗日荣誉称号的光荣匾,副省长李子光生前曾到该村慰问,赠送"革命发祥地,抗日基点村"的光荣匾。2021 年,龙山革命暴动旧址被公布为天津市革命文物。

东赵各庄镇中心小学爱国主义教育园区

　　东赵各庄镇中心小学爱国主义教育园区位于天津市蓟州区东赵各庄镇中心小学教学楼东侧，2005年9月建成。园区内有一座仿古式彩钢"思源亭"。亭内设6块展板，记载了东赵各庄镇卜一铭、王学黎、仇友文等老一辈革命者的事迹。

　　卜一铭，原名胡志清，1915年4月出生在东赵各庄镇上窝头村一个农民家庭，1933年加入中国共产主义青年团，7月秘密加入中国共产党。1933年8月参加冯玉祥领导的抗日同盟军，跟随吉鸿昌将军英勇对日作战，即使在斗争最艰苦、身患重病连续高烧不退的情况下也坚持跟随部队。1933年底，在北平因参加抗日同盟军被国民党宪兵三团逮捕，判处7年徒刑，于1934年4月6日押往南京国民党中央监狱。他坚决拒绝了国民党反动派的种种威逼利诱，拒写"自白书"，在狱中大义凛然，坚强不屈，与敌人进行了顽强斗争。卜一铭出狱后，义无反顾地奔赴延安，继续投身伟大的革命斗争。后受党组织派遣，打入南京国民党中央党部，任陈果夫的秘书，在隐蔽战线上从事秘密斗争，直至全国解放。新中国成立后，在国务院工作。

东赵各庄镇中心小学爱国主义教育园区

仇友文,又名仇振远,化名仇北辰,1910 年 3 月生,东赵各庄人。1935 年受党组织派遣到文安、霸县等地以小学教师职业作掩护,进行抗日救亡宣传活动,建立中华民族解放先锋队。1937 年夏,到霸县东关中学筹备建立中华民族解放先锋队时,被国民党霸县县党部逮捕,后在白砥中等人营救下获释。出狱后,受党组织派遣在曲阳、灵寿、行唐、阜平等县组织群众,开展游击战争,建立人民武装和抗日地方政权,并参与晋察冀边区政府筹建工作。同年秋,仇友文被罗荣桓派往阜平县任县长。不久,任深泽县县长、安平县县长。1938 年秋,任冀中三分区专署专员,兼文安、任丘两县县长,发展党组织,组建县区村各级抗日政权。1939 年春,因地方武装独立二支队队员柴恩叛变,仇友文及文安县党政军主要领导人被叛军扣押。仇友文及时和县委、地委联系,团结被扣押同志,依靠组织,坚持斗争,后经多方营救后脱险。新中国成立后,在辽宁省任职。

王学黎,原名王学礼,1922 年 4 月生,东赵各庄镇穆庄子村人。1938 年 12 月加入中国共产党,任县抗日救国会宣传员。1939 年任冀热察区党委机关文印员。1940 年在房良县任区委书记。1941 年任冀热察区党委警卫连副指导员、党支部书记。1943 年 3 月任蓟宝三联合县县委委员,一区区委书记兼三区、四区区委书记。1943 年 8 月至 1945 年 11 月任蓟遵兴联合县县委委员、宣传部部长、组织部部长、县委书记。1945 年 12 月至 1946 年 9 月任遵化县县委书记,1946 年 9 月至 1947 年 12 月任蓟县县委书记,1948 年 1 月至 9 月任冀东十四地委秘书,1948 年 9 月至 1949 年 9 月任顺义县县委书记。新中国成立后,先后在河北省、四川省和中央机关任职。

2005 年 9 月,蓟县县委、县人民政府在东赵各庄镇中心小学教学楼东侧建立"思源亭",形成爱国主义教育园区。2020 年 5 月,东赵各庄镇中心小学爱国主义教育园区被公布为区级爱国主义教育基地。

邦均镇李庄子爱国主义教育园地

邦均镇李庄子爱国主义教育园地位于天津市蓟州区邦均镇李庄子村东。蓟州区是革命老区,抗日战争时期,盘山是冀东西部地区重要根据地,其南麓沿京唐公路邦均至泗溜两侧,为敌我争夺的重要地带。

1941年4月23日凌晨,冀东军分区副司令员包森亲率13团二营,果断机智地端掉了小孙各庄两个日军炮楼,全歼守敌,缴获轻机枪1挺、大枪30余支、弹药数十箱,拔掉了通往盘山交通线上的一颗钉子。后又相继摧毁了多个日军据点,打击了日伪军的嚣张气焰,鼓舞了抗日军民斗志。

1942年3月1日,驻尤古庄据点日伪军扫荡李庄子、杨庄子、匡庄子、大小现渠和前后大岭等村庄,先后杀死64名无辜百姓,相继制造了十数起骇人听闻的惨案。1942年70多个日伪军到吴家洼清乡,全村200多人被驱赶到村中空场跪下,周围架着机枪,日军从人群中拉出陈子全、陈印、陈增、张子成、周凤岩、陈勋等十余人,用水淹、压杠子、吊房柁等残忍手段进行折磨。陈勋被连砍七刀,鲜血喷溅。办事员张文一家六口被活埋,其父母年逾花甲,妻、弟媳怀有身孕,其妹年仅15岁,最小的儿子只有5岁。这次扫荡连续三天有9人被杀害,并有48名青壮年被押走。大现渠抗日军属马山被日寇押至邦均据点内活活钉死。面对日本侵略者的残酷暴行,人民群众宁死不屈,保住了党的机密,掩护了八路军干部。

1942年6月上旬,泗溜据点敌人包围五里庄,逼问八路军下落,群众守口如瓶。敌人到处挖地搜

李庄子爱国主义教育园地纪念碑

李庄子爱国主义教育园地纪念碑碑文

查,村里的暗洞被发现。洞内隐藏着军区干部赵好学、顾立达和两名地方工作人员。赵好学于1936年参加革命,从延安来到冀东,转战盘山地区。他为保护群众和地方干部,挺身而出,面对敌人的屠刀,大义凛然,遭受敌人严刑拷打,始终坚贞不屈,并带头策划越狱,帮助难友脱险,自己却中弹牺牲,年仅23岁。

抗日战争时期,这里的人民群众在党的领导下踊跃参军参战,在最艰苦最困难的时刻,仍然坚守贾各庄、郑各庄、大小现渠、安各庄这条摧不垮的地下交通线,运送大批弹药、军粮、军服、军鞋、药品支援子弟兵抗战,为巩固盘山抗日根据地做出贡献。

2004年10月,中共蓟县县委、县人民政府立碑永志。2020年5月,邦均镇李庄子爱国主义教育园地被公布为区级爱国主义教育基地。

大杨希望学校爱国主义教育基地

　　大杨希望学校爱国主义教育基地位于天津市蓟州区下仓镇大杨各庄村。校内建有思源亭,思源亭的东西两面立有壁碑,壁文包括"革命火种""浴血奋战""雨水情深""历史见证"四部分。

　　下仓地区(老七区)位于蓟县南部,东临玉田县,南抵宝坻区,西接州河岸边。抗日战争期间,这里地广人稀,水塘连绵,芦苇丛生,米香鱼肥。下仓镇商贾云集,是有名的水陆码头、农副产品集散地,是蓟县东南部军民抗日活动的中心地带。

　　下仓地区人民具有革命斗争的光荣传统。土地革命战争时期,就有进步青年在这里开展革命活动。在抗日战争期间,下仓地区人民配合八路军和地方武装,同日伪军展开了浴血奋战。

　　2020年5月,大杨希望学校被公布为区级爱国主义教育基地。

大杨希望学校爱国主义教育基地

出头岭镇景兴春蕾中学
爱国主义教育基地

　　出头岭镇景兴春蕾中学爱国主义教育基地位于天津市蓟州区出头岭镇景兴春蕾中学校园内。基地建有思源亭和碑廊，碑廊壁文包括"早期革命""奋勇抗战""日军暴行""英灵永驻"四部分。

　　蓟县出头岭地区（原属河北省遵化县），东邻遵化县平安城，南以燕山口与玉田县为界，西接马伸桥淋河，北枕邦喜公路，位于蓟玉遵三角地带。抗日战争时期，这里是冀东中部鲁家峪抗日根据地与西部盘山抗日根据地相连的辽阔空间和纽带，具有重要战略地位，是反抗日本侵略者、开展敌后游击战争的重要区域。这里也是日本侵略者在军事、政治、经济和文化上严密控制的殖民统治区，周围设有马伸桥、孔庄子、燕山口、平安城、石门、马兰峪等多处日伪据点（炮楼）。出头岭地区广大人民群众具有光荣的革命传统，富有顽强的反侵略精神，在中国共产党的领导下，为抗日救国，保卫家乡，积极投身冀东抗日武装大暴动。在艰苦卓绝的抗日斗争中，出头岭地区共有419名烈士为中华民族的解放事业献出宝贵生命，涌现出数以万计英雄模范。出头岭地区人民的抗争有力地粉碎了敌人的"治安强化"运动，挫败了敌人的嚣张气焰，增强了人民群众战胜日本侵略者的信心和力量，为夺取抗战胜利立下了不可磨灭的功勋。

　　2020年5月，出头岭镇景兴春蕾中学爱国主义教育基地被公布为区级爱国主义教育基地。

教育基地碑廊

思源亭

抗日战争胜利纪念碑

　　抗日战争胜利纪念碑位于天津市蓟州区罗庄子镇金水泉山。2005 年是中国人民抗日战争和世界反法西斯战争胜利 60 周年。为永远铭记中国人民抗日战争的光辉历史和革命烈士的丰功伟绩，经天津市委、市政府批准，在冀东抗日主战场之一的蓟县罗庄子镇金水泉山，建立抗日战争胜利纪念碑、抗日战争无名烈士墓、抗日战争警世门。以纪念碑为重点的三个标志性建筑的寓意是，促进和平、警示战争，缅怀先烈、教育后人，牢记使命、复兴中华。

　　抗日战争胜利纪念碑总高 19.45 米，寓意 1945 年取得抗日战争伟大胜利。碑座为四方形，象征 4 万万人民众志成城，浴血抗战。碑座下 8 级台阶，象征 8 年抗战。碑顶步枪呈 V 字形，托起和平鸽组成的镀金球形花团，寓意维护和平，警示战争。碑前上坡台阶共 60 级，标志抗战胜利 60 周年。碑基正面、左侧、右侧浮雕分别为"欢庆胜利""浴血抗战"和"全民皆兵"，背面为碑记。"抗日战争胜利纪念碑"碑名由时任中共中央政治局委员、天津市委书记张立昌题写。

抗日战争胜利纪念碑

警世钟

抗日战争警世门

　　无名烈士墓整体设计质朴自然、庄严肃穆、宁静安详,表示对抗日英烈的崇敬和缅怀之情。墓碑主体后方,安葬着抗日战争中牺牲的九位无名烈士的棺木;正前方安放着一口象征性石棺,石棺四周雕刻着花环,表示对无数抗战英烈和死难同胞的崇敬和缅怀。

　　抗日战争警世门主门造型具有强烈的时代感,从两侧粗犷毛石筑成的三角形石墙中拔地而起,象征和平与发展为主题的新时代是从过去苦难的旧时代诞生的。主门造型简洁有力,舒展开放,突出表现积极向上的发展态势,具有无坚不摧的力量感,象征中华民族在中国共产党领导下,顽强奋斗、振兴中华的伟大民族精神和时代精神。主门右侧壁墙,象征中华儿女铸就的钢铁长城坚不可摧。主门右侧警世钟高 1.937 米,寓意 1937 年全民族抗战开始。警钟长鸣,时刻提醒国人居安思危,永不懈怠。

　　2006 年 6 月,抗日战争胜利纪念碑被天津市委、市政府公布为市级爱国主义教育基地。

爨岭庙烈士陵园

爨岭庙烈士陵园位于天津市蓟州区下营镇刘庄子村南。陵园占地2600平方米,安葬着102位革命烈士。

1944年5月16日,冀东第一专署专员杨大章、八路军13团副政委廖峰、蓟遵兴联合县县委书记季安,率县委、县政府机关部分干部、各区主要干部和警卫部队共200多人,来到下营东4千米的团山子村,准备在这里召开蓟遵兴联合县工作会议。不料,这一消息被下营据点的敌人获悉。17日上午,敌人开始炮击团山子村,与会领导同志决定率全体人员迅速撤离,分散隐蔽。18日凌晨2点,全体与会人员撤离村庄,当队伍走到爨岭庙附近时,天降大雨,队伍无法前进,只好挤进仅有7间房的爨岭庙内避雨。18日拂晓,来自承德、平谷、兴隆、遵化、下营等据点的日伪军3000多人包围了爨岭庙。面对敌情,杨大章等决定队伍迅速撤离,奔向庙南南山沟,绕道天草岭、翟庄、青山、三间房等村,向盘山方向迂回。在已处于敌人前后夹击的危急情况下,警卫连长马振林奉命带前卫排和联合县武装部爆炸班,冒着敌人密集的枪弹,向西南天草岭北山头猛攻突围。13团副政委廖峰沉着镇定,站在一块巨石上亲自指挥突围。但终因敌众我寡,力量相差悬殊,加上机关干部无作战经验,除联合县武装部部长刘继抗带领六七十名干部、战士冲出包围圈外,其余100多名干部、战士被困在越来越小的包围圈中,最后大部分同志壮烈牺牲,其中包括冀东14专署专员杨大章、蓟遵兴联合县县委书记季安等。13团副政委

爨岭庙烈士陵园

爨岭庙突围战遗址

廖峰被俘后惨遭敌人杀害。

战斗结束当天,抗日军民找到杨大章、季安等烈士遗体 33 具,埋葬在爨岭庙西南的山坡上。为了纪念革命先烈,1957 年,蓟县民政局在下营乡(现下营镇)刘庄子村建立了爨岭庙烈士陵园。1980 年,又选址重修,在陵园内增建烈士遗物陈列室和纪念碑。陈列室内陈列着杨大章烈士学习和使用过的《党员教材》,季安烈士的笔记本和战士们用过的步枪、粮袋、钢笔等革命文物。纪念碑高 5 米,为砖石结构,水泥抹面,碑面镌刻着"革命烈士永垂不朽"几个大字。

1991 年 12 月 1 日,爨岭庙烈士陵园被蓟县人民政府公布为县级文物保护单位,2008 年 5 月被公布为市级爱国主义教育基地,2021 年被公布为天津市革命文物。

盘山烈士陵园

盘山烈士陵园位于天津市蓟州区盘山南麓。1956年，经中共河北省委批准兴建，1957年建成。园区总面积20公顷，建筑面积3000平方米，在贯穿南北的中轴线上，依山势递次矗立着烈士纪念碑、烈士墓区、蓟县革命斗争史碑廊、革命纪念馆、烈士骨灰堂、牌楼等。

烈士纪念碑为汉白玉石块砌成，位于陵园北部最高处。台基高1.45米，四边长18米，碑高27.5米，碑身正面有国徽，四面有阴刻金色题字，南面为聂荣臻元帅的题词："光荣烈士永垂不朽"；西面为谢觉哉的题词："永远活在人民心中"；东面为宋劭文的题词："抗日英雄浩气长存"；北面为李运昌的题词："为人民革命事业而牺牲的英雄们永垂不朽"。

盘山烈士陵园纪念碑

碑前甬路两侧为烈士墓区，立主墓2座，长眠着冀东军分区副司令员包森烈士和冀东西部地分委书记田野烈士；陪墓35座。2001年又立烈士碑2598座。墓区南面立无名烈士墓2座，安葬烈士241名。

革命纪念馆位于墓群南侧。2005年3月重修，9月2日落成。为仿清式建筑，上下两层，建筑面积1158.88平方米，原冀东军分区政治部主任李中权为纪念馆题写馆名。馆内展陈革命文物300余件，生动展示以蓟县革命史为主线、抗日烈士事迹为重点的渔阳儿女革命斗争历程。

仿古碑廊建成于2005年8月，全长64米，宽4米，高3.7米，以甬路为界，东西两侧各立碑9块。东侧碑文以"热血凝铸丰碑"为题，全面反映蓟县革命斗争简史。西侧碑文记录"侵华日军暴行"。

1989年8月，盘山烈士陵园被国务院公布为全国重点烈士纪念建筑物保护单位；1994年5月，被天津市委、

盘山烈士陵园牌楼

市政府公布为天津市爱国主义教育基地；1995年1月，被国家民政部公布为全国爱国主义教育基地；1996年，被天津市国防教育委员会公布为天津市国防教育基地；1997年6月，被中宣部公布为全国首批百家爱国主义教育示范基地之一；2005年被中宣部等11部委公布为全国红色旅游经典景区；2007年10月，被北京市高校国防教育委员会公布为北京高校国防教育基地。

东北隅惨案遗址

东北隅惨案遗址位于天津市蓟州区渔阳镇东北隅村。

1933年5月10日，日军两架飞机对蓟县县城内二十九军后方医院投弹8枚，炸死无辜村民16人。

东北隅惨案遗址现状

史各庄惨案遗址

史各庄惨案遗址位于天津市蓟州区官庄镇史各庄村（现名挂月庄）。

1938年，冀东抗日武装大暴动爆发后，为镇压"抗联"队伍，日本侵略者从关外调来大批关东军、蒙古骑兵队、满洲队（蒙古骑兵队和满洲队均为日本侵略军的雇佣军），对"抗联"队伍进行"扫荡""围剿"。盘山前的史各庄，因参加抗日武装大暴动的青壮年较多，成为日军"围剿""扫荡"的重点目标。

8月29日晚上，劳累了一天的村民刚要入睡，就传来日军进村"扫荡"的消息，男女老少都不敢睡觉，坐在炕上听动静。下半夜，从邦均方向传来激烈的枪炮声，村民们知道有敌情，便相互呼应，扶老携幼纷纷向村北的山沟里躲避。

30日天刚亮，几十名日军和蒙古骑兵队进村后，挨家挨户砸门，却未找到一个人。气急败坏的日军放火烧房。顷刻间，浓烟滚滚，火光冲天，熊熊大火整整烧了半天。全村100多间房屋和乡亲们省吃俭用存下的粮食、衣物等全都化为灰烬。接近中午日军仍不罢休，继而向野孩子沟搜查，将躲在沟里的朱宝善、王永庆、王永禄等7人以及邻村4位村民抓住捆绑，而后用一根铁丝残忍地穿过每个人的锁骨，将11人连在一起，血从脖子上流下来，把上衣染红了。日军驱赶他们到村南的山上，将他们关在一

埋葬遇难村民"肉丘坟"遗址

史各庄惨案纪念碑

间无人住的破草房内,纵火焚烧。此时,返回村内的孙大嘴父子见南山起火立即前去扑救,还未赶到着火的房前,就被日军的机枪打死。

傍晚,日军撤走后,乡亲们回到村里,望着各家冒着余烟被烧塌的房子,妇女们跪在地上痛哭。当听说村南有人被日军烧死时,乡亲们很快跑到了那个还在冒烟的草房,掀开坍塌的房顶,只见屋里地上横七竖八躺着一具具无法辨认的尸体。在万分悲痛中,村民们只有一锹土、一行泪将11具无辜群众的尸体埋在一起,取名"肉丘坟"。

2004年3月,中共蓟县县委、蓟县人民政府立碑永志。2020年5月,史各庄惨案遗址被列为区级爱国主义教育基地。

壕门惨案遗址

壕门惨案遗址位于天津市蓟州区穿芳峪镇壕门村北三岔沟的山谷里。

1938年7月31日,中国共产党领导下的八路军第四纵队一部和蓟县各路抗日联军队伍,准备攻打蓟县县城。驻守城内的日伪军慑于八路军强大战斗力,仓皇弃城逃往北平。蓟县城宣告解放。日军极度恐慌和震惊,急忙从外地调来包括关东军、蒙古队、满洲队(蒙古队、满洲队均为日本侵略者的雇佣军)等大量兵力,对我军进行疯狂反扑。

1938年8月2日(农历七月初七),日军在壕门村北三岔沟的山谷里,制造了无辜村民死伤数十人的大惨案。

壕门村,位于蓟县县城和马伸桥镇之间,是日军进入县城和马伸桥重镇的必经之地。当时,该村驻扎着十几名抗联队员。1938年8月2日早晨,在日军顾问的指挥下,蒙古队300余人从东北方向扑来,在壕门北山与抗联队员遭遇。为了吸引敌人,保护群众,抗联队员主动开枪,向村民发出"跑反"信

壕门惨案遗址处修建的爱我中华纪念碑

号,抗联队员撤至北部深山。村民们听到激烈的枪声,立即扶老携幼,到北山三岔沟里躲避。但蒙古队没有进村,而是顺着孩子的哭声追过去,把村民们团团围住。敌人兽性大发,疯狂屠杀。敌人将正在牧马的年仅12岁的冯老棵残忍杀害,并夺走马匹。唐奎一家7口死在蒙古队的枪口下,其中包括4个孩子,最小的4岁,最大的10岁,孩子们相互拉着手倒在地上,身上布满弹痕。孟庆中的妻子怀孕8个月,艰难地跟在乡亲们后边往北山跑,却被蒙古队开枪射击,成串的子弹从后背打中,将要出生的孩子与妈妈一同惨死……不到两个小时,敌人就杀害了20位村民,数十位村民受重伤。

为了牢记历史,不忘国耻,2003年10月中共蓟县县委、县人民政府在毛家峪村南凤凰山立碑永志,并将此地公布为爱国主义教育基地。

西河套惨案遗址

　　西河套惨案遗址位于天津市蓟州区别山镇原西河套村。

　　1938年8月21日，日伪军百余人袭击西河套村，刀砍、枪杀无辜村民12人。次日清晨，又到翠屏山顶放火烧毁天齐庙，杀死道士顾志刚。

西河套惨案遗址现状

上仓惨案遗址

上仓惨案遗址位于天津市蓟州区上仓镇西。

1938 年冀东抗日大暴动开始后，卜静安、李友梅、胡香圃领导的抗日联军与敌人展开英勇战斗，他们转战上仓一带，四处出击，打击日军，因此上仓一带就成了敌人扫荡的重点。8 月 25 日，驻别山镇的日伪军 150 余人，从东、北、南三面包抄偷袭上仓镇，企图"围剿"抗联队伍。在一无所获后，恼羞成怒的日本侵略者对上仓镇实行烧、杀、抢、掠，制造了骇人听闻的惨案。

南闵庄村张祥、赵玉森等 20 多名村民被枪杀。镇内的商号、作坊因有财产，大部分人没有逃走，几十人被当场杀害，40 余人被押往"兴泰德"酿酒作坊院内，惨遭杀害。东门外两条街 100 多间房屋全部被烧光，被枪打死、刺刀挑死的村民暴尸街头。后秦各庄刘增、刘江兄弟俩和吴朴的儿子 3 人都被拉到西门外活埋，另有 22 位村民被杀害。

8 月 26 日凌晨，日军再次搜查后秦各庄，将 70 余人捆绑，拉到州河边，用铁丝穿锁骨，10 人一串，随即用机枪扫射、刺刀挑刺，然后推入州河中；油磨坊里一个伙计在炕边被拦腰砍成两段，后被抛入河

上仓惨案遗址

中。日军在河西镇村将尹俊一家三个成年男子杀害,剩下两个寡妇和几个孩子。这个村还有 20 多人被拉到州河边杀害后扔进河中,尸体顺水流走。

"血染州河水,尸体遍街中"。日军在上仓地区制造重大惨案,犯下滔天罪行。在这场劫难中,先后有 370 多名无辜村民惨遭屠杀。

彩各庄惨案遗址

小彩各庄村现状

彩各庄惨案遗址位于天津市蓟州区官庄镇彩各庄村。

抗日战争时期,盘山前的大、小彩各庄,是盘山通往平原的必经之路,是敌人频繁扫荡的主要村庄。

1940年3月6日下午,30余名日伪军将大、小彩各庄的六七百人赶到两庄之间的大坑南边上,面朝西跪在土坎下,敌人在土坎上架起了重机枪。人群周围站着一圈日本兵,个个端着上了刺刀的步枪。日军为了逼问八路军的下落,先用木棍在每个人的身上乱打,然后,拉出了大彩各庄的村民苏祥,扒光他的衣服,强迫他跪在冰面上。几个鬼子轮番用木棍和皮带抽打。苏祥身上被打得青一块、紫一块。接着又将村民郭增、周某捆上,把3人带到汽车上,在盘山脚下营房村的沙河中将3人杀害。日本侵略者还在大彩各庄把一位妇女用刺刀挑死。

花峪惨案遗址

花峪惨案遗址位于天津市蓟州区罗庄子镇花峪村。花峪村坐落在蓟县城北约 317 千米处,是个四面环山的小自然村。抗日战争时期,全村仅有 17 户、70 人。花峪村地理环境独特,当地群众坚决支持抗战,八路军 12 团、13 团经常在此地驻扎休整。同时,这里也是敌人报复的重点地区。

1940 年盘山抗日根据地建立后,日军多次对盘山进行"扫荡",又将花峪村划为"无人区",实行烧光、杀光、抢光的"三光"政策,先后 6 次将全村房屋点燃,全村几乎没有一间完整的房子。他们还组织"大镐队",刨倒残垣断壁。乡亲们无房住,就搭窝棚栖身;无粮吃,就食野果、山菜;仍然继续支援子弟兵抗日,坚持与敌人斗争。

1941 年 1 月初,前来扫荡的日军与在此驻扎的八路军 13 团相遇,发生激战,日军多人被消灭。

1 月 16 日,天刚蒙蒙亮,驻平谷县独乐河等据点 400 余日伪军进村报复。日军端着刺刀挨家搜人,将未能逃脱的男女老幼驱赶到村中的空场上,四边架起机关枪,周围站满端着刺刀的日军。为逼问

花峪惨案遗址纪念碑

花峪惨案遗址现状

八路军下落,日军用木棍和枪托毒打刘长江,木棍打成几段,人被打得皮开肉绽,鲜血淋漓。民兵队长刘长青被吊在屋内的房檩上毒打。日军把八路军村办事员刘广元从人群中拉出,绑牢手脚头朝下吊在一棵枣树上,将下面堆放的柴草点燃,刘广元的衣服、头发很快被火烧光。但他宁死不屈,痛骂日本强盗。捆绑吊人的麻绳烧断了,他像一个"火人"冲出来,还未跑出几步就被日军抓住,日军小队长挥起战刀,凶狠地砍下他的头颅并踢进火堆,然后用柴火焚烧没有头的尸体……

卑鄙凶残的日军还以屠杀中国人取乐。村民刘永亮被他们用秸子秸开胸膛;90多岁的村民刘祥被日军用木棍击打得头骨迸裂、脑浆四溅;村民刘子珍的爷爷被日军投入火堆里烧死;刘国仁的二奶奶,年过七旬,被两个日本鬼子用绳子套住脖子,在街上来回拉着跑,老人被活活勒死。

至上午9时许,在日军头目的指挥下,一场更大规模的集体屠杀开始了。他们先在人群中拉出民兵队长刘长青和村民刘长福、刘长江、刘永朋等十几名青壮年用刺刀刺死,接着以开会为名,将30多名妇女和儿童驱赶到村里两间没有顶盖、没有房门的破房子里,纵火焚烧。企图逃生的几名妇女、儿童,都被日军刺死。刘广明蜷缩在屋角,没被烧死,胸部中了两枪,但没打中要害,幸存了下来。半日内,日军杀害花峪村民48人,有11人被烧成重伤。在屠杀乡亲们的同时,还有一部分日军在附近的山谷里搜寻八路军,发现并烧毁了乡亲们藏在山沟里的粮食。

2004年4月,中共蓟县县委、县人民政府在遗址附近立碑永志。2020年5月,花峪惨案遗址被公布为区级爱国主义教育基地。

古强峪惨案遗址

古强峪惨案遗址位于天津市蓟州区下营镇古强峪村。古强峪村在抗日战争时期被日军划为"无人区",多次惨遭日军突袭,多人被残害致死。

1941年初,一天半夜,驻马兰峪日军七八十人偷袭该村。村民张兴、李宗林发现敌人,向乡亲报信,被日寇开枪打死。逃难的村民王泽、赵荣之、王春和,以及一名妇女、两个孩子也被枪杀在山坡上。

1942年夏,驻下营日寇五十多人突袭该村,将村民赶入一个大院,用碌碡压死村民张宝奇,将几十个村民轮流往水缸里摁,直至昏死才扔在一边,其中四人被日寇乱棍打死。

1942年冬,驻下营日寇进村扫荡,赵奎一家四口惨遭杀害。全村二十多户房屋被烧光。几天后,驻马兰峪日军又进村扫荡,王增一家四人被枪杀,六十多户房屋被烧成灰烬。

2004年4月,中共蓟县县委、县人民政府在此立碑永志。2020年5月,古强峪惨案遗址被公布为区级爱国主义教育基地。

古强峪惨案遗址纪念碑

杨庄惨案遗址

杨庄惨案遗址位于天津市蓟州区罗庄子镇杨庄村。

1941年2月10日,日军突袭杨庄村,将保长和村民4人投入地窖,放火烧死。

杨庄惨案遗址现状

联合村惨案遗址

联合村惨案遗址位于天津市蓟州区官庄镇联合村。

联合村位于盘山脚下,是抗日堡垒村。从 1940 年盘山抗日根据地创建,到 1945 年日军投降,联合村多次遭到日军清乡扫荡,有 73 人被杀害。1941 年 6 月 18 日,在联合村隐蔽的八路军 13 团政治处主任洪涛及十余名战士被敌特探悉。当夜,驻邦均、许家台据点的日伪军 50 余人偷袭联合村。王忠、王友等 3 名战士和 15 名村民被捕,押往村北千像寺。千像寺当时是县抗日政府所在地,穷凶极恶的日军对他们连夜进行审讯,追问八路军的下落,他们宁死不讲。残暴的敌人就把他们绑在一棵大树上,堆上干柴,浇上汽油,用火烧,18 人全部牺牲。

有一次,日军来抓捕盘山民兵班班长丁福顺。在没抓到丁福顺的情况下,日军便把丁福顺的哥哥等 3 人抓去,吊在树上,下面点燃干柴,3 人被活活烧死。村民史青的父亲在"跑反"中被抓住,日军将其捆绑后,用石头砸得脑浆迸裂。村民郭珍的父亲被日军强按住头腹中灌满臭水后被杀害。寒冬腊月的一天,日军抓住村民刘云亭父子,用刺刀硬逼着父亲往儿子嘴里灌凉水。村民孟昭亮被日军绑在自

联合村抗日战争纪念碑

行车上,胸部贴在自行车的大轮盘上,日军摇着轮盘,孟昭亮的胸部被磨得血肉横飞,失声惨叫,而日军却狂笑不止。还有一次,日军把村民集中在一起,要求为八路军做过事情的村民站出来,日军吼叫了半天,无人理睬。日军恼羞成怒,正要下令开枪,共产党员郭春荣为保护乡亲挺身而出。日军把郭春荣绑在一棵梨树上,用上衣蒙住头,用刺刀把他刺死,鲜血染红了梨树的枝叶。

联合村的广大群众没有被敌人的嚣张气焰吓倒,他们克服重重困难,继续支援八路军打击侵略者,成为抗击日本军队的坚强后盾,对保卫盘山抗日根据地发挥了重要作用。

2017年3月,联合村纪念抗日战争展馆落成。展馆展陈内容包括"十四年的抗日战争""日军在蓟县制造的惨案"和"欠下的历史血债""蓟县创建党组织""抗日武装大暴动""创建盘山抗日根据地""八路军十三团""盘山抗战标语""冀东抗日名将——包森""莲花峰阻击战""白草洼歼灭战""果河沿围歼战""巘岭庙突围战""联合村全民抗战英雄业绩""夺取抗战胜利""牢记历史永志不忘"等板块。2020年5月,该遗址被公布为区级爱国主义教育基地。

门庄子惨案遗址

门庄子惨案遗址位于天津市蓟州区官庄镇。

1941年6月,日伪军到蓟县城东一带"扫荡"。一天,敌人来到门庄子村,把群众集中到张以镜(又名赵峰)家大门外的场地。张以镜的哥哥赵海萍被叛徒指认为八路军办事员。敌人将其逮捕,并追问八路军去向。赵海萍遭到敌人严刑拷打,生命垂危,但始终坚贞不屈,没有泄露任何党的秘密。村民贾三的儿媳,被敌人逼迫自杀,家中房子被烧。贾三被日军捆绑投入火中活活烧死。敌人在门庄子"扫荡"一天,直至傍晚才离去。

1961年,因建设水库,门庄子村迁出。门庄子惨案遗址被于桥水库淹没。

门庄子村现状

瓦岔庄惨案遗址

瓦岔庄惨案遗址位于天津市蓟州区于桥水库内瓦岔庄,现属邦均镇瓦岔庄村。

1941年8月31日,日军包围瓦岔庄村,杀害村民2人。41名村民被日军带往县城关押36天,受尽折磨。

瓦岔庄惨案遗址现状

孙各庄惨案遗址

孙各庄惨案遗址位于天津市蓟州区孙各庄乡。

孙各庄是满汉民族混居的村庄,与清东陵仅隔一道山梁。抗日战争时期,清东陵所在地的重镇马兰峪设有日本守备队、满洲队、警备队、特务队、新民会等机关,驻扎着10多种敌伪组织的军队。孙各庄也成为日军进犯蓟县清乡"扫荡"的必经之地。

1941年11月9日凌晨,驻马兰峪的日军突然围袭孙各庄,将仇忠、孙明、陈增、谢文清、王文志、孔百祥、侯俊生等村民抓住,押往东陵。日军用皮鞭抽、扁担打,逼问八路军下落,村民们都沉默不语。日军恼羞成怒,继续对他们严刑拷打、灌凉水、轧杠子、坐老虎凳,把7人折磨得死去活来。孔百祥时年50岁,身患重病,已经奄奄一息,日军不等他咽气,就拉出去喂了狼狗。其余6人均被押往热河,受尽折磨而死。

1942年1月23日,驻东陵、石门、马伸桥的日军联合夜袭该村,挨家挨户搜查,抓住未能逃脱的

丈烟台战斗与孙各庄惨案纪念碑

爱国主义教育园区纪念碑

张勤、张俭、纪贵平、纪贵芳、王海龙、王玉发等48名青壮年，押至东陵小汤山，塞进一间小屋子里。因人多屋小，村民们只能人贴人地站着，每天只给两半碗稀粥喝，还要逐个受审。日军达不到目的，就用木棍打、灌凉水、坐老虎凳。受刑者皮开肉绽、血肉飞溅、筋骨断裂。村民张勤被日军扒光衣服，头朝下绑在木梯子上，抬到房外，由于天气寒冷滴水成冰，他全身被冻伤。还有的村民被捆绑着强迫跪在冰上。日军见百般折磨无效，就把这些村民全部押往热河。村民们经多次严刑拷打，又经多日冻饿折磨，大都已奄奄一息。一旦躺倒不起，即被日军拉出去，扔进狗圈喂狼狗，剩下的骨头被扔进万人坑。这次被抓的48人，都被日军摧残罹难。

1942年8月14日，驻马兰峪日军再次包围孙各庄，将村民宋俭、宋富、袁广东、王德全、孙景芳等10余村民抓到马兰峪。村民们受尽酷刑，宁死不屈。最后，日军丧尽天良地用煤油拌辣子面灌进村民的鼻孔里，被捕村民全部殉难。

孙各庄村民在抗日战争时期，遭受日本帝国主义铁蹄蹂躏，家家户户都有一本血泪史，男女老少都有一段痛苦的回忆。当时全村仅有40户，400多口人，1941年到1942年间，就有近80名青壮年被日军抓走残害致死，该村成为几乎没有成年男性的村庄，当时被称为"寡妇村"。

2004年10月，中共蓟县县委、县人民政府在此立碑永志。2020年5月，孙各庄惨案遗址被列为区级爱国主义教育基地。

赤霞峪惨案遗址

赤霞峪惨案遗址位于天津市蓟州区下营镇赤霞峪村。

1942年3月10日,驻兴隆的日军包围了赤霞峪,将杨志森、杨志齐、杨志秀、杨志荣、杨志方、杨维玉和杨占奎7人抓到马兰峪严刑拷打,逼问八路军下落。敌人问不出口供,就将7人押送到辽宁省锦州市郭家窝棚村的第一监狱,折磨致死。

1942年9月8日,100多名日军到该村"清乡""扫荡",抓到杨志全的母亲和杨志勤、吕振义、杨瑞林4人。日军问杨母八路军的情况,杨母说不知道。日军就用刺刀刺向杨母,又将杨志勤、吕振义和杨瑞林3人装进麻袋里,扎紧麻袋口,用刺刀乱扎,最后坠上大石块,扔进水坑溺死。

2004年4月,中共蓟县县委、县人民政府在此立碑永志。2020年5月,赤霞峪惨案遗址被公布为区级爱国主义教育基地。

赤霞峪惨案纪念碑

北后子峪惨案遗址

北后子峪惨案遗址位于天津市蓟州区官庄镇北后子峪村。

抗日战争时期,在敌人施行"治安强化"运动期间,北后子峪是制造"无人区"和实行"三光"政策的重点地区之一。从1942年至1943年,敌人先后多次到这里"清乡""扫荡",有20多人遇害身亡。

1942年6月4日,驻小彩各庄据点的敌人为了搜寻八路军,到北后子峪村"清乡",对村民么江、郭秀章用尽酷刑,但未能得逞。

9月24日清晨,100多名日军将北后子峪村包围,对村民逐个拷打审问,有100多人被打和灌凉水。接着抓住帮助八路军办事的村民么三寡妇,逼问八路军和粮食藏在什么地方。敌人对她施以酷刑,直到把她折磨致死,仍一无所获。

11月11日,尤古庄据点的日军到北后子峪村搜查八路军。清晨,100多名村民被赶到杨义芳家前面的场板上,反绑着跪下。日军在房前摆上4口大缸,灌满水,将村民一个一个地架到缸前按进水中灌,灌昏后扔到一边,醒后再用木棍打,先后有20多人被打成重伤。见无人屈服,日军又将村民潘老

北后子峪惨案遗址现状

九、么存、么田绑在长凳上,下面用火烤。潘老九被烤成重伤,么存、么田当场死亡。日军折腾半天仍一无所获,气急败坏地拉出村民姜连增、邵恒枪毙。

1943年1月30日,彩各庄据点的日伪军去北后子峪"清乡",把北后、西后、东后子峪3个村的400多人驱赶到北后子峪村北,逼他们脱光衣服,跪在一尺深的雪地里,逼问八路军的下落,但得到的是愤怒的痛骂。敌人气急败坏地嚷着:"你们都是八路军!"把木棍点着,捅向人们的胸口。从清晨4点直到上午11点,很多人口吐白沫,当即有4人被冻死。时隔不久,敌人又一次去北后子峪"清乡",当场打死6人,有100多人被灌凉水。敌人了解到有一名妇女帮八路军藏过粮食,就把她抓住,先灌凉水,再踩肚子,水从口中流出来又继续灌,但她一个字也没吐露,直到被敌人折磨至死。

冀庄惨案遗址

冀庄惨案遗址位于天津市蓟州区渔阳镇冀庄村。

1942年6月22日,驻蓟县县城日军到冀庄村"清乡""扫荡",枪杀村民7人。

冀庄惨案遗址现状

大稻地村惨案遗址

大稻地村惨案遗址位于天津市蓟州区出头岭镇大稻地村。

1942年7月4日清晨,30多个日军乘车从大稻地村东驶过时,遭到八路军伏击,伤亡很大。为报复这次伏击,日军纠集平安城、石门、燕各庄等据点日伪军千余人,于当日午前包围了大稻地,搜捕八路军。此时,多数村民已携儿带女离家避难。日军进村挨家搜查,见大都人去房空,就丧心病狂地命令放火烧房,一时间,浓烟滚滚,火光冲天,大稻地村成为一片火海。家家户户艰难度日的柴米油盐、生活用品、生产工具,以及各种财物都化为灰烬。乡亲们在远处望见家园被毁,无不捶胸顿足,咬牙切齿。

在纵火烧房的同时,日军抓住了行动不便,未能逃走的年迈老人王贵、霍瑞、王志清等,用枪逼着他们到村外公路边,将被八路军击毙的日军收尸装车。他们装运尸体后,即遭残忍杀害,被日军用来"祭灵"。盲人梁秀云,因房屋着火,刚摸着走出家门,就被日军用刺刀挑死。因瘫痪长年卧床不起的老人王平,被活活烧死在炕上。村民郑宝德被日军抓住后枪杀。

2004年4月,中共蓟县县委、县人民政府在此立碑永志。

大稻地村惨案遗址纪念碑

辛庄子惨案遗址

辛庄子惨案遗址位于天津市蓟州区渔阳镇原辛庄子村。

1942年上半年,日本侵略者在蓟县实行第四次"治安强化运动"。日军一方面集中优势兵力大规模扫荡,另一方面用小股人马突袭"清乡",杀人放火,抢粮抢物,无恶不作。

7月8日,天刚发亮,驻邦均的日军、特务和伪军悄悄包围了辛庄子,强迫村民到五道庙前开会。

日伪军把邹堂、修文阁、王学孟、黄振海赶到五道庙斜对门的小学校里,一边打一边问:"八路军的东西在哪?"他们说:"没有。"敌人把这些人一个接着一个倒淹在水缸里,等人快淹死时,又拉出来,再打,再审问。最后将12名村民逼入坑内掩埋。日伪军走后,村民们赶紧扒土救人,只有1人幸存,其余11人罹难。

辛庄子惨案遗址现状

青山岭惨案遗址

青山岭惨案遗址位于天津市蓟州区下营镇青山岭村。

抗日战争时期,日军在下营地区实行惨无人道的"三光"政策,不断"扫荡""清乡",进行烧、杀、抢、掠。1942年秋的一天深夜,日寇包围了青山岭村。日军抓住村民曹永山、魏永奎、赵希连、曹广明,带到一家场院,不停地毒打,又绑在靠墙的梯子上,下面堆上棒子秸,点火烧烤。后又将火炭铲到他们的胸口上,将4人活活烧死。村民刘玉山被日寇用棍棒活活打死。村民魏友、朱勤在村北和村东沟被枪杀。一名外村百姓藏在东山坡的菜窖里,被日军抓住,用皮鞋踢、枪托砸,受尽折磨后被砍头。村民赵百荣、朱子修、马任春、温保全、王希善被押往承德,锁在一个地窖里,被活活饿死。

2004年4月,中共蓟县县委、县人民政府在此立碑永志。2020年5月,青山岭惨案遗址被公布为区级爱国主义教育基地。

青山岭惨案纪念碑

后大岭惨案遗址

后大岭惨案遗址位于天津市蓟州区泅溜镇后大岭村。

1942年9月16日,日军包围前、后大岭村,枪杀村民2人。同年10月,驻店子村据点日军包围后大岭村,将村民7人活埋。

后大岭惨案遗址现状

匡庄子惨案遗址

匡庄子惨案遗址位于天津市蓟州区邦均镇匡庄子村。

1942 年 10 月 12 日,驻尤古庄据点日军包围匡庄子,杀害村民 4 人。

匡庄子惨案遗址现状

打渔庄惨案遗址

打渔庄惨案遗址位于天津市蓟州区侯家营镇打渔庄村。

打渔庄地处蓟州区西南部,沟河北岸,比邻青甸洼。在日军实行"治安强化运动"时期,这里的军民利用夏、秋两季的青纱帐、芦苇荡,打伏击、攻据点,同敌人周旋。驻蓟县西南部地区的日军惊恐万状,经常对这一地带村庄进行大规模的"扫荡"。

1942年10月23日,驻下仓、侯家营、尤古庄、邦均等据点的日伪军"扫荡"青甸洼。日军把沟河北岸的崔辛庄、秦庄子、丁辛庄、打渔庄等村群众600多人围在三岔口大街上,后又全部轰进唐儿庙内,强迫大家跪在地上。

第二天上午,日伪军又把抓来的村民驱赶到打渔庄村郜士清家的麦场内,让每一个村的人分别跪成一圈,沟河埝上架起机关枪,周围站满荷枪实弹的日伪军。敌人对村民用棍子打、砖头砸,追问八路军及其物资藏在哪里,见无人吭声,便施以酷刑,进行惨无人道的摧残和蹂躏。

郜家门外埝根下摆放着18口装满水的大缸,一半埋在地下。日军从每个村叫出两三个人,带到郜

打渔庄惨案遗址纪念碑

打渔庄惨案中日军用来淹溺抗日民众的大缸

家东面邻居吴珍家里进行拷问,其余的人被一批一批地扎缸淹溺。18 名村民被头朝下戳进水缸里,直到腿不动弹了,才拽出来,扔到地上。醒了以后,再威逼拷问,不说再回去扎缸。18 口大缸里的水都被乡亲们的鲜血染红了。先后有男女老少几百名村民受到野蛮残酷的折磨,有的当场死亡,有的落下终身残疾。

另一部分村民被带到吴珍家大院。日军将这些人分成两批,一批 4 人,迫使他们举起 300 多斤重的碌碡(一种用以碾压的农具),举不动就打。村民李文光、谢承恩面对日军的拷问毫不屈服,当场遭到杀害;村民李荫堂、王全忠被捆在板凳上,压上 200 斤的磨扇,下面用火烧肚皮,被折磨致死。

在这次惨案中,共有 600 多位村民遭受蹂躏、摧残,8 位村民被残害致死。

2003 年 8 月,蓟县县委、县人民政府在该村立碑永志。2020 年 5 月,打渔庄惨案遗址被公布为区级爱国主义教育基地。

下里庄惨案遗址

下里庄惨案遗址纪念碑

下里庄惨案遗址位于天津市蓟州区下窝头镇下里庄村。

这是青甸洼区的一个小村庄。该村教师王化民、张福民、杨贵等地下党员组织群众冶铁铸弹、站岗放哨、传送情报,使该村成为名副其实的抗日堡垒村。

1942年10月16日傍晚,驻上仓据点的日伪军300余人"扫荡"下里庄,搜捕八路军秘密联络员。得到敌人进村的消息,大部分村民四散而逃。敌人如入空城,恼羞成怒,见房过火,见人过刀,见物过手。村民杨贵的母亲被敌人抓住,日军逼问她谁是共产党员、八路军的物资藏在何处,老人虽然知道,就是闭口不语,敌人把老人毒打一阵后关了起来。次日晨,敌人把村民杨光宗、刘方、王思林、王少先和杨贵的母亲等5人拉到村北的坟地里,分别绑在树上,一阵枪弹狂扫后,无辜村民全部殉难。杀人成性的日伪军正要撤走,遇上跑出村外的王茂之,日本军官为展示枪法,让王茂之跑出几十米后,开枪击中其头部身亡。敌人在"扫荡"中烧毁房屋数十间,抢走大量生产生活物资。

2003年8月,中共蓟县县委、县人民政府在此立碑永志。2020年5月,下里庄惨案遗址被公布为区级爱国主义教育基地。

血染蓟运河惨案遗址

血染蓟运河惨案遗址位于天津市蓟州区下仓镇何各庄村、南赵庄村、李家村。

抗日战争时期,日军在蓟县实行"治安强化运动",曾两次窜入赵各庄、何各庄和李家庄扫荡,制造血染蓟运河惨案。

最残暴的一次发生在 1942 年 10 月 9 日清晨,驻上仓、下仓日军一百多人突袭赵各庄、何各庄,把赵各庄二百多村民驱赶到老爷庙,逼问八路军下落。日军见村民都低头不语,便用棍打、把人抡起来摔、推入粪坑用粪埋等残忍手段摧残村民。但从早到晚一无所获,日军更加疯狂,当场枪杀村民赵全、赵存善、马占喜。临近中午时,另一路日军袭击了何各庄,抓了十多名躲避不及的老人,逼其做饭。饭后,日军丧心病狂,竟将老人赶到河埝上,用毒打、刀挑、枪杀、刀子割等残忍手段逼问八路军下落,穷凶极恶地杀害了村民张印、赵永富、李常顺、王占起、赵占全、何广等人。日军杀人成性,在剃头师傅赵占奎家搜出一把剃头刀,诬为凶器,竟扒光其衣服,用刀子在他身上乱割,直至身亡。此次扫荡之前,日军刚刚突袭过赵各庄、何各庄,枪杀了赵各庄村民赵瑞元、何各庄村民张志。

血染蓟运河惨案遗址纪念碑　　　　　　　　　血染蓟运河惨案遗址纪念碑碑文

2003 年 8 月 15 日,中共蓟县县委、县人民政府在遗址附近立碑永志。2020 年 5 月,血染蓟运河惨案遗址被公布为区级爱国主义教育基地。

双杨树惨案遗址

双杨树惨案遗址位于天津市蓟州区别山镇双杨树村。

双杨树村是抗日堡垒村。在抗日战争最艰苦的时期,村党支部坚持组织群众开展抗日斗争,六区抗日政府工作人员经常到村隐蔽,并以此为中心开展工作。共产党员朱成以教书为掩护,从事各种抗日活动。因此,日军对他恨之入骨。

为抓捕朱成和八路军人员,1942年11月8日傍晚,日伪军100余人,突然包围双杨树、秀金屯、刘庄、窦家楼、前楼、后楼等村,将村里群众700余人,全部驱赶到双杨树村西的旷野里,强令男女老少脱光衣服,跪在野地上,在四周架起机枪,威逼村民说出八路军和共产党员的下落。正值立冬,天气寒冷,村民们被冻得抖成一团,但仍无人吭声。日军见此情景,豺狼般地吼叫,以杀人相威胁。为保护村民安全,共产党员魏广奎和朱成的大儿媳李秀英挺身而出,当即惨遭枪杀。村民魏方只说了一句"老百姓不知道……"话音未落,就被日军开枪打死。随后,日军又抓住秀金屯村"情报主任"兰永贵,以八路军来了不报告为由当场杀害。日军想以此威吓,迫使村民开口,但仍无一人应答。日军将人们驱赶到窦家楼村外野地和何家大院继续罚跪。到了夜晚,野地里点起一个个火堆,把黑夜照得通明。日军又枪杀了刘庄村民张宝珍、王俊臣、赵珍,窦家楼村村民朱兆英,单桥子村村民宋长春,双杨树村村民刘贺龄和

朱成被严刑拷问(美术作品)

双杨树惨案纪念壁

魏广奎的老伴。敌人的威吓使两个知道内情的人吓破胆,说出了朱成的去向。十几个日军和伪军立即出发直奔别山,将朱成逮捕。

面对凶恶日军,朱成毫无惧色,大义凛然。日军气急败坏地号叫着把朱成吊起来,分别使用鞭抽、棍打、灌凉水、轧杠子、钢针穿刺十指,用整束香火烧脸、下巴、腋窝等酷刑,还把朱成全身泼上汽油,用火点燃。尽管如此,朱成宁死不屈,用尽最后一点力气,高呼:"共产党万岁!"英勇就义。随后,日军把双杨树村的树木全部砍光,门贴上封条,使乡亲有家难回。

2003年8月,中共蓟县县委、蓟县人民政府在杨家楼中心小学设立纪念壁,2020年5月将该遗址公布为区级爱国主义教育基地。

白槐庄惨案遗址

白槐庄惨案遗址位于天津市蓟州区东二营镇白槐庄村。

白槐庄距邦均、上仓、尤古庄据点较远,党组织发展较快。由于地下党员多,群众基础好,成为抗日堡垒村。

1942年11月23日,驻店子村的40多名日伪军包围了白槐庄,将村里200多人集中到田长发的大场上,逼问谁家住过八路军,谁和八路军有联系。见没人回答,就强迫青年人出来跪成一排,日军手拿木棍,一个一个地问,谁不说或说没有,照着脑袋就狠狠地一棍子,有几个人当场就被打晕过去。接着,日军又把20多个青壮年捆在长凳上灌凉水,仍无济于事。日军没有达到目的,又使出更毒辣的手段,捆住村民田长顺和田守义的手脚,纵火烧烤,使其全身烧伤。还当场将村民李银和欢头2人活埋。

白槐庄惨案遗址现状

龙北惨案遗址

龙北惨案遗址位于天津市蓟州区西龙虎峪镇龙北村。

龙北村在抗日战争期间是解放区,是敌人经常"扫荡"的地区。1942年11月24日凌晨,驻玉田县日军200多人突然包围了龙北、龙前村,将两村的村民赶到龙北村一个富裕人家的院子里,逼问八路军枪支和民兵的下落。日军见无人回答,首先揪出村民赵占先,不容分说把他吊在房梁上,下面点燃干柴,进行拷打。接着又拉出两名妇女,将她们的上衣扒掉,用绳子抽、打嘴巴、用镐头播来反复折磨,仍一无所获。日寇恼羞成怒,一边挖大坑,一边揪出村民赵国峰、王秀池、窦君福、赵东阳、韩友、赵炎等9人,用绳子拴在一起,推入刚挖好的大坑里,横七竖八地摞压在一起,全部活埋。下午4点以后,日军终于撤走了。村民们忙去扒人,被活埋的9人全部窒息而死。

龙北惨案遗址现状

小漫河惨案遗址

小漫河惨案遗址位于天津市蓟州区杨津庄镇小漫河村。

1942年11月3日,日军到小漫河"清乡",集中千余名群众追查共产党员和八路军物资,把62岁的抗日军属李广仁扒光衣服,横吊在房椽上,严刑拷打。老人坚贞不屈,痛骂日寇,直到被折磨而死。儿童团长冯连成和一名村民也被杀害。

小漫河惨案遗址现状

前干涧惨案遗址

前干涧惨案遗址位于天津市蓟州区下营镇前干涧村。抗日战争时期,前干涧村隶属蓟宝三和蓟遵兴联合县八区,以长城为界,分为两个自然村,称前干涧、后干涧(现属河北省兴隆县),是冀东党政机关和八路军开展抗日活动后方根据地和抗日堡垒村。

1942年,日军推行第五次"治安强化运动",将这里划为"无人区",实行惨无人道的"三光"政策,强迫群众"集家并村",三天两头进村"扫荡",见房就烧,见人就杀,驱赶老百姓搬到茅山的老营盘居住,如不搬就要血洗村庄。从日军占领蓟县到抗战胜利,前干涧有百余名村民惨死在日军的屠刀之下,且多死不见尸。

1942年12月23日凌晨,驻兴隆茅山镇据点的日伪军70余人进山"扫荡"前干涧,进村就挨家挨户点火烧房,将未能逃脱的10名村民带到王文彩家的场屋。几十名日伪军端着刺刀把村民团团围住,拉出村民安祥扒光衣服,先用鞋底猛抽他的脸,打得他嘴角流血,后用棍子猛打。接着日军把安祥绑在梯子上灌凉水。不久,安祥就被灌昏过去。待安祥醒来后,日军解开绳子,把他放在地上,就用杠子轧肚子,把水轧出来再灌。最后几个日军又将他捆在梯子上,架起来,在下面堆上柴草用火烧,烧得他皮肉"吱吱"作响,昏死过去。日军随后把剩余的9人赶到王文彩家的菜窖里,放火全部烧死。

2004年4月,中共蓟县县委、县人民政府在此立碑永志。2020年5月,前干涧惨案遗址被公布为区级爱国主义教育基地。

前干涧惨案纪念碑

都赛营惨案遗址

都赛营惨案遗址位于天津市蓟州区东二营镇都赛营村。

1942 年,都赛营村先后遭到日伪军三次"清乡"报复,17 名无辜村民被残暴的敌人杀害或折磨致死。

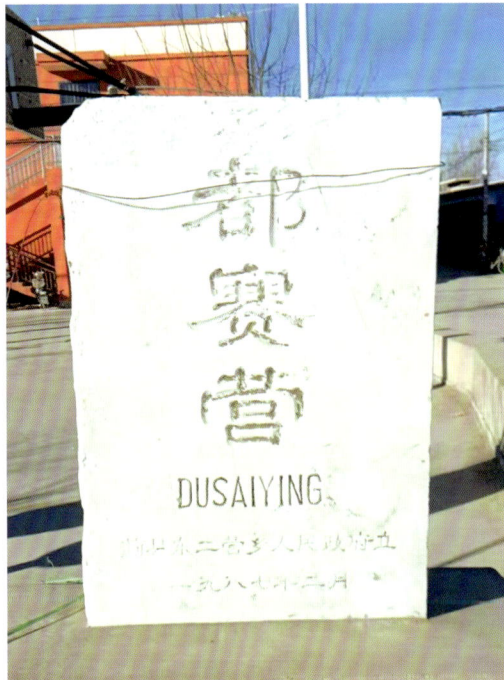

都赛营惨案遗址现状

五盆沟惨案遗址

五盆沟惨案遗址位于天津市蓟州区许家台镇卢家峪村。

五盆沟是卢家峪村北的一条山沟,位于盘山挂月峰西侧,离村2.5千米,抗日战争时期,只有胡子刚一家住在那里。由于他家比较隐蔽,盘山抗日根据地党政工作人员经常在这里活动,曾多次为八路军保存隐藏军用物资。

由于叛徒告密,1943年2月5日清晨,驻平谷县日军50多人,突袭包围五盆沟,搜查八路军的物资。将没来得及逃走的胡子刚家人赶到院内,逼问八路军物资下落,未能得逞。丧心病狂的日军先后枪杀了胡子刚的大妈、二大妈,又将其怀有身孕的大嫂、二嫂、三嫂杀害,穷凶极恶地用刺刀将三嫂腹部挑开,挑出婴儿摔在地上。还把几间破草房点着。胡子刚的母亲为防止日军发现藏有炮弹的西厢房南墙根的地洞口,抱着3岁的儿子,坐在洞口上,活活被烧死,他们就这样用生命保护了八路军物资。在这次惨案中,胡子刚一家13口人惨遭杀害。

1985年9月,许家台乡(现许家台镇)在此立碑永志。

五盆沟惨案遗址

五盆沟惨案遗址纪念碑

闻马庄惨案遗址

闻马庄惨案遗址位于天津市蓟州区出头岭镇闻马庄村。

1941年5月,驻马伸桥镇日军包围闻马庄村,杀害村民2人。同年6月,又枪杀该村村民3人。

闻马庄惨案遗址现状

牛各庄惨案遗址

牛各庄惨案遗址位于天津市蓟州区马伸桥镇牛各庄村。

1944 年 8 月 8 日,日伪军袭击牛各庄村,枪杀村民 6 人。

牛各庄惨案遗址现状

被日伪军子弹射穿的门板

孟官屯惨案遗址

孟官屯惨案遗址位于天津市蓟州区出头岭镇孟官屯村。

1944年冬,遵化县城的日伪军50余人到孟官屯"清乡",将村民李继祥、杨友等6人用刺刀挑入事先准备的一个大坑内,李继祥幸免于难,其他人均被杀害。

孟官屯惨案遗址现状

597

八沟惨案遗址

八沟惨案遗址位于天津市蓟州区礼明庄镇八沟村。

1946年9月12日,大批国民党军队侵入蓟县城。他们烧杀抢掠,无恶不作,到处抓捕共产党员和革命干部,给解放区军民造成严重损失。为机动灵活开展斗争,六区区委决定,分散六区区公所,确定八沟村为六区干部的会议、活动中心。

1947年3月,蓟县大部分地区已是巩固区,只有一区、六区等少数地区是半巩固区。敌人躲在县城及少数城镇内,利用诱降政策,胁迫、收买村干部,再依据叛徒、特务提供的情报,捕杀区、村干部,破坏基层党组织。六区部分村的政权因此遭到严重破坏。

小石泉寺村一名村干部,暗地里投降叛变,不断为敌人搜集六区党组织情报。3月20日,他趁去八沟村开会之机,探明六区公所常驻八沟村一带,就立即密报敌人。3月21日,六区区委书记苏民、区长王志明从县里开会回来,准备第二天在八沟召开全区干部会,传达县委会议精神,布置下一步工作。22日拂晓,敌人突然出动1000多人包围了八沟一带的四五个村庄,挨家挨户进行搜查。苏民和王志

八沟惨案遗址现状

明被敌人包围后,在敌众我寡,孤立无援的情况下,毅然把枪口对准自己,毫不犹豫地扣动了扳机,壮烈殉职。六区妇联主任崔燕,当时怀有六个月的身孕,她和另一个妇女干部刘致生住在八沟村妇联主任郑桂荣家里,还未来得及转移,敌人就闯进院子,将崔燕逮捕。敌人对她严刑拷打,要她交代谁是区干部。她怒视敌人,一声不吭,始终未吐露党的机密,最后连同腹中六个月的胎儿被敌人活活打死。区财粮助理杨升平被捕后,因拒绝供出地方干部的住址,被敌人枪杀。区公安干事刘海峰在向外突围时牺牲。在这次袭击中,区委书记苏民、区长王志明、妇联主任崔燕、公安助理刘海丰、财粮助理杨升平、农会主任李景荣、卫生所长张聪等 7 人和民兵中队长张晓金壮烈牺牲。敌人还抓走干部、民兵 30 多人,夺走长短枪 14 支以及大批粮食和其他物资。

西张庄惨案遗址

西张庄惨案遗址位于天津市蓟州区上仓河西张庄村（现张家庄）。

1947年3月下旬，蓟县国民党军队200余人包围上仓河西张庄，当场杀害村长张永旺、治安员朱光才、民兵中队长盛广恩、副中队长孟昭德、农会主任张永泽和村民朱光烈的女儿共6人，并将村干部张秀斋、新河口村工会主任罗方和30多名群众抓到城里。后张秀斋、罗方被害，其余群众被勒索大量粮款后才获释。

西张庄惨案遗址现状（现名张家庄）

北大井惨案遗址

北大井惨案遗址位于天津市蓟州区第一中学操场北城墙外。

1947年6月12日,敌人将王守正等48名干部、群众用铁丝穿锁骨,押至北城墙脚下全部刺死,然后将尸体掷于北仓廒枯井中,制造了骇人听闻的"北大井惨案"。

北大井惨案遗址现状

后　记

　　为庆祝中国共产党成立100周年,进一步加强我市红色资源保护利用,充分发挥红色资源在党史学习教育和"四史"宣传教育中的重要作用,市委宣传部、市委党校(市委党史研究室)组织各区委宣传部、区委党校(区委党史研究室)联合开展《天津市红色资源概览》一书的编写工作。

　　《天津市红色资源概览》一书的编写工作在市委宣传部的总体协调和精心指导下组织开展。各区委宣传部、区委党校(区委党史研究室)高度重视,加强组织领导,抽调专业基础扎实、文字功底深厚的研究骨干撰写稿件,提供图片。市委党校常务副校长刘中审读书稿并提出修改意见,市委党校副校长、市委党史研究室主任王永立统改书稿。市委党校周巍、马兆亭、孟罡、赵风俊、曹冬梅承担文稿编辑工作。各区委宣传部、区委党校高洋、肖颖、史煜涵、刘雪、洪梅、王建华、周红、刘莉莉、崔丽妹、黄艳、郝启荣、张艳、刘云岸、崔心玥、秦天宏、张怀莲、陈超、任志宏、刘艳、郝艳婷、刘闫明、郭忠宝、康国海、赵刚、王士杰、李洋、杨晓京、周英、李俊杰、王畅参加撰稿工作。

　　本书的编辑出版工作得到了天津人民出版社的鼎力协助,在此一并表示感谢。

　　由于时间和水平所限,疏漏和不当之处敬请读者批评指正。

编　者